# 博格效应

[美] 埃里克·巴尔丘纳斯（Eric Balchunas） 著

孙树强 译

THE
BOGLE EFFECT

How John Bogle
and Vanguard Turned Wall Street Inside Out
and Saved Investors Trillions

中国出版集团
中译出版社

Copyright © 2022 by Eric Balchunas. Published by arrangement with BenBella Books, Inc., Folio Literary Management, LLC, and The Grayhawk Agency Ltd.
The simplified Chinese translation copyright © 2024 by China Translation and Publishing House.
ALL RIGHTS RESERVED

著作权合同登记号：图字 01-2023-3136 号

**图书在版编目（CIP）数据**

博格效应 /（美）埃里克·巴尔丘纳斯著；孙树强译 . -- 北京：中译出版社，2024.4
书名原文：The Bogle Effect: How John Bogle and Vanguard Turned Wall Street Inside Out and Saved Investors Trillions
ISBN 978-7-5001-7562-9

Ⅰ.①博… Ⅱ.①埃…②孙… Ⅲ.①约翰·博格 – 传记 Ⅳ.① K837.125.34

中国国家版本馆 CIP 数据核字（2023）第 194137 号

**博格效应**
**BOGE XIAOYING**

著　　者：埃里克·巴尔丘纳斯（Eric Balchunas）
译　　者：孙树强
策划编辑：于　宇　方荟文
责任编辑：方荟文
营销编辑：马　萱　钟筏童
出版发行：中译出版社
地　　址：北京市西城区新街口外大街 28 号普天德胜大厦主楼 4 层
电　　话：（010）68002494（编辑部）
邮　　编：100088
电子邮箱：book@ctph.com.cn
网　　址：http://www.ctph.com.cn

印　　刷：固安华明印业有限公司
经　　销：新华书店
规　　格：710 mm×1000 mm　1/16
印　　张：23
字　　数：275 千字
版　　次：2024 年 4 月第 1 版
印　　次：2024 年 4 月第 1 次印刷

ISBN 978-7-5001-7562-9　　　定价：79.00 元

版权所有　侵权必究
中 译 出 版 社

# 本书赞誉

我们正处于一个新时代的开端,在这个时代,规模的力量胜过专业知识。网络效应和投资者分布压倒了传统的权威结构。要完全理解它,我们必须回顾博格所引发的革命,其影响现在才开始随处可见。在离开旧世界奔向新世界的时候,让埃里克·巴尔丘纳斯做你的向导吧。

——唐·乔什·布朗(Downtown Josh Brown),
里霍尔茨财富管理公司首席执行官

埃里克·巴尔丘纳斯不仅为约翰·博格撰写了权威的职业传记,而且以极度的真诚和罕见的叙事方法完成了这本传记。读者可以尽情阅读、享受,最重要的是,汲取有史以来最重要的投资智慧。

——威廉·J.伯恩斯坦(William J. Bernstein),
《投资的四大支柱和辉煌的交易》作者

巴尔丘纳斯写了一部罕见的作品、一本令人愉快的读物,鲜活地塑造了金融界的一位代表人物,同时论证了现代金融世界是如何被一个人的天赋、善良、运气甚至傲慢所塑造的。

——戴夫·纳迪格(Dave Nadig),
ETF Trends 和 ETF Database 研究主管兼首席投资官

这是关于一位基金业变革人物的引人入胜的故事，它坦率地探讨了被动投资的诞生及其随后引发的革命。

——埃·索（Aye Soe），

标普道琼斯指数公司产品主管

埃里克·巴尔丘纳斯的《博格效应》是对约翰·博格和先锋集团如何彻底改变整个金融业的一次有力而迷人的探索。这是华尔街新手和老手的必读之作。

——阿瑟·列维特（Arthur Levitt），

美国证券交易委员会前主席

多亏了博格，股市里再也没有"傻"钱了。同样要感谢博格，"聪明的"机构因此必须更加努力地工作，以证明它们值得收取一定的费用。在《博格效应》一书中，埃里克·巴尔丘纳斯巧妙地展示了博格是如何将先锋集团打造成"资产管理行业的亚马逊"的：以一股颠覆性的、去中介化的力量，让其竞争对手疲于奔命。对于那些想知道买入和持有是如何成为制胜策略的人来说，这是一本必读的书。

——Scarlet Fu，

快拍主播，彭博社、彭博电视台资深市场编辑

巴尔丘纳斯首次详尽地揭示了高收费资产管理业务的本质，以及约翰·博格在为散户投资者节省数十亿美元资金方面发挥（而且仍在

发挥）的巨大作用。对于任何想了解资产管理和投资组合管理的过去、现在和未来的人来说，这本书都是必读之作。

——库伦·罗奇（Cullen Roche），
纪律基金创始人

《博格效应》将彻底改变你看待金融业的方式。巴尔丘纳斯为读者提供了一个全新而独特的视角，让他们了解博格和先锋集团是如何彻底改变投资组合和华尔街的。这是所有人的必读书。

——玛丽·夏皮罗（Mary Schapiro），
彭博社全球公共政策副主席，美国证券交易委员会前主席

博格为投资者做的事比任何人都多。他勇敢地挥舞着海盗旗，挑战华尔街，改变世界。没有人能像埃里克·巴尔丘纳斯这样帮助你理解极度简单的博格。

——乔·韦伯（Joel Weber），
《彭博商业周刊》编辑

博格非常有名并且受人尊敬——但还远远没达到应有的程度。埃里克·巴尔丘纳斯的这本新书将对此有所帮助。读了这本书，你会惊讶于一个坚定的人为普通投资者所做的一切。

——艾伦·布林德（Alan Blinder），
普林斯顿大学经济学和公共事务教授，美联储前副主席

致我的祖父母、乔、阿尔多纳、丹和帕特
（以及所有经历了第二次世界大战的一代人）

# 序　言

说句实话,我本没期望能从这本书中学到什么东西。

在交易型开放式指数基金(ETF)行业工作了12年之后,我对约翰·"杰克"·博格(John "Jack" Bogle,简称约翰·博格或杰克·博格)的故事已了如指掌:他早年在惠灵顿管理公司工作,后来成立了先锋集团(The Vanguard Group),并取得了较快的发展。作为ETF.com的首席执行官,我有幸多次采访博格,编辑了他为《指数杂志》(*The Journal of Indexes*)撰写的几篇文章,还和他争论过用词的问题。

杰克也是我心目中的英雄。我读过他的书,研究过他的演讲,在做决定时曾把他当作指路明灯。关于这位我认为非常伟大的美国人,还有什么我不知道的新鲜事吗?

但埃里克是我的好朋友,也是一位优秀的作家,所以当他请我阅读他的新书时,我答应了。

然后,我被震撼了!

好的传记和伟大的传记的区别很简单。好的传记会告诉我们领导者的成长经历、早期的职业生涯,以及生活中的一些重要时刻。这本书在这方面做得很好,把一些连我都不知道的故事写得栩栩如生。

但是,伟大的传记都是着眼于未来,从一个人的生活和成就中找出一条条线索,编织出一幅展现未来的织锦。

在埃里克的笔下，博格的故事呈现出了另一番景象。

当美国与金融体系的关系令人担忧的时候——当人们普遍认为华尔街的索取多于付出的时候——这本书提醒人们，实际上另有他途。

正如埃里克所展示的，迄今为止，博格的影响力是惊人的。先锋集团和博格凭借对成本的不懈关注，已经从华尔街的利爪中抠出了1万亿美元，并将其放进了普通人的口袋。

未来10年，这一数字可能会翻3倍：相当于一个美国大学生9 500万年的学费、3 600万个普通美国家庭的住房首付，或2 700万年的私人家庭护理费用。所有这些都得益于一个简单的想法，即基金公司应该分享规模经济，而不是独揽收益。

埃里克运用巧妙的技巧将博格的故事呈现了出来。他对一些金融界的大人物进行了数十次采访，从安硕（iShares）创始人李·克兰尼弗斯（Lee Kranefuss）到伯克希尔·哈撒韦（Berkshire Hathaway）公司的沃伦·巴菲特（Warren Buffett），再到晨星（Morningstar）的克里斯汀·本茨（Christine Benz），展示了博格对这些行业先驱的深刻影响。

埃里克还直接探讨了该行业目前面临的最严峻的挑战，从对指数化规模过大的担忧，谈到对环境、社会和公司治理（ESG）以及主题投资和模因股票的讨论。通过埃里克的阐述，我们可以从博格的角度应对这些挑战，并看到一条清晰的前进道路。

埃里克也不惧将自己的观点融入其中，深入讨论了反对ETF的常见论点等内容。尽管埃里克不愿承认这一点，但他无疑是现代博格运动（Bogleian movement）的一个重要组成部分，他运用语言、研究和见解推动着投资行业走向更美好的未来。

重要的是，埃里克用突出的智慧和个人风格做到了这一点。除了他，还有谁会写出"将股市泡沫归咎于指数基金或 ETF，就像是把五分钱乐队（Nickelback）①的崛起归咎于 MP3"这样的话？

读者可能想知道，我为何会为一本关于杰克·博格的书撰写序言。毕竟，我已经在 2018 年离开了 ETF 行业，成为全球最大的加密资产管理公司之一的首席投资官。我们经营着加密指数基金，杰克可能会对我目前的职业感到愤怒。他不喜欢没有现金流的投资，他对任何带有投机意味的东西都非常排斥。比特币会让他发疯的！

但他倡导的原则每天都在激励着我。追求效率，但始终以改善生活为目标；开拓新的领域；不害怕相左的意见；永远记住自己的使命是为投资者服务，而不是损害投资者利益。

这就是杰克·博格真正不同寻常的地方：你可能会在资产类别或用词的选择上与他意见相左，但最终，你会情不自禁地被他的智慧和人格所吸引。

马特·豪根（Matt Hougan）
比特币资产管理公司首席投资官

---

① Nickelback 是加拿大著名乐队，成立于 1996 年，发表了多张有影响力的专辑。——译者注

# 目 录

## 001 引 言

最后的公司 　　　　　　　　　　　　　002
谷歌错了 　　　　　　　　　　　　　003
以减为加 　　　　　　　　　　　　　004
他为什么这么做 　　　　　　　　　　005
推动行业发展 　　　　　　　　　　　007
异类 　　　　　　　　　　　　　　　009
不仅是一部传记 　　　　　　　　　　011

## 016 第一章　巨人先锋

保持影响力 　　　　　　　　　　　　020
好钱与坏钱 　　　　　　　　　　　　022
为投资者节省1万亿美元 　　　　　　024
不仅如此 　　　　　　　　　　　　　029
资金背后的面孔 　　　　　　　　　　031
DIY 投资者 　　　　　　　　　　　　032
变革后的经纪人 　　　　　　　　　　039
机构投资者 　　　　　　　　　　　　043
国际投资者 　　　　　　　　　　　　045
零售宿主有机体 　　　　　　　　　　048
新型受托社会 　　　　　　　　　　　049

## 051　第二章　独立宣言

| | |
|---|---|
| 一位大师 | 054 |
| 卖甜甜圈 | 055 |
| 美好时光 | 057 |
| 宴会结束了 | 058 |
| 分道扬镳 | 060 |
| 我们需要一个解决方案 | 062 |
| 达成妥协 | 063 |
| 应该是这样的 | 065 |
| 年轻但经验丰富 | 066 |
| 生于忧患 | 067 |
| "你会毁了这个行业" | 070 |
| "榜"上无名 | 072 |
| 知足 | 074 |

## 077　第三章　平均即伟大

| | |
|---|---|
| 刺猬 | 083 |
| 股市收益从何而来 | 085 |
| 不看好大宗商品 | 086 |
| 指数的起源 | 087 |
| "一道闪电" | 089 |
| 向董事会建议 | 090 |
| 前路漫漫 | 093 |
| "什么都没有" | 095 |
| 对"专业人士"失去信心 | 097 |
| 互联网 | 098 |
| 有效市场假说 | 101 |
| 博格效应 | 102 |
| 巴菲特的评价 | 105 |
| 朋克摇滚歌手 | 107 |

## 111　第四章　解构博格

| | |
|---|---|
| 大萧条 | 112 |
| 博格的曾祖父 | 114 |
| 普林斯顿大学 | 115 |
| 20世纪60年代 | 116 |
| 福吉谷 | 118 |
| 18世纪的灵魂 | 122 |
| 博格的心脏病 | 124 |
| 《圣经》 | 127 |
| 自我意识 | 129 |
| 读懂杰克 | 131 |

## 133　第五章　主动管理的沉浮

| | |
|---|---|
| 美元费用 | 134 |
| 史蒂夫·乔布斯法则 | 137 |
| 牛市补贴 | 139 |
| 费用越低，业绩越好 | 142 |
| 做投资者的"管家" | 144 |
| 先锋的主动型基金 | 145 |
| 博格算术 | 148 |
| 主动型基金的兴起 | 150 |
| 聪明贝塔 | 151 |
| 高信念主动型基金 | 155 |
| 投资组合正在改变 | 157 |
| 主题ETF | 160 |
| ESG ETF | 163 |
| 挑选ETF | 165 |
| 直接指数化 | 166 |
| 债券基金 | 169 |

## 173　第六章　博格和ETF：太复杂了！

| | |
|---|---|
| 博格在 ETF 发展中的作用 | 175 |
| 普迪猎枪 | 177 |
| 保护指数基金 | 178 |
| 所有人的先锋 | 180 |
| 税收优势 | 182 |
| 接受分歧 | 184 |
| "小精灵" | 191 |
| 和解（算是吧） | 193 |

## 194　第七章　成本大迁移

| | |
|---|---|
| 成本为王 | 197 |
| 401（k）计划转向被动型产品 | 199 |
| 一个基点的力量 | 200 |
| 拆分基点 | 202 |
| 富达：零费率 | 202 |
| 命中注定 | 204 |
| ETF 恐怖城堡 | 206 |
| 施乐时刻 | 208 |
| （目前）没有受害者 | 208 |
| 三重打击 | 209 |
| 荆棘地带 | 212 |
| 相对可预测性 | 213 |
| 整合即将到来 | 215 |
| 榨取利润 | 218 |
| 大规模共同化？ | 219 |
| 普特南案例 | 221 |
| 贝莱德的做法 | 222 |
| 下一个：顾问 | 222 |

| | |
|---|---|
| 还是美元费用 | 223 |
| 先锋的下一个目标 | 225 |
| 廉价市场或利基市场 | 228 |
| 计时模式 | 230 |
| 人才流失 | 231 |

## 233　第八章　"杞人忧天"

| | |
|---|---|
| 一如既往 | 235 |
| 乐观不会获得点击率 | 236 |
| 引发股市泡沫 | 237 |
| 扭曲市场 | 242 |
| 未经检验 | 250 |
| 造成流动性错配 | 252 |
| 弱手 | 254 |
| 指数产品太多 | 255 |
| 所有权集中 | 256 |
| 高管的薪酬 | 268 |
| 糟糕的客户服务 | 269 |

## 273　第九章　博格与先锋

| | |
|---|---|
| 高层的裂痕 | 274 |
| 老家伙不肯闭嘴 | 277 |
| 先锋的规模 | 279 |
| ETF 崛起 | 280 |
| 披露投票记录 | 281 |
| 量化投资 | 283 |
| 国际投资 | 283 |
| 后博格时代的先锋集团 | 285 |
| 先锋的航船标志 | 286 |

| | | |
|---|---|---|
| 私募股权 | | 288 |
| 大事与核心原则 | | 290 |
| 经理人博格 | | 291 |
| 同向而行 | | 293 |

## 295　第十章　无为的艺术

| | |
|---|---|
| 优质投资者 | 296 |
| 值得持有的东西 | 297 |
| 抛售闹剧 | 298 |
| 一个没有主题的节目？ | 300 |
| 免费交易！ | 301 |
| "投机的狂欢" | 303 |
| 先锋的作用 | 305 |
| "免费"是一剂迷药 | 306 |
| "罗宾汉军团" | 308 |
| 历史的韵脚 | 310 |
| 大多头 | 311 |
| 行为差距 | 313 |
| 不再有傻钱 | 316 |

## 318　尾　声　博格的遗产

| | |
|---|---|
| 致　谢 | 342 |
| 索　引 | 344 |

# 引　言

"如果要竖立一座雕像来纪念为美国投资者做出最大贡献的人，那这座雕像就应该是杰克·博格。"

——沃伦·巴菲特

大约 5 年前，我为《彭博观点》(*Bloomberg Opinion*) 撰写了一篇文章，剖析先锋集团为投资者节省了多少钱，之后我才意识到约翰·博格是多么不为人知，他的影响力明显受到了低估。不久之后，专注于千禧一代个人理财的网站 The Billfold 发表了一篇后续文章，使用了 BuzzFeed[①] 式的标题——"某个你从未听说过的家伙为我们节省了数十亿美元"。

这个标题恰到好处，有必要写一本书来详细阐述。因为当一切尘埃落定后，杰克·博格对投资者和全球金融业的影响很可能比其他任何人都要大。通过先锋集团，他已经将超过 1 万亿美元的资金从华尔街输送给了普通大众，改善了大约 5 000 万人的生活，并在一个正在迷

---

① BuzzFeed 是美国一个新闻聚合网站，其新闻标题多为"标题党"，以吸引读者眼球。——译者注

失方向的金融行业中树立了一种信托思维。然而，除了"指数基金之父"的标签之外，金融泡沫内外的许多人都不知道他是谁。他的故事和影响远不止于此。当你真正坐下来，思考并追根究底，会发现他的故事和精神真的令人振奋。我将试着在这本书中把它们全部展现出来。

## 最后的公司

截至我写作本书时，在过去10年中，投资领域发生了翻天覆地的变化，指数基金和ETF的资产规模在美国和全球范围内分别激增至11万亿和15万亿美元。当你读到这本书的时候，这个规模可能会更大。每年，美国人新增的投资净额中约有1/3流向先锋集团，其余的大部分都被其竞争对手以类似先锋的低成本指数产品所吸纳。这并不是一笔追逐新奇之物或明星经理人的善变的资金，而是一笔永久的投资。

> 我经常将先锋集团称为"投资者的最后一家基金公司"。如果他们投资了先锋，他们可能就不想再将资金转移到其他地方。
> ——克里斯汀·本茨

通过让基金投资者同时作为公司所有者的方式建立先锋集团，博格做出了颠覆性的改变。博格做出这一决定虽然也有利他主义的动机，但更多是为了竭力保住自己的工作。对他来说，这是一个让他职业生涯继续下去的机会，也是一个通过创建一家与投资者共进退的公司来重新开启金融事业的机会。利润不是用于让公司的每个人都富有，而是用于降低基金的费用。

引 言

先锋集团的规模越大,其收费就越低。而且,它的费用越低,流入的资金就越多,规模就越大,进一步形成一个良性循环。经过45年的发展,今天的投资者可以获得一个完全多样化的投资组合,而且基本上不需要多大的成本。

本书意在表明,如果没有博格和先锋集团创造的"共同所有"结构,被动型基金的繁荣根本不会出现。先锋集团的独特结构,加上博格本人的独特人格——有远见、耐心和对成本重要性的不懈宣传——赢得了美国投资者的信心、信任和资产。

## 谷歌错了

虽然有些人会说博格的影响是众所周知的,但我认为这份影响被严重低估了,甚至被误解了。例如,当你用谷歌搜索杰克·博格时,搜索引擎会显示他的照片,并带有"美国投资者"的标签,但这是完全错误的。这标签用在沃伦·巴菲特、彼得·林奇(Peter Lynch)或凯瑟琳·伍德(Catherine Wood)身上更恰当。人们经常看到关于这些投资者的书籍。但博格则完全不同,他更像是史蒂夫·乔布斯(Steve Jobs)和马丁·路德(Martin Luther)的结合体。

> 杰克·博格走的是另一条路。在他的职业生涯中,他召集了一些非常杰出的人,我想那些有幸与他或他的团队一起共事过的人,都会像我一样地说:他和我们所做的事情不一样。更重要的是,他做这些事情的原因也和我们不同。他不是一个江湖骗子,他是一个真正的信徒,他觉得自己有义务去做正在做的事情。我

> 在与他的无数次会面以及他的演讲中,都会产生一种感觉——百分之百地相信他在为美国人民、为世界做正确的事情。我觉得有时候这会让一些人产生误解,但我认为这是真的。
>
> ——戴夫·纳迪格

> 我敢保证,你找不到一个比杰克·博格更具投资革命精神的人。
>
> ——吉姆·温特

## 以减为加

博格绝对具有革命者、传教士甚至朋克摇滚歌手的特质。众所周知,他性情粗暴,更喜欢逆流而上,他喜欢坚持"建制",揭露噱头、过度交易和腐败。他的投资哲学由指数基金开始,都是关于"以减为加"的——这是朋克歌曲的标志,也差点成了这本书的名字。就像朋克音乐是通过去除其先驱在当时摇滚乐中不喜欢的东西而建立的,博格通过消除所有他不喜欢的东西而建立了一个自成体系的投资类型——管理费、经纪人、交易成本、市场时机选择,甚至人类的偏见和情感,这些东西只会妨碍投资者公平地分享回报。一只低成本的指数基金基本上是以最纯粹的形式进行投资。这就是为什么它可能永远不会过时。

博格极具创造力和激情,但他也可能有些自负、顽固,难以相处。毕竟，他实际上是在违背自己意愿的情况下，被他经营并深爱的两家公司所解雇的。他精力充沛，始终充满激情（我相信这是长寿的秘诀）。博格在其最后一本书《坚持到底：先锋集团和指数革命的故事》(*Stay the Course: The Story of Vanguard and the Index Revolution*)的结尾就引用了诗人迪伦·托马斯（Dylan Thomas）的一句话："不要温和地走进那良夜。怒斥，怒斥光明的消逝。"①

对许多人来说，甚至对我们这个行业的人来说，很容易忽视博格的朋克特质，因为尽管他的话和想法是爆炸性的，但他看起来和听起来都是那么慈祥、随和。更不用说，我们谈论的是共同基金，这是一个和看 C-SPAN②一样有趣的话题。因为介于美国企业创造的价值和普通美国人数万亿美元的投资储蓄之间，所以这个行业的相关性无论怎样强调都不过分。这是一个容易让人变得贪得无厌、获取不正当价值的地方。回顾起来，对于博格这样的人来说，这实际上是一个完美的行业。你将在接下来的章节中看到原因。

## 他为什么这么做

在这本书中一直存在并且一定要探讨的问题是：为什么这么多年来没有人复制先锋集团的共同所有权结构？显然，先锋集团在这方面取得了惊人的成功，你可能会认为其他一些公司也会效仿。但奇怪的是，没有人这样做。或许显而易见的答案是，对于一个有野心的资产经理来说，他没有任何经济动机要将公司所有权转移给基金的

---

① 此处选用巫宁坤版本的译文。——编者注
② 美国公共事务卫星有线电视网。——译者注

投资者。一般来说，去华尔街的人都想赚大钱，那博格为什么要这么做？

这个问题让我踏上了一段更深入的旅程，并激发了这本书中整整一章的灵感，这一章甚至不在我最初的写作大纲中。然而，怎么能没有这一章呢？这个人创建了世界上最大的基金公司，但他自己甚至连金融领域最富有者的前1 000名都排不上。它违背了逻辑和华尔街的所有定律。

> 让博格与众不同的是，他选择了不从他的创新中赚钱。这是50年来金融领域最有影响力的创新。他本可以成为亿万富翁，但他故意选择了不这么做。
>
> ——贾雷德·迪里安

> 他为自己做得很好，为其他人做得更好。这是一个很好的经验。这表明金融业不必是掠夺性的。这个行业往往以各种错误的理由吸引人们，但实际上你可以从事金融业，而不必成为"华尔街之狼"。你还有另一条路，你可以做很多好事。他证明了这一点。
>
> ——安东尼·伊索拉

虽然这本书在很大程度上展现了博格积极的一面，但我试图给出全貌，这意味着书中也会呈现他不那么吸引人的特质及其在他的职业生涯中扮演的重要角色。也就是说，在这里"净正面"是一个更准确的框架。可以证实这一点的一个事实是，与他最亲近的人似乎最尊重和钦佩他。你有时会读到一位历史人物的故事，他受到数百万人的喜爱，却忽视了自己的家人，或者对身边的人无礼贬低。但博格并非如此，他的家人和前助手都是他的头号粉丝。

甚至他的竞争对手似乎也很尊重他。我试图找到一个曾与先锋集团正面交锋的人，让他谈论作为博格的跟随者是多么痛苦，但终究没有成功。我本以为我找到了那个人——李·克兰尼弗斯。在先锋集团推出 ETF 的同时，他掌管着贝莱德（BlackRock）的 iShares ETF。考虑到先锋集团随时随地压缩成本的名声，你可能会认为它令人十分反感，但克兰尼弗斯对于先锋集团进入市场很高兴。他最后和博格成了朋友，并经常通过电子邮件联系。

> 我希望他得到应有的赞扬。我以前常对杰克说，"我们这些在 ETF 和指数市场中追随你的人，现在都站在你巨大的肩膀上"。因为杰克根据有效证明和理论向个人投资者介绍了一个非常深奥的概念。从那时起，这个想法就被放大了。他打破了僵局。每个人都把杰克·博格与指数联系在一起，我希望未来人们也会如此。他是一个真正的先驱，他是第一个在丛林中开辟道路的人，他的影响是巨大的。
>
> ——李·克兰尼弗斯

## 推动行业发展

在所有与我交谈过的人身上我都一再看到一种现象，甚至当我提到博格关于金融生态系统的野蛮评论时，他们也会笑着说："杰克就是杰克，不管怎样我都爱他。"我认为这有两方面原因。

## 博格效应

一方面,他是一个老派但丰富多彩的人,他的竞争对手在内心深处实际上更喜欢被推着与投资者结盟。人们希望对自己每天所做的事情感觉良好。博格几乎凭一己之力增加了金融行业中"为客户着想"的氛围。他让金融界人士和整个行业变得更好。

另一方面,他非常善于将一个人的工作与他们自身区分开来。即使他抨击一个人的投资策略、公司或整个行业,他也不会以此来评判他们的为人。博格告诉我:"你可以和别人有不同的想法。""想法有多重要?想法比比皆是,但朋友更重要。"

即使是主动型基金管理者也乐于与他交朋友,或从他那里获得灵感。

> 古往今来,我想不出还有谁能像杰克这样,投身于一项最初不太受欢迎的事业,并坚持下来,从而让普通投资者受益更多。事实上,无人能与之相提并论。没有人是完美的(或许有人不同意我对完美的定义),但他确实赢得了"圣人杰克"的绰号。而且,就我个人而言,我认为他是一个善良、机智的人,是一个伟大的伙伴。我将永远想念他。
>
> ——克利夫·阿斯奈斯

然而,博格在谈及金融业的每一个领域时,可能都是相当"野蛮"的。这本书中记录了很多这样的"野蛮行为"。我现在要说的是,如果你目前在金融服务业工作,读这本书的时候,你可能会有被评判甚至被攻击的感觉,但你并不孤单,博格在这方面是一视同仁的。我作为一名 ETF 分析师、一个 ETF 播客的主持人,以及一本关于 ETF 的书的作者,博格对我的世界和生计的评论同样残酷。此外,他的一些更尖锐的批评是针对先锋集团本身的，我们也将在本书中看到。无人幸免，他有时甚至会对自己"下手"。

## 异类

在博格去世前的 5 年里，我有幸在他的办公室里采访了他 3 次，每次采访时间都超过一个小时。2015 年初，当我第一次寻求与他交谈时，我找到了彭博新闻社的同事迈克尔·里根（Michael Regan），他刚刚为《彭博市场》（*Bloomberg Markets*）杂志撰写了一篇关于博格的简介。他把博格的电子邮件给了我，说他可能会回复我。他是对的。博格在几个小时内就回复了我，并安排了会面。

当我第一次来到博格的办公室时，我告诉他，像他这样有名望的人这么容易就能联系到很不正常。他回答说："嗯，朋友，我在很多方面都是不正常的。"我们的关系就是这样开始的。在接下来的 5 年里，我们会进行面对面的采访，也会定期发电子邮件。他是我在彭博电视台联合主持的一个电视节目 *ETF IQ* 的常客，也是我在彭博组织的第一次 ETF 活动的主要演讲者之一。迈克尔·布隆伯格（Michael Bloomberg）介绍他为"我们这个行业的领航者之一"，博格的回应则是"支持迈克尔竞选总统"。

我对博格的第一次采访是为了写一本关于 ETF 的书。第二次采访是为了一本一直没有写完的、关于被动投资组合管理的书，这本书里也有一些那次采访的内容。第三次采访是为了我联合主持的彭博 ETF 播客 *Trillions*。总的来说，我有大约 4 个小时的时间来了解他对各类事情的看法，我知道如果只让这些采访留在我的录音机里，我可能会后悔的。

## 博格效应

尽管博格80岁的身体明显有些衰弱，生活方式也像个老年人，但他的头脑仍然敏锐，从他的好斗、机智和自嘲就可以看出这一点。例如，当我们在他的办公室进行播客采访前的试音时，我们的技术人员让他说一下他早餐吃了什么，博格回答说："我吃了葡萄干麦麸、一根香蕉、一大杯橙汁和23粒药丸。"

当被问及上周末做了什么时，他回答说："我有一个家庭，我女儿周五晚上过来吃了晚饭。我不记得我们周六晚上做了什么，我女儿和她丈夫周日晚上又来过。然后，我每天都需要午睡，唯一妨碍我午睡的是周日《纽约时报》（New York Times）上的填字游戏。"

除了我自己对博格的采访之外，我还以他写作的书籍作为这本书的基础。博格是一位才华横溢、多产的作家，他出版了12本书，其中大部分我在撰写这本书之前和期间都读过。除一本书外，其余的都是他在1996年辞去先锋集团首席执行官之后自己写的。对我而言，退休后我可能会搬到海滩，专注于钓鱼和网球，但博格并非常人，所以他选择继续工作——在先锋校园（Vanguard campus）的一间小办公室里，他疯狂地写作了20多年。他受到了一项任务的极大鼓舞，正如你将在本书中了解到的那样。

> 阅读前需要知道的事：
> 你会看到，我将交替地使用被动、指数基金和ETF这三个术语来表示跟踪指数并制定规则的基金，由对买入和卖出有最终控制权的投资组合经理自行决定的基金则是主动型基金（"主动"）。当我说"被动"时，我指的是基金，而不是投资者。如果我说的是一只碰巧得到积极管理的ETF，我会清楚地说明这一点；否则，"被动"就是指基于规则的

> 指数基金或 ETF。我偶尔还会使用"基点"（bps），尤其是在描述费用时。基点只意味着 0.01%。例如，0.20% 是 20 个基点。你还会看到资产净值（NAV）的概念，它是一只基金的公允价值，基于其持有的资产价值除以其已发行的股份。简言之，基金的公允价格取决于其持有的资产数量。

## 不仅是一部传记

在本书中，你将了解博格这个人，了解他的成功之处，了解先锋集团的创业故事，但它并不仅是一本传记、一本教科书或一本投资指南。这本书里包含上述的一些内容，但只走一条路不是我的风格。博格所做的事情本身就是多维的，所以我希望这本书能反映这一点。

我还希望这本书的感觉像一部纪录片，所以我采访了大约 50 个人，他们的评论有助于给故事增添色彩。他们中有许多人曾与博格共事或认识他，而有些人则只是远远地看着他。我也和一些不同意他的观点或对他提出批评的人交谈过。博格也是人，他和先锋集团并非无可非议。以下是我为筹备本书独家采访过的人员名单（按英文名首字母顺序排列）。谢谢你们！

西奥多·"泰德"·阿伦森（Theodore "Ted" Aronson）：总部位于费城的 AJO 的创始人和管理负责人；

艾琳·阿维德隆德（Erin Arvedlund）：《费城问询报》（*Philadelphia Inquirer*）专栏作家；

克利夫·阿斯奈斯（Cliff Asness）：AQR 资本管理公司创始人、管理负责人和首席投资官；

维多利亚·贝利（Victoria Bailey）：博格学者、财务顾问；

克里斯汀·本茨（Christine Benz）：晨星公司个人财务和退休计划总监；

大卫·布利策（David Blitzer）：标普道琼斯指数公司前董事总经理兼指数委员会主席；

小约翰·C. 博格（John C. Bogle Jr.）：博格投资管理公司创始人；

妮可·博伊森（Nicole Boyson）：美国东北大学德阿莫尔 – 麦基姆商学院金融学教授；

沃伦·巴菲特（Warren Buffett）：伯克希尔哈撒韦公司董事长兼首席执行官；

本·卡尔森（Ben Carlson）：里霍尔茨财富管理公司机构资产管理总监；

杰米·凯瑟伍德（Jamie Catherwood）：奥肖内西资产管理公司客户投资组合助理；

安东尼·达马托（Anthony D'Amato）：博格学者、歌手兼词曲作者；

贾雷德·迪里安（Jared Dillian）：The Daily Dirtnap 网站编辑和出版人，《彭博观点》的专栏作家；

罗伯·杜·波夫（Rob Du Boff）：彭博资讯全球股票 ESG 研究分析师；

丹·伊根（Dan Egan）：Betterment 公司行为金融和投资副总裁；

多尼·艾泽（Donnie Ethier）：Cerulli Associates 公司财富管理高级总监；

# 引言

里克·费里（Rick Ferri）：费里投资解决方案创始人兼约翰·C. 博格金融知识中心主席；

德博拉·富尔（Deborah Fuhr）：ETFGI管理合伙人、创始人、所有者；

谢莉尔·加瑞特（Sheryl Garrett）：加瑞特规划网络创始人；

内特·格拉西（Nate Geraci）：ETF Store主席兼总裁，*ETF Prime*播客主持人；

韦斯利·格雷（Wesley Gray）：阿尔法建筑公司创始人兼首席执行官，曾为美国海军陆战队上尉；

维克多·哈哥哈尼（Victor Haghani）：Elm Partners创始人；

艾米·霍兰德斯（Amy Hollands）：LEAP创新开发总监；

安东尼·伊索拉（Anthony Isola）：里霍尔茨财富管理公司投资顾问；

伊丽莎白·卡什纳（Elisabeth Kashner）：FactSet副总裁、全球基金分析总监；

布拉德·胜山（Brad Katsuyama）：IEX集团联合创始人兼首席执行官；

迈克尔·基茨（Michael Kitces）：白金汉财富合作伙伴规划战略负责人；

李·克兰尼弗斯（Lee Kranefuss）：克兰尼弗斯集团有限责任公司创始成员；

泰勒·拉里莫尔（Taylor Larimore）：《Bogleheads的三基金投资组合指南》作者；

迈克尔·刘易斯（Michael Lewis）：作家；

伯顿·麦基尔（Burton Malkiel）：普林斯顿大学经济学名誉

教授；

约翰·马尔维（John Mulvey）：普林斯顿大学运筹学和金融工程专业教授；

戴夫·纳迪格（Dave Nadig）：ETF Trends 和 ETF Database 的首席投资官和研究主管；

吉姆·诺里斯（Jim Norris）：先锋国际公司前董事总经理，曾任约翰·博格的助理；

肯·纳陶（Ken Nuttall）：黑钻财富管理公司首席投资官；

埃里克·波斯纳（Eric Posner）：芝加哥大学法学院教授；

罗宾·鲍威尔（Robin Powell）："循证投资者"（The Evidence-Based Investor）网站编辑；

阿萨纳西奥斯·萨洛法吉斯（Athanasios Psarofagis）：彭博资讯 ETF 分析师；

萨利姆·拉姆吉（Salim Ramji）：贝莱德高级董事总经理兼 iShares 及指数投资业务全球主管；

詹姆斯·里佩（James Riepe）：T. Rowe Price 前副董事长兼高级顾问，先锋集团前执行副总裁兼约翰·博格的助理；

巴里·里霍尔茨（Barry Ritholtz）：里霍尔茨财富管理公司董事长兼首席投资官；

托德·罗森布鲁斯（Todd Rosenbluth）：CFRA 的 ETF 和共同基金研究高级总监；

小泰隆·V. 罗斯（Tyrone V. Ross Jr）：Onramp 投资首席执行官、联合创始人；

格斯·索特（Gus Sauter）：先锋集团前首席投资官；

杰瑞·施利彻（Jerry Schlichter）：施利彻·博加德·丹顿（Schlichter

Bogard & Denton）律师事务所创始人和管理合伙人；

简·特瓦尔多夫斯基（Jan Twardowski）：弗兰克罗素公司前总裁、先锋集团前高级副总裁；

奈丽娜·维瑟（Nerina Visser）：独立 ETF 策略师和顾问；

吉姆·温特（Jim Wiandt）：星火网络和指数宇宙（Spark Network and IndexUniverse，现 ETF.com）和《指数杂志》的创始人兼首席执行官；

丹·维纳（Dan Wiener）：《先锋投资者独立顾问》(*The Independent Advisor for Vanguard Investors*) 联合编辑；

凯瑟琳·伍德（Catherine Wood）：ARK 投资管理公司创始人、首席执行官、首席投资官；

杰森·茨威格（Jason Zweig）：《华尔街日报》(*Wall Street Journal*) 投资专栏作家。

没错，沃伦·巴菲特也在这个名单上。事实上，他甚至回复了我关于博格的一些看法，这很说明问题。他是出了名的难以接近，所以我想，我的请求可能不会得到满足。但几个小时后，巴菲特回答说："我收到了大量的请求，但我会尽量在有关杰克的几个问题上提供帮助。"

他并不是唯一一个这样做的人，几乎所有我联系过的人都会马上回复我。他们表达了真正的爱和尊重，不是为了我，也不是为了在书中被引用，而是为了博格。人们想念他，仍然惦记着他。他们有很多话要说，你即将在书中看到。

# 第一章

# 巨人先锋

*"我做这行从来就不是为了打造一个巨人。但我太蠢了,没有意识到如果我们给投资者最好的交易,就会打造出一个巨人。所以我们成了现在的样子。"*

许多人都很清楚,先锋集团是一家大型资产管理公司。但它还有很多不那么出名的地方,因为先锋集团不是像贝莱德(BlackRock)或高盛(Goldman Sachs)那样的上市公司,所以它基本上不受关注。它存在于人们的视线之外,总部位于宾夕法尼亚州的马尔文(Malvern),距离纽约市约160千米(100英里),但也可能是5光年。

即使是业内人士,也可能没有意识到先锋集团的增长率、覆盖面和影响力。这家公司已经发展得如此之大,以至于博格称它为"巨人"。而它的影响才刚刚开始。

在我写下这句话的时候,先锋集团为3 000多万名投资者管理着8.3万亿美元的资产——当你读这本书的时候,这个数字可能已变得更大。这些资产分散在各种资产类别的基金中,如先锋率先推出的股票指数基金和债券指数基金,以及货币市场基金和我们将探讨的各种其他金融产品。

## 第一章 巨人先锋

按总资产计算，先锋集团在本书写作时是全球第二大资产管理公司，但它在美国基金资产中规模是最大的。总体来看，它仅次于管理着大量机构资金的贝莱德，但考虑到先锋集团每年都会吸引更多的新资金，这种情况可能不会持续太久。在过去的10年里，先锋集团平均每天进账10亿美元。对大多数资产管理公司或顾问来说，能拥有5亿美元的新资金就是一个好年头。先锋集团几乎只用一顿午餐的时间就能实现这个规模。

综合来看，先锋集团自2010年以来的资金流入总计约2.3万亿美元（图1.1）。排在第二位的贝莱德只有它的一半，而第三位需要用望远镜才能看到。此外，许多资产管理公司都遭遇了资金外流。

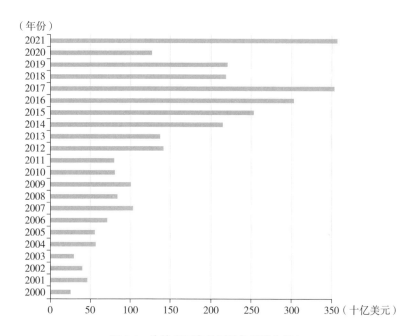

图1.1 先锋集团在美国的年度资金流入

数据来源：先锋集团，彭博（2021年为预期数）。

## 博格效应

考虑到这里的每一分钱都来自主动选择先锋的投资者，而不是先锋靠支付中介费用而换来的，这些数字就更令人震惊了。先锋集团一直拒绝支付中介费用，尽管该行业的运营和发展模式一直如此。

> 先锋集团并不会为了进驻经纪平台而支付费用，即使会做一点广告，也非常有限。它的产品没有诱人的标签。它们只是呈现本来的面目，多样化程度很高，价格也很便宜。先锋集团对于向市场推出的产品非常认真细致，这就是为什么人们一次又一次地回到它的身边，因为他们知道自己能得到什么。
>
> ——托德·罗森布鲁斯

需要记住的一个重要因素是，这不是先锋集团的钱，而是3 000多万名投资者的钱，这些投资者受够了为业绩不佳的公司支付过高的费用，所以来寻求先锋低成本的投资渠道。投资者的这种反抗现在已经达到了白热化的程度。如果列出世界上最大的10只基金，你会发现先锋集团占据了6位，并且包揽了前3名（表1.1）。在基金行业有大约750家公司和3万只相互竞争的基金。

其中规模最大的是先锋整体股票市场指数基金（VTSMX），它是迄今为止第一只也是唯一一只资产规模超过1万亿美元的基金。该基金几乎免费为美国股市提供了99%的资金。这个基金就是博格的"蒙娜丽莎"。

同样值得注意的是，前10名中剩下的4只基金中有3只是SPDR标准普尔500 ETF信托基金（SPY）、iShares核心标准普尔500 ETF（IVV）和富达500指数基金（FXAIX），它们是先锋集团的竞争对手提供的极其廉价的指数基金，对手们在看到先锋集团取得的成功后，也推出了这些产品(我在书中称这种现象为"先锋效应"或"博格效应")。此外,还有美国增长基金(AGTHX),这是唯一一个高成本的主动型共同基金,它顽强地守住了前10名的位置。这与20年前的情况相去甚远,当时主动型基金占据了该榜单的大部分位置。

表 1.1　美国排名前 10 位的基金

| 名称 | 代码 | 主动/被动 | 基金关注的资产类别 | 总资产(十亿美元) |
| --- | --- | --- | --- | --- |
| 先锋整体股票市场指数基金 | VTSMX | 被动 | 股票 | 1 304.95 |
| 先锋 500 指数基金 | VFINX | 被动 | 股票 | 796.24 |
| 先锋整体国际股票指数基金 | VGTSX | 被动 | 股票 | 417.70 |
| SPDR 标准普尔 500 ETF 信托基金 | SPY | 被动 | 股票 | 384.85 |
| 富达 500 指数基金 | FXAIX | 被动 | 股票 | 350.33 |
| 先锋整体债券市场指数基金 | VBTIX | 被动 | 固定收益 | 318.13 |
| 先锋机构指数基金 | VINIX | 被动 | 股票 | 298.03 |
| iShares 核心标准普尔 500 ETF | IVV | 被动 | 股票 | 286.71 |
| 美国增长基金 | AGTHX | 主动 | 股票 | 278.81 |
| 先锋整体债券市场 II 指数基金 | VTBIX | 被动 | 固定收益 | 254.31 |

数据来源：彭博。

综合来看,先锋集团在美国基金资产中占有 29% 的市场份额。在基金行业存在的一百年里,从来没有一家资产管理公司达到过如此高的水平。之前的两位领先者分别是投资者多元化服务公司(IDS)和富达(Fidelity),它们分别在 1964 年和 1999 年达到了 16% 和 14% 的市场份额。40 岁以上的人或许都可以证明,富达在过去是多么不可战胜。

## 博格效应

> 富达的规模已经相当大了,但我们竟然会比富达更大,真是不可思议。当时富达要大得多。
>
> ——吉姆·诺里斯

本书写作时,先锋集团的资产约为富达的两倍。事实上,先锋已经打破了这两位领先者的记录,考虑到其在资金流入方面的主导地位和持续性,其市场份额可能会更高。

## 保持影响力

不过,与之前其他的顶级基金公司不同,先锋集团的资产增长不是基于跑赢市场或拥有明星基金经理,而仅仅基于拥有市场。此外,先锋集团的不同之处还在于,尽管从资产规模看它拥有29%的市场份额,但由于其超低的费用,它的收入只占行业总收入的5%(图1.2)。这个差距就是它如此受投资者欢迎的原因,而且这可能是整本书最能说明问题的数据,因为它预示着金融业将出现巨大的变化。

因为先锋集团的表现不可能落后于市场(这些基金基本上是在跟踪市场),所以其霸主地位比其之前的领先者更有可能持续下去。博格是故意这样做的。他在进入这个行业的早期就已经看到了资金流动的变幻无常,他在1994年对"全体船员"(他对先锋集团员工的称呼)的一次演讲中称其为"共同基金行业的诅咒"。

我们试图摆脱共同基金行业的诅咒,并取得了一定程度的成功。在取得可观的业绩增长后,投资者会投入巨大的现金流;在出现相应的损失后,则会出现巨大的资金流出……这一直是一项周期性的、对市场敏感的业务,今天仍然如此。但或迟或早,投资钟摆在到达投机性极端之后,又会回到防御性极端,最终停在保守的中间位,然后再次重复这个周期。

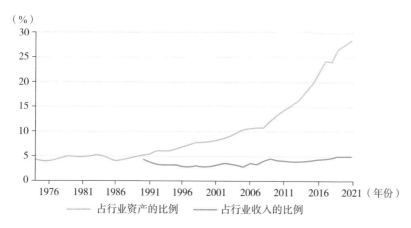

图1.2 先锋集团的资产和收入占美国基金行业资产和收入的比例

数据来源:彭博,美国投资公司协会(ICI),先锋集团。

博格比任何人都更了解基金行业的历史,在《坚持到底》一书中,他思考了如何才能确保先锋集团以其高声誉度和低成本优势保持领先地位:

到2004年,先锋集团已成为自1924年共同基金行业成立以来第四家在该行业占据领先地位的公司。我们的先驱都曾在它们生命中的某个时刻成为强大的公司,但在前进的过程中,它们迷失了方向,无法应对投资环境、投资者偏好和行业分销系统的变化。先锋是不同的。在2004年崭露头角之前的这30年里,我们就把"股东至上"的原则奉为圭臬,并一直坚持了下来。坚持我们的共同所有结构和指数策略,应该可以确保先锋集团在未来几十年的领导地位。

## 好钱与坏钱

先锋集团之所以能长期领先,另一个原因是其拥有作为强大核心的长期投资者,这在一定程度上是因为它从一开始就过滤掉了"错误"的客户。博格不希望短期的"热钱"投入该基金,这可能给长期投资者增加成本。

> 在先锋第一周学到的东西也许是我学到的最好的一课。当时我在那里管理指数基金,我记得有人想要投一大笔钱进去。如果超过10万美元,就需要我批准,而这笔钱比10万美元多得多。这件事很重要,所以我跟杰克谈了谈。
>
> 我记得他说:"我们真的想要那笔钱吗?好钱和坏钱是有区别的。"
>
> 这是很好的一课。坏钱进来后会停留6个月,你会因为资金的进入和退出而产生交易成本,这只会伤害现有的长期投资者。拒绝那笔钱绝对是正确的选择,这也是先锋集团的动力所在——确信我们为现有投资者做了正确的事情。
>
> ——格斯·索特

如果你掌管的是某种私募股权基金或小盘股基金,由于你投资的市场流动性有限,只能吸收一定数量的资金,那么拒绝投资者的做法并不罕见。但如果你是一家投资于大型流动性市场的主流共同基金公司,尤其是一家年轻、规模小、有增长潜力的公司,这是非同寻常的。这样的故事为博格的形象增添了一种罕见的一致性——即使遇到困难、公司的增长可能受到阻碍,博格也会坚持到底。

博格很享受他早年那段不得不拼命获取资金流的时光——"老实说，我很喜欢那段奋斗的岁月，"他说，"长期的顺风顺水对我没什么意义。"——尽管如此，考虑到先锋集团为投资者提供了这么好的交易，他还是对先锋集团奋斗了这么久才成功感到惊讶。"我对花了这么长时间感到失望。40年太长了！"

然而，当公司站稳脚跟，世界形势发生了改变，先锋集团的资产便以惊人的速度快速增长。事实证明，在先锋集团8.3万亿美元的资产中，有7.3万亿美元（88%）是在2004年该公司30岁生日之后获得的（图1.3）。这是欧内斯特·海明威（Ernest Hemingway）描述的"逐渐，然后突然"的典型例子。先锋集团增长的速度和水平让博格大吃一惊，甚至可能让他有点警觉。以下是2017年他在广场酒店举行的格兰特大会（Grant's Conference）上对与会者说的话：

指数基金正以惊人的速度增长，对于那些从未打算打造一个巨人的人来说，这是一个可怕的速度。当先锋集团的资产突破4万亿美元大关时，我想起我在资产达到80亿美元时给我们的员工作的一次演讲——"哪个公理？"（Which Axiom）。过去资产规模每增长10亿美元我就作一次演讲，而现在我们每天都要增加10亿美元。想想看吧。

先锋集团所经历的复合效应，与博格50年来坚持不懈宣扬的"买入并持有低成本指数投资"的复合效应非常相似。简而言之，坚持下去，不要做任何愚蠢的事情，因为最终会产生聚沙成塔的效果。

博格效应

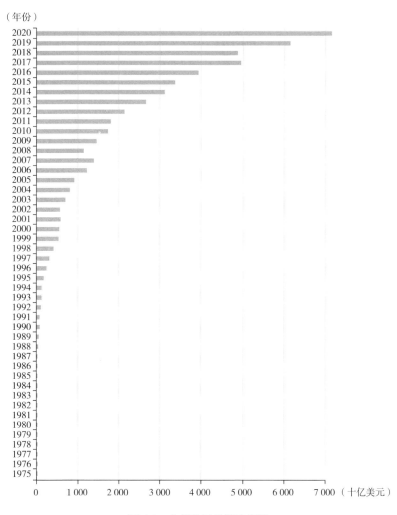

图1.3 先锋集团总资产规模

数据来源：先锋集团，彭博。

# 为投资者节省1万亿美元

总的来看，先锋集团的崛起为投资者节省的资金数量相当惊人，这也是我被这个话题吸引的原因之一。目前节省的资金超过了 1 万亿美元，并且呈指数增长。这些钱本来是属于金融行业的，这也是为什么我有时会说"先锋的收益就是华尔街的痛苦"。我会告诉你我是怎么得出这些数字的。

首先，自 1976 年先锋集团推出第一只基金以来，投资者通过其较低的费用比率（expense ratios）节省了约 3 000 亿美元。费用比率是指基金公司每年收取的费用占基金资产的百分比。这是通过假设先锋集团不存在，这些资产将被收取多少费用而计算出来的。这些年来，这一差值有所波动，但总体而言，大约要高于 0.60%（图 1.4）。这个数字看上去很小，但当它乘以先锋基金的数万亿美元资产时，结果就很可观了。

图 1.4　主动型基金与先锋集团平均费用比率

数据来源：彭博。

这个数字甚至不包括销售佣金，即投资者向经纪人支付的一次性分销费用（通常约为 5%）。虽然先锋基金没有销售佣金，但我没有把它们纳入这个计算，因为这是顾问获得报酬方式转变的一部分，我们很快就会在后面看到。但这部分节省的费用也可以加到总数中。

其次，基于极低的投资组合周转率①，投资者又以较低的交易成本节省了 2 500 亿美元。共同基金经理进行的每一笔交易，成本都很低。一般来说，交易额每增加 1%，就会带来 0.01% 的额外成本。主动型共同基金的平均周转率大约比先锋基金的高 50%。同样，我们每年将差额乘以先锋集团的资产就可以算出节省的费用。

交易损失是资产流向先锋集团的原因，这同时刺痛了资产管理公司和华尔街银行。做市商和华尔街银行为每天发生的大部分交易提供便利。它们就像赌场一样，从每一笔交易中都会得到一小部分分成。当资金流向先锋集团时，基本上就完全离开了赌场，减少了主动型管理者（赌场最重要的一类客户）可用于交易的资金。这就是为什么先锋集团背后的理念类似于去中心化金融（Decentralized Finance，DeFi）。

最后，是存在先锋效应，即先锋对其他金融机构的影响促使它们降低收费从而提高竞争力。正如博格在 1989 年对员工的一次演讲中所说："先锋的出现在这个行业建立了早就应该存在的价格竞争，如果我们的竞争对手被迫给它们的客户一个公平的价格，那么我们也提供了一定的社会价值，即使这会减缓我们的增长。"

先锋效应的产生在很大程度上是以先锋自身资产的损失为代价的，因为这些资金本来可能流向先锋，现在却流向了其竞争对手的低成本基金。然而，其他人模仿先锋的低成本模式对博格来说并不是问题——事实上，这是一个应该出现的理想状况。在《品格为先：先锋集团的创业发展历程》（*Character Counts: The Creation and*

---

① 即降低交易频率。——译者注

*Building of the Vanguard Group*)① 一书中,他回忆了1991年对员工们的一次演讲:

如果我们的竞争对手最终以更低的价格和更高的价值进行竞争,而不是在营销上增加支出,它们将使共同基金行业变得更具竞争力。事实上,正如我在哈佛商学院课堂上所说,先锋以使命为投资者创造一个更美好世界的第一个迹象就是,我们的市场份额开始下降。

我不确定在商业史上还有谁——更不用说资产管理史上——曾希望自己的市场份额被侵蚀。这是反资本主义(anticapitalist)的,同时也是超级资本主义(supercapitalist)的。这确实说明了博格的行事方式与众不同。用"使命"来形容最恰当不过了。

> 他对如何实现自己的目标几乎是无私的。关于博格,我倾向于认为他比现实所展现的更自私一些,但每当我想要更进一步认识他时,我就会发现,他与其他人做事的动机真的不同。
>
> ——杰森·茨威格

> 这绝对是先锋集团的使命,它基本上是在为所有投资者做好事,但有些澳大利亚的投资者并没有意识到先锋集团在美国的做法给他们带来的好处。世界其他地区也因为先锋而降低了费用,那些从未听说过先锋集团的投资者也从中受益。这也是你的书名"博格效应"所暗示的。
>
> ——格斯·索特

---

① 该书的中文版由上海远东出版社于2010年1月出版。——译者注

**博格效应**

虽然先锋的同行中肯定有一些"叫嚷"的声音，但许多人都接受了提供低成本指数基金和 ETF 的想法，因为他们知道这对客户有多大好处。他们喜欢与终端投资者保持一致，这是投资者应得的。

> 博格有着令人难以置信的清晰愿景，为个人投资者摇旗呐喊，尤其是在美国。他是一位先驱。我们花了很多时间让投资变得更容易且负担得起，如果博格还活着，我想他也会同意这种做法。
>
> ——萨利姆·拉姆吉

让我们从主动型基金开始计算先锋效应带来的成本节约。主动型基金的费用从 2000 年（先锋和指数开始流行）的 0.99% 下降到了今天的 0.66%。同样地，这个看似很小幅度的下降每年要乘以数万亿美元。先锋集团对主动型共同基金施加了影响，降低了它们的费用，也让投资者可以选择更便宜的基金，总共节省了约 2 000 亿美元。

在被动型基金方面，先锋效应的影响甚至更大。想想看，每一家发行机构（如富达、贝莱德或道富银行）推出廉价指数共同基金或 ETF，在很大程度上都是因为它们需要更好地与先锋竞争，或争取受博格低成本理念影响的客户。例如，1993 年推出的第一个 ETF——SPDR 标准普尔 500 ETF 信托基金，其灵感就来自先锋 500 指数基金，定价也与之相当，但费用仅为 0.2%。

如今，先锋集团在 11 万亿美元的被动型基金总资产中占有 50% 的市场份额，但它几乎影响了其他所有的资产。其他的廉价被动型基金的资产加权平均费用约为 0.18%。如果没有先锋，这些资产也可能要支付像主动共同基金那样高的费用。因此，投资者通过博格效应又节省了 2 500 亿美元。

有趣的是，几乎所有与我交谈过的人都提到，先锋提供低成本指数基金是因为它想这么做，而其他机构提供低成本指数基金是因为它们不得不这么做，这种差异对它们来说很重要。

> （博格）使得许多公司不得不挣扎着采取削减成本的行动。是先锋让它们这么做的。它们并不想做这件事。
>
> ——本·卡尔森

> 其他许多资产管理公司提供和营销低成本指数基金的唯一原因是，它们别无选择。相信我，如果没有先锋，富达就不会有零费率的指数基金。
>
> ——安东尼·伊索拉

先锋帮投资者节省的资产总金额如下：

通过费用比率：3 000 亿美元

通过交易费用：2 500 亿美元

通过博格效应（主动型基金）：2 000 亿美元

通过博格效应（被动型基金）：2 500 亿美元

总计：1 万亿美元

## 不仅如此

我就是这样计算得出 1 万亿美元的，但实际数字可能比这还要大。上文介绍的是我在 2016 年为《彭博观点》撰写的一篇文章中概述的原始计算的更新版本。这篇文章发表大约 10 天后，我的同事马特·米勒（Matt Miller）在彭博电视台的采访中问博格对我的文章有何看法，他是这样回答的：

事实上，这个数字甚至可能被低估了。埃里克并没有计算每年节省的资金赚取的回报。如果把我们每年为投资者节省的钱算上一些回报，然后再拉长视野至 20 年左右，你会得到一个巨大而惊人的数字。这个数非常大。这对投资者来说是件好事。这是最重要的。

好，让我们把人们每年将节省的费用再投资所赚到的钱按照复利加进去，这将带来额外的 4 000 亿美元收入。我们还可以考虑国际市场，那里有大约 3 万亿美元的低成本被动型基金资产，而且规模还在增加。

无论按照哪种方式，都将使总节省费用超过 1 万亿美元。当你读到这本书的时候，这个数字将会更大，因为这个金额不是静态的，而是以每年大约 1 000 亿美元的速度增长。随着资产规模的扩大，每年节省的资金规模也会超过 1 000 亿美元。在未来 10 年，我们实际上可以节省 3 万亿或 4 万亿美元，特别是如果投资者继续痴迷于低费用产品的话——我几乎可以确定，他们会的。请记住，这不是总资产（可能有数万亿美元）——这只是原本会进入金融行业而不是投资者口袋的费用收入。

此外，到目前为止，我所讨论的还只是基金。先锋集团也在向其他领域扩张。例如，先锋推出了一项咨询业务，收费仅为行业平均水平的一小半，我们将在后面的章节中讨论这个问题。先锋集团还先于其他大型折扣券商宣布在其平台上进行免佣金的 ETF 交易，帮助降低了 ETF 交易成本。但事情不会就此结束。先锋集团正在进军欧洲和亚洲。它刚刚迈出了进军私募股权行业的第一步。还有消息说先锋集团要开展托管业务，甚至可能在某个时候进入加密领域。在任何领域，只要它运用其独特的结构和使命，就有可能打破现状，并给所有收费过高而交付不足的公司带来巨大挑战。

## 资金背后的面孔

这 3 000 万投资者（如果算上竞争对手的指数基金投资者，会更多）究竟是谁？他们"发现"了先锋，并分享着这节省下来的 1 万亿美元费用。我们媒体往往过于关注业务的供给，而理解和深入研究需求也很重要。没有投资者，就没有先锋，也就没有 11 万亿美元的被动型基金资产。博格把重点放在了数字背后的投资者身上。在《品格为先》一书中，他把他们称为"灵魂"，他写道："他们都有自己的希望和恐惧，有自己的财务目标，也有对我们的信任。我们从未让他们失望。"

这些投资者或"灵魂"有多种类型，但大致可以分为四类（图 1.5）：第一类是直接发现先锋的自我指导型散户投资者，还有一些通过 401（k）等固定缴款计划（Defined Contribution，DC）投资先锋的散户投资者。第二类是顾问，也是增长最快的一类，他们最终会把客户的资金投进先锋基金，因为他们认为自己是受托人，这是最好的选择。第三类是机构投资者，尽管大多数机构倾向于自己进行投资，或采用对冲基金和私募股权等另类策略，也就是说有相当一部分中小型机构会将自己的投资计划外包给先锋集团。我们将在后文更多地讨论它们。最后一类是国际投资者，这是先锋集团较新但增长迅速的一类投资者。

博格效应

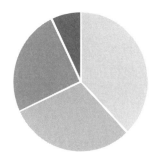

・ 顾问　■ 散户投资者　■ 机构投资者/DC计划　■ 国际投资者

图 1.5　先锋资产的投资者类型占比

数据来源：先锋集团。

# DIY 投资者

DIY 投资者（散户投资者）持有的资产约占先锋集团总资产的 30%，但构成了该公司 90% 的基因（DNA）。这些散户的投资是先锋最初的核心资产，博格在早期痴迷于保护这些资产。他们中有医生、教师、会计、软件开发人员、电工、平面艺术家、办公室职员和经理、演艺人员、运动员、公关人员、水管工和金融行业的专业人士。这些人不是为了寻找乐趣或刺激而投资，而是为了实现真实具体的目标，比如供孩子上大学、买第二套房子、享受舒适的退休生活。博格就是为这些投资者而奋斗。

> 他保存了从投资者那里收到的每一封信，并给我看了一些信的复印件。他说要给其中一些人回信。我都快感动哭了，谁会这么做？没有人。其中一封信是一个门卫写来的，他写信感谢博格，

让他有能力为孩子的教育和自己的退休生活存钱，如果没有博格，他不可能做到这一点。博格从这些（信件）中获得了很多个人满足感，尤其是在被动投资变得如此广泛的时候。我想这是他觉得能产生个人影响的唯一方式。

——艾琳·阿维德隆德

在某种程度上，你可以说博格必须与这些投资者通信，因为他们是公司的所有者，他们实际上是博格的老板。事实上，最早的先锋投资者最终将成为该公司决策的指南针。

有一个名叫托比·乔特（Toby Choate）的神秘人物，从我到那里的那天起，每个人都在谈论他。一切都要经过托比·乔特测试。传说托比·乔特会问："我为什么想让你把钱花在——广告、假日派对还是其他什么上？"所以我们一直在思考：托比·乔特会同意我们花这笔钱吗？如果我们不能证明花这笔钱是合理的，那么我们就不能花，因为这是投资者的钱。直到大约10年前，我才发现托比·乔特是个真实存在的人。早在20世纪80年代初，他就会挑战杰克："你觉得我想让你花这笔钱吗？"所以我认为，杰克是真的觉得自己对投资者的钱负有受托责任，他总是会想：如果在营销上花一大笔钱，我们能为投资者带来任何回报吗？

——格斯·索特

不在广告上花钱与博格的"自己做好了，人们就会来"的想法一致。正如他在 1980 年的一次演讲中告诉员工的那样："我们不需要外部销售大军。相反，我们要让投资者自己来找我们。"先锋做到了。通过等待人们的到来，先锋最终吸引了最好的"黏性"投资者。在《品格为先》一书中，博格说道：

> 我们一直都知道，典型的先锋客户比典型的基金投资者受过更好的教育，也更富有。此外，我们知道，他们更愿意也更有能力在我们的基金中转移他们的资产。简言之，我们的典型客户是财务精明的投资者，他知道自己想要什么，什么时候想要，以及如何得到。

## 知名人士

据博格所知，先锋集团的散户投资者中有一些知名人士，他们运用指数基金进行个人投资。一个例子是所罗门兄弟公司由债券交易员转行的作家迈克尔·刘易斯，他在畅销书《大空头》(*The Big Short*)和《闪光男孩》(*Flash Boys*)中深入探讨了华尔街的许多内幕。以下是他在接受《市场观察》采访时所说的话：

> 我一直是一个乏味而保守的投资者。我投资指数基金，不怎么关注市场时机……我总是把它放在一边，不怎么看它……我认为最好的方法是投资低成本的指数基金。我认为人们不应该用他们的储蓄来选择个股，这通常被证明不是一个好主意。如果你想把它当成一种娱乐，那没问题，但我认为你最好投资低成本的指数基金，比如先锋指数基金。

另一位著名的散户投资者——如果可以这么称呼他的话——是沃伦·巴菲特，他在 2013 年的一封信中说，他计划将自己的绝大部分财富投入一只指数基金。

我应该补充一句，我会采取实际行动而不是说说而已：我在这里的建议基本上与我在遗嘱中列出的某些指示相同。其中一项遗赠规定，我妻子作为受益人的财产将交由受托人保管。（我必须用现金进行个人遗赠，因为我所有的伯克希尔股票将在我的遗产处理完成后的10年内，全部分配给某些慈善组织。）我给受托人的建议非常简单：把10%的现金投资于短期政府债券，90%投资于成本非常低的标准普尔500指数基金（我建议选择先锋的）。我相信，这么做带来的长期收益将优于大多数投资者——无论是养老基金、机构还是个人——他们聘用的是高收费的经理人。

我向巴菲特求证了这件事，他证实自己现在仍然这样计划。

巴菲特这一"90/10"的投资组合与美国前国务卿希拉里·克林顿（Hillary Clinton）和前总统巴拉克·奥巴马（Barack Obama）的投资组合非常相似，至少从他们披露的财务信息来看是这样。他们的投资组合都非常简单，但非常有力，其许多政治同行的投资组合通常包括来自多个基金家族的多只基金，存在很多重叠。据报道，克林顿在先锋500指数基金持有约500万美元的资产，她还持有约75 000美元的短期国债。

根据2016年奥巴马的财务信息披露，他和克林顿一样，持有近60万美元的先锋指数基金，以及一些短期国库券和票据。先锋集团是他披露的唯一一家上市基金公司。和许多人一样，他简化了自己的投资，保持了较低的成本。

## 学者

著名学者保罗·萨缪尔森（Paul Samuelson）是先锋集团的首批

投资者之一。他是麻省理工学院的教授,是美国第一个获得诺贝尔经济学奖的经济学家。他也是美国前总统约翰·F. 肯尼迪(John F. Kennedy)和林登·B. 约翰逊(Lyndon B. Johnson)的顾问,并撰写了博格在大学期间使用的一本教科书。他与博格关系较好,并为博格的第一本书写了前言:"与子女和孙辈一样,除了作为初始投资者之外,我与先锋集团没有任何其他关系。"

萨缪尔森是众多支持先锋和低成本指数基金,并将其纳入课程的学者中的一位,而且与博格成为朋友。下面是博格在 *Bogleheads* 播客上谈论的内容:

我们的另一个优势来源是学术界。很少有商学院的投资课程没有把博格的指数基金纳入教科书。这是一个学术团体。因此,不仅普通人值得帮助、给予荣誉,其他人也同样值得,象牙塔中的教育和复杂的概念,也是一项伟大的资产。

## 竞争对手

这些精明的指数投资者中也包括先锋集团的竞争对手。

> 人们过去对博格的评论是这样的:他是如此道貌岸然,是如此虚伪。但同时,他们都持有先锋的基金。在我看来,这是最有趣的事情。如果在这些基金行业的首席执行官们微醺之后再跟他们交谈,他们就会说:"是的,我的大部分钱都投在先锋基金了。"他们讨厌博格,但同时也是他的客户。
>
> ——杰森·茨威格

# 第一章 巨人先锋

> 我过去为华尔街的许多分析师管理资金，你会惊讶于他们中的很多人都是指数基金投资者。许多华尔街人士都会将他们自己和他们家族的资金投资于指数基金。
>
> ——里克·费里

"看看我们竞争对手的董事们吧，"博格在一次采访中谈到这个话题时说，"你知道他们在为孩子的大学计划投资时是怎么做的吗？他们要去投资先锋。看看美林证券（Merrill Lynch）的推销员，当他的长辈向他咨询时，他不知道怎么办，就说'买先锋'，因为这样他就不会看起来像个白痴。"

## Bogleheads

一些发现先锋的投资者已经变成了类似传教士的角色，努力推进博格的事业，并启发其他投资者。他们形成的组织被称为"Bogleheads"，起初规模较小、非正式，但现在已发展成为一个小型机构，具有了一定的影响力。Bogleheads 年度会议的发起人是梅尔·林道尔（Mel Lindauer）和泰勒·拉里莫尔，拉里莫尔是经历过第二次世界大战（以下简称"二战"）的退伍军人，曾参加过突出部战役（Battle of the Bulge）[①]，博格曾将其称为"Bogleheads之王"。会议是讨论、辩论和传播博格关于低成本投资的信息和理念的一种方

---

[①] 突出部战役也称阿登战役，发生于1944年末1945年初的比利时阿登地区，是"二战"西线战场上的一次重要战役。——译者注

式。Bogleheads 的会议和在线论坛在传播理念方面非常有效，博格对此表示赞赏，并一直在为该团体服务。下面是他关于 Bogleheads 的看法：

Bogleheads 对先锋来说是一笔巨大的资产……他们不仅互相帮助，而且是独立的，与我们没有任何关系。他们没有什么可供出售的产品，只有善意和忠告。所以 Bogleheads 是先锋集团、也是指数基金的重要资产。

Bogleheads 很快就表示，他们不是先锋集团的粉丝俱乐部，他们更关注博格的投资哲学。因此，Bogleheads 论坛也经常强调非先锋基金的增值能力，比如嘉信理财（Schwab）或贝莱德的基金。论坛主题包括个人投资、投资理论、新闻和个人理财。快速浏览一下标题就会发现，人们在讨论不合格的储蓄投资、分散投资的想法、对抗通货膨胀的方法、分红以及 401（k）计划是否值得等话题。

> Bogleheads 论坛现在是世界上最大的非商业金融论坛。在我写上一本书《Bogleheads 的三基金投资组合指南》时，Bogleheads 论坛每天的点击率已经超过 450 万次，注册会员超过 7 万人。2001 年，梅尔·林道尔和我在迈阿密我家的客厅里举办了第一届 Bogleheads 会议。论坛中的每个人都受到了邀请。博格先生和 21 位论坛成员出席了会议。从那时起，我们每年都举办 Bogleheads 会议。会议非常成功，门票几天之内就卖光了。
>
> ——泰勒·拉里莫尔

该组织朴实无华、没有广告，网站看起来像 1998 年的风格，这非常符合博格的气质。它的网站没有任何花哨的东西来转移人们对内容的注意力，其内容主要是信息公告板和关于投资的讨论。Bogleheads 的管理很严格，这意味着它根本不允许任何招揽业务的行为，当我试图邀请一些人来为这本书做一些采访时，我才发现这一规定，因为我立即被禁止了。公平地说，我确实违反了他们的规定，他们也给我写了一封电子邮件解释这一点，并给了我第二次机会。我尊重他们为保护论坛的纯洁性所做的努力。

> 它确实是一个观点一致且具有强大凝聚力的组织。有趣的是，现在博格走了，他们不再需要不停地谈论他有多伟大。他们似乎正在转而支持博格的核心理念：买入并持有低成本指数基金的多元化投资组合，不要轻易交易，交易时在税务上要精明一些。就是这样，很简单，很明确。这是非常明智的。它对人们有很大的吸引力。我认为这可能会持续下去。
>
> ——杰森·茨威格

Bogleheads 可能会成为一股世代相传的力量。类似这种核心组织在投资界往往维持不了多久，因为他们通常都是围绕着一位主动经理组建的。当投资表现不尽如人意或停滞不前，以及经理退休或去世时，崇拜就会消失。但随着时间的推移，Bogleheads 的影响力可能会越来越大，因为 Bogleheads 并非根植于对博格的崇拜，而是植根于他提出的常青理念和对低成本、谨慎投资的关注。

## 变革后的经纪人

先锋的另一大投资者群体，也是增长最快的，是顾问。根据 Cerulli

Associates 的数据，他们总共管理着 25.7 万亿美元的资产。他们把人们的投资组合放在一起，在很多情况下也会给人们财务建议或做全面的财务规划。这个群体目前正在经历一场巨大的变革，这是促使资金流入先锋、指数基金和 ETF 的强大催化剂之一。

在 20 世纪八九十年代，他们通常被称为"经纪人"，通过收取佣金获得报酬，这本质上是共同基金的回扣（尽管这些钱不是来自共同基金公司，而是来自终端投资者）。这意味着，散户投资者向经纪人支付了大笔费用，却被投资于成本高、费用高、表现不佳的基金，只因为经纪人从基金公司那里拿到了佣金，即使经纪人深知这些基金十分糟糕，并且自己也绝不会投资其中。

这似乎是一种可怕的激励机制，但事实就是如此。许多经纪人都知道这一点，这让一些人感到良心不安。他们知道这对他们的客户没有好处，而且与他们作为受托人的责任背道而驰，他们只是让客户投资于支付给他们回扣的基金公司让其推广的基金。但在前互联网时代，他们没有太多的选择（或信息）。

> 你（那时）唯一学到的东西就是你在会议上了解到的，或者你的公司教给你的东西。如果你为经纪商工作，公司教给你的就是需要你销售的东西。一旦意识到山的另一边有什么东西，一些人就开始变得好奇，跋涉着翻过大山，想看看另一边的草是否更绿。事实证明，对于很多顾问来说，草是更绿的，所以你会看到这 20 年来从经纪人到注册投资顾问（RIA）的转变。
>
> ——迈克尔·基茨

他们中的许多人成了承诺对客户承担信托责任的注册投资顾问，

并全部或部分转向了基于费用或资产的模式。在这种模式下,他们获得的报酬不是来自共同基金,而是来自客户,通常占客户资产的1%左右。他们不再为共同基金公司工作,也不再是共同基金公司的分销代理,而是为客户工作。这促使他们选择对客户有利且成本尽可能低的基金。

所有这些都促进形成了我们现在看到的流向被动型基金的资本洪流。我和许多顾问谈过,他们说自己经历了一个顿悟时刻,很多人开始相信博格。毕竟,到那时为止,他已经就这一方法宣传了20年。

里克·费里是美邦公司(Smith Barney)的一名经纪人,他们就会将客户资金投入向经纪公司支付费用的主动型共同基金。20世纪90年代初,费里在亚特兰大特许金融分析师协会(CFA Institute)年会上听博格的演讲时,意识到博格所说的与他所经历的完全一样。

"我意识到,哇,这个指数概念就是我需要进一步研究的,"费里说,"所以我拿起了一本《博格论共同基金:聪明投资者的新视角》(*Bogle on Mutual Funds: New Perspectives for the Intelligent Investor*)。我简直不敢相信他在这本书里写的东西。这正是我亲身经历的。我产生了一种压倒性的顿悟——我的天啊,有很多人和我一样。你知道吗?我们是对的!然后我就把那本书认真读完了。我觉得这就是我必须做的,因为我只关心客户,而不是为公司赚钱。"

受到启发,费里首先向经纪公司的老板提议投资先锋基金,但立即遭到了否决,因为先锋不愿为经纪公司的平台支付费用。于是他离开了,成了一名独立的RIA。"我想按照博格说的做,"费里说,"但在这里我做不到。"

费里和其他很多人都无法做到这一点,是因为先锋没有支付分销费用，这也是尽管先锋拥有如此强大的价值主张，但还是花了这么长时间才发展壮大的主要原因之一。这就像是你拍了一部伟大的电影，但没有一家影院或电视频道愿意放映它。如何让人们来找你？你必须激励他们离开另一个系统，但这并不容易。

但博格所传递的信息就是这样的。一旦它真的"击中"某人，通常会彻底改变他们的生活。他们再也不能以过去的方式看待事情了。信息的力量很强大。

> 一旦你开始投资指数基金，你真的明白了为什么要这么做，你发生了顿悟，就不会再回到主动型基金。这就像改变宗教信仰一样。现在你要做的就是"靠近圣坛，最终加入唱诗班"。
>
> ——里克·费里

> 有趣的是，这感觉就像宗教信仰的转变，那些之前对自己的理财建议和理财智慧充满自信的人，最终却发现自己知之甚少。然后他们开始宣扬这种想法，即我们都是无知者，这是一切的基础。
>
> ——迈克尔·刘易斯

一旦顾问不再从共同基金公司获得回扣，而是开始按客户资产的一定比例收取报酬，所有基金都将处于一个公平的竞争环境中。当指数基金和先锋的基金处于一个公平的竞争环境时，他们几乎总是能赢得战斗——而且通常赢得很容易。因此，投资顾问向这种新模式的转变，是先锋、指数基金和ETF崛起背后一个巨大的、被低估的因素。

> 转向基于费用的模式的根本原因是，受托人有义务做最符合客户利益的事情，最终，如果你看看现有的数据，专注于最小化基金费用，并在长期内采取基于指数的方法，往往会带来更好的投资结果。底线是，如果你是一名信托顾问，而你没有关注主动管理的成本和表现不佳的数据，那么我认为你将很难证明自己是一名合格的信托人。
>
> ——内特·格拉西

许多规模更大的顾问网络也纷纷效仿。Cerulli Associates 财富管理高级总监多尼·艾泽开展的顾问调查显示，截至 2020 年末，该行业约 70% 的收入来自基于资产的费用，预计 2022 年将达到 74%。而在 10 年前 Cerulli Associates 进行的一项类似调查中，这一比例约为 51%。

艾泽说："无论是按人数还是资产来衡量收费趋势，在过去 20 年里，这种增长都是爆炸性的。我认为被动型基金的出现和发展是一个非常重要的原因。几乎所有趋势都指向这一点。"

## 机构投资者

尽管规模较小，但机构投资者也是先锋集团资产基础的一个组成部分。虽然一些机构已经转向先锋基金和被动型基金，但它们并没有像散户投资者或顾问那样采取同样的行动。许多机构，尤其是养老基金、捐赠基金、家族理财办公室和保险公司等大型机构，本质上并不是要全部投入先锋。它们基本上会与对冲基金、私募股权和不动产等另类投资结合在一起（又称耶鲁模式①）。虽然它们的需求和目标与小投资者不同，但在这个世界上存在着非自然的利益冲突，这使得它们无法将资金转移到低成本、简单的投资组合中。

> 在机构投资者的世界里，与所有这些风险投资家、私募股权人士和基金经理交谈会让人受到极大的启发。这让他们有了谈资，有了向委员会或校友吹嘘的机会。在我以前工作的地方，有五六十名经理，这根本就不合理，所以我才想出去。向董事会谈论指数基金是不会奏效的，尤其是在董事会如此担心季度业绩、正在发生的事情，以及应该撤换哪些基金经理的时候。
>
> ——本·卡尔森

尽管如此，其中一些机构正面临越来越大的来自利益相关者的压力，要求它们停止投资高成本的基金。例如，哈佛大学1969届的11名毕业生给校长写了一封信，游说校长将400亿美元捐赠基金中的一半投入低成本指数基金：

如果将捐赠基金的一半投入管理成本几乎为零的标准普尔500指数基金，那么哈佛大学就可以省下付给哈佛管理公司的一半款项，总计6 880万美元——足够支付4 300万美元②的税款，还能省下很多。

我们很可能会看到，许多无法接触顶级对冲基金或不需投入过多

---

① 耶鲁模式也称耶鲁模型，是指耶鲁大学捐赠基金进行投资的方式、方法，耶鲁大学捐赠基金长期获得了较高的回报，因此得名。——译者注
② 哈佛大学每年的税款约为4 300万美元。——译者注

思考的中小型机构继续转向先锋模式。这是有道理的。与此同时，大多数规模较大的机构则可能会坚持耶鲁模式。

## 国际投资者

虽然"博格效应"和整体指数化趋势在美国正蓬勃发展，但其在世界其他地区实际上才刚刚开始。问题在于，世界上大多数地区仍然存在一个以佣金形式获得报酬的经纪人系统。这个系统正在对抗先锋和被动型基金。再加上许多国家处于分裂形势下，以及缺乏固定的缴费计划，使得国际市场比美国市场更难攻克。

> 特别是在欧洲，银行作为中介发挥了很大的作用。DIY 投资者是先锋集团的主要支柱，但欧洲的经营环境有所不同。我确实认为，这种影响正在扩大，存在增长空间，但市场结构和激励措施可能会成为障碍。
>
> ——伊丽莎白·卡什纳

欧洲也缺乏像博格这样的力量，他能够冲破混乱、改变格局。

> 在欧洲没有人扮演"救世主"的角色，欧洲应该更能同情"你被华尔街欺骗了"的故事。我的意思是，欧洲的情况比美国更糟糕。这太荒谬了。
>
> ——吉姆·温特

## 博格效应

> （博格）在欧洲的知名度远低于在美国的知名度。直到他生命的最后几年，他才被这里的人们所认识。就公众对跑赢股市的难度的认识而言，我们远远落后于美国，长时间沉浸在幻觉中。谢天谢地，现在情况已经开始改变了。
>
> ——罗宾·鲍威尔

> 先锋已经取得了新进入者能取得的最大的成功。他们的市场份额正在增长，但并非通过收购获得，他们不进行收购。他们正在稳步地把先锋的理念传递出去。打入欧洲市场并非易事，在欧洲市场取得成功更加困难。先锋只是一个新生事物。
>
> ——阿萨纳西奥斯·萨洛法吉斯

在澳大利亚以外，就嵌入式佣金系统（embedded commission-based system）和中介机构而言，亚洲的情况可以说比欧洲更糟糕。无论如何，对于许多基金发行方来说，考虑到庞大的人口数量，亚洲市场是非常值得付出努力的。亚洲的人口是欧洲的6倍，是北美洲的9倍。很多散户投资者还没有发现，手续费从2%到0.20%可以节省多少钱。这就是为什么博格效应只在第三回合产生影响。

> 除澳大利亚以外，投资顾问在亚洲各地也是靠销售产品赚钱。因此，他们的收入来自销售结构性产品和共同基金，而不是ETF。另一个重大挑战是，亚洲不同于欧洲，欧洲受益于欧盟可转让证

> 券集合投资计划（UCITS，允许在欧洲各地销售基金的监管框架）。你可以在 UCITS 下创建一只基金，并在很多地方出售，包括亚洲。但当你在中国香港地区创建一只基金时，则不能在新加坡、日本或马来西亚出售。今天的亚洲在很大程度上是一个按国家/地区划分的孤岛，因此没有形成规模经济。
>
> ——德博拉·富尔

总的来说，先锋集团的投资者中约有 7% 是国际投资者，基金资产规模达 5 780 亿美元（图 1.6），这一规模非常健康。美国之外的被动型基金的总规模大约是 2 万亿美元。但毫无疑问，它还会增长，原因和在美国一样。这种增长从早期投资者开始，然后会扩散到其他人。

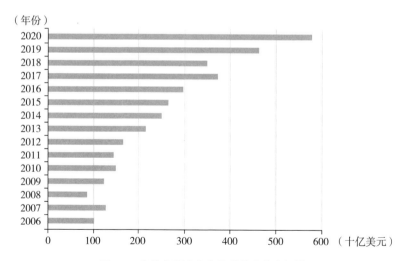

图 1.6　先锋集团来自海外的基金资产规模

数据来源：先锋集团。

> 世界各地都有一些人了解（投资）主动型基金的风险，这些基金收取高额费用，但无法持续或者不太可能提供阿尔法收益[①]。基于一种"照搬过往做法"的心态，你还是会购买主动型基金，但获益缓慢。
>
> ——德博拉·富尔

> 每到一个国家，我们都会听到："这里不一样。"真的吗？我们知道没什么不同，也不可能有什么不同。计算方法总是一样的。所以我们必须说明在加拿大建立指数基金的理由，在英国建立指数基金的理由，在澳大利亚建立指数基金的理由。我们需要逐个国家说明，证明就应该是这样的。不过，挑战在于投资顾问以及他们的薪酬状况。
>
> ——吉姆·诺里斯

## 零售宿主有机体

赢得全球散户投资者和为他们提供服务的顾问的真心、思想和资产，是金融业内部一股强大的破坏性力量，因为散户投资者往往为资产管理人贡献了最高的费用（机构投资者已经以近乎免费的成本获得

---

① 阿尔法收益是指不随市场波动的那部分收益，也称为"超额收益"；跟随市场波动的收益则称为"贝塔收益"。例如，市场上涨 5%，但你的投资收益为 8%，那么超过 5% 的部分就是阿尔法收益。——译者注

了一切，因为他们有这么多钱可供投资）。许多资产经理靠它们为生，这就是为什么我称它们为"零售宿主有机体"（the retail host organism）。

一旦人们习惯了为整个投资组合支付 5 到 10 个基点的费用，他们就不可能再支付 1%—2% 的费用。这是一个重大转变。

虽然大多数业内人士都很清楚博格向他们抛来的是革命性的炸弹，但在泡沫之外，很少有人真正理解博格领导的民粹主义起义。汉密尔顿·诺兰（Hamilton Nolan）就是其中之一。2016 年，他在 Deadspin[①] 上发表了一篇关于博格的文章，回应了我在《彭博观点》发表的一篇关于节约成本的文章：

> 戴着贝雷帽的切·格瓦拉（Che Guevara）看起来不错，艾尔德里奇·克里弗（Eldridge Cleaver）[②] 也有过辉煌的时刻，但今天让我们大家花点时间来纪念真正的人民英雄——约翰·博格。他从华尔街的口袋里掏出钱放进了普通人的口袋。他创立了一家价值数万亿美元的投资公司，但并没有用它来让自己成为亿万富翁，而是以公平的价格创造出了一款好产品，为所有使用它的人省钱。华尔街讨厌这个家伙，但我爱他，你也应该爱他。占领华尔街是好事，监管华尔街是好事，每隔一段时间就把对民粹主义起义的恐惧植入华尔街的中心也是好事。并非所有革命者都携带机枪。有些人拥有复利的知识，这也很酷。

## 新型受托社会

博格很喜欢"领导一场革命"的想法。他的一生都是围绕着这

---

① 一个体育博客网站。——译者注
② 20 世纪六七十年代美国黑人运动的主要参与者。——译者注

个想法展开的。他的大部分著作在很大程度上都在呼吁建立一个更好的商业和投资世界。在《文化的冲突：投资与投机》(The Clash of the Cultures: Investment vs. Speculation)一书中，他说："我们必须建立一个新型受托社会。"他还提出了一项投资权利法案，其中包括消除利益冲突、客户为王、披露费用和费率，以及在投票股权（Voting Shares）方面提供良好的管理。

正是由于这种民粹主义的兴起，人们认为先锋集团的庞大规模与拥有太多定价权或可能抑制自由的大型科技公司截然不同。这也是先锋集团现任首席执行官莫蒂默·"蒂姆"·巴克利（Mortimer "Tim" Buckley）的想法。他在2018年的一次采访中告诉ETF.com："我可能会说我们还是不够大。5万亿美元是一个很大的数字，但那是客户的钱，不是我们的。我们的收入是50亿美元。我们很难达到亚马逊的规模。"

在博格去世前，先锋集团的规模已经成为一个越来越受关注的话题。

> 他的影响力被低估了。他是世界上最大的慈善家之一，你想想他为普通人节省了多少钱。这些钱现在正流向更有生产力的领域，而不是这些高成本的基金，从而使本不应该得到那么多钱的人的工资进一步膨胀。他最大的遗产是为人们节省了数万亿美元。我认为人们并没有真正理解这一点。这是非常了不起的成就。
> 
> ——安东尼·伊索拉

如果不是因为一个大规模的熊市以及博格被自己的公司解雇，这一切都不会发生。

# 第二章

# 独立宣言

"我的目标是创建一个只属于股东、由股东负责、为股东服务的企业。"

如果追溯先锋集团取得巨大成功的路径——被动 ETF 的兴起，以及主导当今投资格局的一系列趋势——你最终会理解在 20 世纪 70 年代初博格所做的事情，以及他为何决定建立一家采用共同所有权结构的新型基金公司。这个听起来古怪甚至无聊的词（指"共同所有"）在实践中是非常强大的，它使先锋集团建立的意义等同于《独立宣言》的诞生，不仅对当时的博格如此，对投资者也是如此。

共同所有权结构如此强大的原因很简单，即公司由基金所有，而投资者拥有基金。因此，投资者拥有公司。股东和投资者不再是两个不同的群体，而是同一个群体。当资产增加带来额外收入时，作为投资者的股东往往会选择通过代表他们的选举董事会降低费用（或对公司进行再投资）。

### 博格效应

> 先锋集团的股权结构是其成功的原因。很多人认为先锋是一个非营利或不以获取利润为目标的公司。先锋集团是 C 类[①]公司,就像所有其他公司一样,都是为了赚钱,只是为谁赚钱的问题。在任何情况下,你都是在为公司的所有者创造利润,而公司的所有者恰好是我们基金的投资者。
>
> ——格斯·索特

> 如果对先锋的投资者进行调查,我敢打赌 75% 的人不知道共同所有权结构是这一切的核心和根源。他们认为这是另一回事。他们是真的不知道,也不去想它。但这是一个突破。
>
> ——泰德·阿伦森

博格也完全同意这个评价。在一次采访中,我直截了当地问他:"共同结构和指数基金哪个更重要?"

"嗯,在我看来,毫无疑问,共同结构是基础,"他回答说,"因为如果你有一个共同所有的结构,你的整体想法就是看看如何降低成本,并利用低成本。"

你只需要看看先锋 500 基金多年来的费用比率,就能发现是这种结构在起作用。这一比率从 1976 年的 0.43% 下降到了 2021 年的 0.03%(图 2.1)。值得注意的是,大多数下降发生在人们还不像现在这样关

---

[①] 美国的股份公司主要分为 C 类和 S 类,C 类公司的所有者和企业分开,在股东任命的董事会指导下经营,S 类公司在股东人数和股本结构上面临较多限制。——译者注

心费用的时候。投资者并不是真的想这么做,但这就是这种结构运行的方式。流入的资产越多,收取的费用越低。

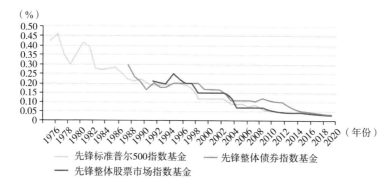

图 2.1 先锋基金的费用比率

数据来源:先锋集团。

> 先锋集团的股东是其共同基金的所有者,这非常清楚地表明了每个人要对谁负责,因此它回避了委托代理的问题。我认为共同所有权结构和指数化的共同点在于效率。
>
> ——伊丽莎白·卡什纳

> 共同所有权结构渗透在激励机制中。你可能会担心营利性公司会做一些不负责任的事,至少在激励措施方面,必须密切关注它们。但先锋集团有一套不同的激励机制。你持有基金,你就是公司的所有者。所以你不仅买了基金,还买了基本结构。如果你投资这只基金,随着时间的推移,它可能会变得更好。
>
> ——丹·伊根

博格效应

# 一位大师

尽管调和基金公司和投资者的激励机制有着明显的好处，但迄今为止，先锋基本上仍是唯一一家采用这种结构的基金公司。那么其他的基金公司是如何组织的呢？大约一半的基金公司是私有的，如行业巨头富达和资本集团（Capital Group），即合伙人拥有公司；而另一半基金公司是公有的，如贝莱德和道富银行（State Street），即外部股东拥有公司。这两种情况都有可能发生冲突，因为所有者想要利润，而投资者想要更好的回报和更低的费用。博格向所有愿意倾听的人讲述了这种差异。他在《投资先锋：基金教父的资本市场沉思录》（*Don't Count on It: Reflections on Investment Illusions, Capitalism, "Mutual" Funds, Indexing, Entrepreneurship, Idealism, and Heroes*）[①] 一书中指出：

共同所有是对任何一种受托责任的诅咒。行将结束的金融时代的大多数错误和重大过失，将被归咎于未能遵守受托责任，这是一个像《圣经》一样古老的信条，即"一人不能侍奉二主"……投资职业和投资业务之间的任何冲突，都应该以有利于客户的方式加以调和。

公平地说，这并不意味着在上市公司或私有资产管理公司工作的人是想利用投资者的坏人，但他们确实必须处理由两股对立力量造成的内在紧张关系。对股东有利的事情不一定对投资者有利。

作家、普林斯顿大学名誉教授伯顿·麦基尔在先锋集团董事会任职28年，近距离观察了这家公司的运作情况。麦基尔说："先锋给我

---

① 该书中文版由机械工业出版社出版，此处采用中文版译名。——译者注

留下深刻印象的一点是它说到做到，在是否要降低费用以获得新的利润这点上从来没有任何争论。这就是这家公司的基因，我认为它是世界上少数真正共有的公司之一。"

考虑到这种结构是多么重要和罕见，我认为有必要深入了解一下它是如何发生的。说实话，直到我为这本书做了一些研究，我才意识到这一切是多么疯狂、易变和偶然。但我认为，这就是建立一个没有经济激励机制的公司所需要的。

## 卖甜甜圈

那一年是 1965 年：林登·约翰逊（Lyndon Johnson）是总统，甲壳虫乐队（the Beatles）刚刚发行了《橡胶灵魂》（*Rubber Soul*），《音乐之声》（*The Sound of Music*）是排名第一的电影。与此同时，30多岁的杰克·博格在总部位于费城的惠灵顿管理公司迅速晋升。当时，这家公司是美国规模最大的资产管理公司之一，博格大学一毕业就进入了这家公司。惠灵顿管理公司管理着那个时代最受欢迎（尽管较为保守）的主动型基金之一。这只基金谨慎地持有股票和债券，在繁荣的 20 世纪 60 年代的前 5 年，它只上涨了 5%，而标准普尔 500指数上涨了 87%（图 2.2）。与此同时，许多投资于一些涨幅较大的成长型股票的主动型基金经理的回报远远高于市场。

你可以想象，投资者纷纷将大量资金投入高收益的股票基金，而忽略了保守的惠灵顿基金（Wellington Fund），后者的现金流份额从 40% 下降到 1%。惠灵顿管理公司的创始人沃尔特·摩根（Walter Morgan）将公司控制权交给了他确定的接班人博格，并要求他"尽一切努力解决我们的问题"。

博格效应

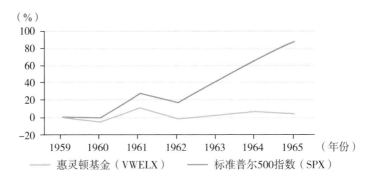

**图 2.2　20 世纪 60 年代惠灵顿基金和标准普尔 500 指数走势**

数据来源：彭博。

博格面临着一个艰难的困境。是坚持自己谨慎的根基，等待市场兴奋情绪结束，还是尝试适应所谓的新常态时代，并加入其中？对博格来说，这是显而易见的。正如他在《坚持到底》一书中所写的：

> 也许有些过于自信，我认为解决办法显而易见。假设你经营着一家百吉饼店，你的顾客成群结队地离开了你，去街对面的商店购买甜甜圈。为了生存——至少我是这么想的——你必须开始卖甜甜圈。

博格的想法是与一家股票实力雄厚的公司合作，帮助惠灵顿管理公司实现现代化，并给它带来一些优势。博格先是询问了美国基金公司（又名资本集团），被拒绝了。然后他去了富兰克林托管基金公司（今天被称为富兰克林邓普顿基金集团）以及其他几家公司，它们都礼貌地拒绝了。最终，他在波士顿找到了一群供职于 TDP & L 资产管理公司[①]的股票经理，他们经营着一只名为 Ivest 的受欢迎的快速增长基金。博

---

① TDP & L 资产管理公司（Thorndike, Doran, Paine & Lewis, Inc.）由桑代克（Thorndike）、多兰（Doran）、佩恩（Paine）和刘易斯（Lewis）四个人联合创建。——译者注

格认为这是一个绝佳的机会，尽管这不是他的第一选择，但参照百吉饼和甜甜圈的例子，他不得不采取行动。他将惠灵顿基金 40% 的股份（这是有效的投票控制权）以及一些董事会席位交给了 TDP & L，以换取其人才和 Ivest 基金。

## 美好时光

这次合作立即取得了成功。施乐（Xerox）、宝丽来（Polaroid）、美国国际商用机器公司（IBM）和雅芳（Avon）等成长型股票的市盈率飙升至 50 倍左右，远高于标准普尔 500 指数 15 倍的长期平均市盈率。这些基金当时表现得很好。1968 年，他们登上了《机构投资者》（*Institutional Investor*）的封面。以下是那篇文章的节选：

> 来自波士顿的四个人以他们自己的名字为名建立了一个井井有条的投资咨询公司，他们还因管理 Ivest 基金而声名鹊起。惠灵顿管理公司庞大的资产、良好的声誉和营销能力，加上 Ivest 团队的研究和投资管理才能，以及其基金赢得的声誉，这似乎是一个极其完美的组合……回报来得很快。惠灵顿管理公司的销售额从 1965 年的 1.68 亿美元下降到 1966 年的 1.51 亿美元，之后在 1967 年急剧上升，达到 1.8 亿美元。

博格觉得结果就应该是这样的。他的想法奏效了，资金流向已经逆转，但后来事情慢慢变得棘手起来。博格表示，他的新合伙人迫不及待地想要染指保守的惠灵顿基金，他们最终对该基金进行了调整，增加了更多股票。在此期间，该基金的经理是沃尔特·卡伯特（Walter Cabot），他解释了为什么在 1967 年股市行情良好时改变了该基金的策略：

时代变了。我们也决定改变，使投资组合更符合现代理念和机遇。我们选择了"动态保守主义"作为我们的理念，重点关注那些能够适应变化、塑造变化并从中获利的公司。

## 宴会结束了

惠灵顿基金的风险变得比最初的版本要大得多。我打赌你能猜到接下来发生了什么。在1972年底，疯狂的牛市转变为可怕的熊市，标准普尔500指数在接下来的两年里下跌了37%。宴会结束了！

> 1973年和1974年的形势相当于2008年和2020年3月。每个人都像僵尸一样走来走去。
>
> ——泰德·阿伦森

因为所持的成长型股票率先受到了抛售的冲击，Ivest基金的损失更大，约为65%。它以剑为生，现在正因剑而死。最终令博格心碎的是，惠灵顿基金的跌幅与股市持平。事实上，在熊市的头18个月里，惠灵顿基金的表现并不比标准普尔500指数好，下跌了约38%（图2.3）。这与1929年华尔街崩盘时该基金相对稳健的表现相去甚远，当时该基金并未受到股市崩盘的影响，1929年10月仅下跌3%，而标准普尔500指数同期下跌20%。

然而这一次，"平衡"基金没有提供任何平衡，也没有一丝缓冲。它背弃了自己的目标和声誉。如果它坚持最初的目标——持有更多的债券——它的跌幅会比现在小得多。

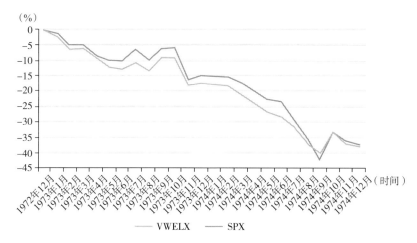

图 2.3　1972—1974 年惠灵顿基金和标准普尔 500 指数走势

数据来源：彭博。

后悔的感觉一定是很强烈的，尤其是博格预测到了会发生这种状况，1972 年 3 月博格发送的一篇备忘录就是证据。仅仅在灾难发生的几个月前，博格曾警示卡伯特和公司将惠灵顿基金从股票基金恢复到原来的保守轨道上去。他写道：

惠灵顿基金已成为一个与过去不同的基金……然而，惠灵顿基金的一个特点是过去一直能向股东提供相对良好的下行保护（这是其在债券和股票之间平衡资产配置的结果）。我的结论是，如果我们不能在下一次市场下跌时表现出合理的稳定性——肯定会有下一次——那将是"压垮我们的最后一根稻草"。

卡伯特没有回应博格的许多观点，只是说该基金"有良好的下跌保护措施"，他认为不应该将其恢复到原来的形式。所以当熊市的冰山袭来时，惠灵顿管理公司也沉没了，内部情况也变得非常糟糕。

## 分道扬镳

惠灵顿管理公司的资产正在流失，股票价格也在下跌，在5年多的时间里从50美元跌到了5美元。博格和他的新同事在如何前进的问题上意见完全不一致，他们甚至互相憎恨。必须有人做一些让步。

博格的天才技术助理简·特瓦尔多夫斯基经历了整个过程。他说："TDP & L 的四位创始人是炙手可热的家伙。博格感到压力很大，因为他经营的是一家古板的老公司。博格试图收购他们，但最终与他们合并了。然而他们的表现一塌糊涂。蓬勃发展的岁月结束了，博格的时机很糟糕。但他们有表决权和控制权，所以他们要把博格排挤出去……博格就要被解雇了。他们之间存在巨大的个性冲突。"

尽管博格曾向他们示好，尽管他们在市场下滑时的回报非常糟糕，他们还是联合起来解雇了博格，并任命他们中的一员罗伯特·多兰（Robert Doran）为新的首席执行官。博格声称自己是替罪羊，不过据知情人士称，在这段时间里，他还是尽力去挽回了。但这并不重要。他们掌握了投票控制权，而博格出局了。

多年后，博格在2016年接受《彭博市场》杂志采访时，对这个问题毫不留情地回应道：

在最初的5年里，你可能会把博格描述成一个天才。在第一个10年结束时，你可能会说：这是历史上最糟糕的合并，包括美国在线和时代华纳。一切都散架了。他们的管理能力为零。他们毁了自己创立的基金Ivest。他们又创立过两个基金，但都搞砸了。他们毁了惠灵顿基金。公司开始急剧萎缩，造成损失的人决定解雇我。

然而，尽管桑代克团队对惠灵顿管理公司拥有投票控制权，但博格仍然是惠灵顿管理公司担任顾问的 11 个基金的董事长。这是一个微小的细节，但绝对关键，因为共同基金就像空壳公司或总承包商一样，他们可以选择投资经理、管理者、分销商等。简而言之，他们控制着合同。

> 他们（桑代克和多兰）解雇了博格。他们要求他辞职，但他不愿意，所以他们解雇了他。但他们犯了一个非常严重的错误，因为他们不了解共同基金。他们没有意识到共同基金董事会拥有巨大的权力，因为他们控制着管理合同。基金董事会中了解杰克的费城董事多于波士顿董事。经过深思熟虑，他们说："你们犯了一个严重的错误，我们会解决这个问题的，在此期间，你们要继续让杰克担任基金的管理者，你们要付给他工资。"这就开始了我和杰克所说的分道扬镳时期。
>
> ——詹姆斯·里佩

即使博格是基金的董事长，他也不能单方面采取行动。他需要得到董事会成员的支持。董事会共有 9 人，其中 6 人是由博格的导师沃尔特·摩根任命的"费城人"——他们喜欢博格，并想留住他——而另外 3 人是桑代克任命的，他们可能不是博格的拥趸。

此时，博格本可以就此罢休。如果是我，我可能会请几个月假，缓解一下伤痛，和家人一起出去玩一玩，然后去找一份新工作，而不是留在这样一个令人不快的环境中。但这不是博格的个性。此外，考虑到摩根已经把惠灵顿管理公司交给他照管，这一切对他来说也具有一层私人意义。

他决定继续战斗，并利用桑代克团队的疏忽，因为他们没有意识到博格仍然是基金的董事长和总裁，对此他们无能为力。共同基金与其独立顾问之间的这种内战是闻所未闻的，因为基金董事会和顾问有很大的重叠。但要为资产管理业务创建一个前所未有的结构，也需要一种闻所未闻的情况。

## 我们需要一个解决方案

1974 年初，寻求解决混乱局面的基金董事会要求博格提出一些选项供其考虑。

虽然董事会在精神上倾向于博格，但它也要认真对待自己的独立角色，并告诉博格投票必须一致通过，这意味着桑代克任命的那 3 位董事也必须同意。这迫使博格努力发挥创造力。他怎么能以令董事会满意的方式保住自己的工作，同时摆脱那些刚刚把他从自己公司赶出来的人呢？

博格在《坚持到底》一书中说自己很喜欢这个挑战，所以他和助手简·特瓦尔多夫斯基——就像电影《杰瑞·马圭尔》(Jerry Maguire)中的一个场景——写了一份 250 页的研究报告提交给董事会，题为"惠灵顿集团公司的未来结构"(The Future Structure of the Wellington Group of Companys)。

> 他让我发布各种各样的报告、建议、分析。然后他产生了一个重要的想法，我为它提供了所有的数据，并撰写了一些技术方面的内容，商业方面的内容由他撰写，并经过了几次改进。
> 
> ——简·特瓦尔多夫斯基

## 第二章 独立宣言

他们向董事会提供了 7 个选择（董事会决定重点关注其中 4 个）。

1. 维持现状：延续所有现有的关系。

2. 内部管理：自行管理 11 只基金并使用惠灵顿管理公司作为投资顾问和分销商。

3. 内部管理和分配：一切都在内部安排，但仍然使用惠灵顿管理公司作为投资顾问。

4. 共同化（Mutualization）：惠灵顿共同基金将收购惠灵顿管理公司。

对博格来说，"共同化"将是基金收购管理公司的一种方式，也是挽救这次失败合并的做法。他认为这是（他作为董事长的）11 只基金从（他刚刚被解雇的）惠灵顿管理公司获得独立的一种方式，更重要的是保住了他的工作。在博格看来，这 11 只基金就像英属 13 个北美殖民地，而惠灵顿管理公司就是乔治三世国王（King George III）[①]。

当然，这种共同结构并不是博格发明的，它已经存在了几个世纪，在保险业很常见（这也是博格知道它的原因）。尽管如此，由于缺乏经济激励，这种结构过去和现在在资产管理行业都非常罕见。一方面，没有人想把潜在的权力和金钱都拱手让出；另一方面，由于激励机制与客户利益一致，共同结构形式的公司往往能维持很长时间。

## 达成妥协

最终，董事会做出了破坏性最小的选择，即第二种选择——将基金

---

[①] 乔治三世（1738—1820 年），英国汉诺威王朝第三位君主。乔治三世在位期间，英国输了美国独立战争，北美 13 个殖民地独立成为美国。——译者注

的管理置于内部。它将创建一个由基金自己拥有的新公司，其目的是管理 11 只惠灵顿基金，博格将担任首席执行官。与此同时，惠灵顿管理公司将继续担任这些基金的投资顾问和分销商，这是它喜欢做的事情。

> 杰克和我向基金经理们推荐了几种选择，我们知道其中一些选择太过了，比如"把整个业务交给我们"。他们最终达成的协议是："你们可以建立自己的管理机构，这样我们就不用依赖经理来监督我们的资金了。"我们将接管财务、会计、股东服务和信息服务，而杰克将继续担任基金的董事长。
>
> ——詹姆斯·里佩

> 杰克能够说服他们，他将要建立一种新型的组织，他不会进入投资管理行业并与他们竞争："我要做你们不喜欢的那部分业务，即分销和后台工作，而你们都想专注于投资。"他说服了惠灵顿董事会，这对他们有好处。他之所以能够说服他们，是因为这是一件新奇的事，他不仅能为自己获得巨大的利润，而且他真的会让投资者从他们的基金中受益。
>
> ——格斯·索特

虽然这种安排并不是博格想要的——他想让基金直接收购惠灵顿管理公司，但这起码让他保住了自己的工作，并给了他足够的工作空间。他带了 28 个人与他一起，其中就包括他信任的助手詹姆斯·里佩和简·特瓦尔多夫斯基。他决定将这家新的后台公司命名为"先锋"（Vanguard），以海军中将霍雷肖·纳尔逊（Horatio Nelson）指挥的一艘英国海军舰艇命名,这艘军舰帮助打败了法国,扼杀了拿破仑统治世界的梦想。博格喜欢这种象征意义。

## 应该是这样的

全能的先锋集团及其共同结构就这样诞生了。虽然保住工作和继续战斗是博格的主要目标,但他后来说,他多年来一直被惠灵顿管理公司试图成为一家上市的共同基金公司而"服侍二主"所困扰,所以他一直有一个伟大的利他主义的愿景。其他知情者则表示,与其说是愿景,不如说是实际的努力。但正如他的一位前助手告诉我的那样:"对于杰克来说,即使不是这样,那也应该是这样的。"

> 他是圣人吗?不。他有百年一遇的想法吗?对。他是否喜欢改写历史,并说自己一直都是一个伟大的人?当然。
>
> ——艾琳·阿维德隆德

> 我最喜欢的一个关于杰克的说法是,他把自己塑造成了一个局外人,就像肖恩(Shane)骑着马进来一样。但他终归是局内人,事实是他被核心集团开除了。在20世纪60年代后期管理惠灵顿管理公司并不是一个外行能做的工作。这有点像国务卿或众议院议长。他不仅是局内人,而且还在最核心的圈子里。然后他被赶了出来。他做了什么?他只是出于必要而做了一件善事。
>
> ——杰森·茨威格

### 博格效应

茨威格还提到了博格20世纪70年代初在美国投资公司协会会员大会上的一次演讲,当时他仍在管理惠灵顿管理公司,该公司称其为"共同基金的未来"。博格在演讲中为主动共同基金辩护,驳斥了一些批评其业绩的文章。他说,主动共同基金做得很好,标准普尔500指数不是一个公平的基准(等等,什么?)。他甚至为分销费用和行业补偿辩护。读这篇演讲感觉非常奇怪,因为虽然它用了博格标志性的火爆语气,但在很大程度上与人们对博格的期望相反。以下是演讲中的几句话:

就业绩而言,我看不出共同基金行业的长期业绩还能变得多好……绝对来看,它非常出色;相对来看,它甚至优于最艰难的市场指数……这些负面评论主要是基于对标准普尔500指数与530只共同基金组成的理柏[①]平均指数(Lipper Average)的比较……这实际是在比较苹果和橘子。

这篇演讲,以及他愿意管理惠灵顿管理公司直到灾难袭来的事实,证明了"出于必要而做了件善事"的论点,并平衡了为博格立传时过度吹捧的倾向。

## 年轻但经验丰富

虽然博格的动机可能并不像他所描述的那样神圣,但所有人都同意,一旦先锋成立了,他就会全力以赴,完全成为一名战士。此外,博格也拥有许多优势,他才40岁出头,就掌握了一些来之不易的关于市场周期和自我背叛的人生经验。这种经历会让我们更加自律,不

---

① 理柏(Lipper)公司是国际知名的基金研究机构。——译者注

## 第二章 独立宣言

再受"市场周期"的诱惑——不管过了多少年,每个人都想要甜甜圈,而你却在卖有营养的百吉饼——在那以后,这种情况已经发生了6次。

被解雇却变成对一个人最好的安排,这种故事并不罕见。这与史蒂夫·乔布斯和迈克尔·布隆伯格没有什么不同,后者是彭博公司(Bloomberg L.P.)的创始人,他被从令人向往的股票交易部门调到IT部门,最终在公司出售后被所罗门兄弟公司解雇。

祸兮福之所倚,就像命运在推动你走向更大的目标或真正属于你的地方。如果它发生在正确的人身上,就真的可以改变世界。正如伟大的鲍勃·马利(Bob Marley)①所说:"你知道吗?当一扇门关闭时,另一扇门就会打开。"

> 如果杰克·博格没有被解雇,我想就不会有先锋了。而一旦先锋成立了,杰克就全力以赴向前冲了。
>
> ——吉姆·诺里斯

## 生于忧患

尽管先锋集团最终发展成了一个"巨人",但对于公司的诞生及其独特的结构,人们最初并没有感到兴奋,媒体也没有报道。先锋集团不是一夜成名的。事实上,恰恰相反。先锋集团正式成立于1974年,头10年几乎没有引起任何注意,之后10年开始受到了一点关注。

---

① 鲍勃·马利(1945—1981年),牙买加唱作歌手,雷鬼音乐之父。——译者注

## 博格效应

先锋集团花了大约 25 年的时间才达到基金资产市场份额的 10%。对当时 45 岁的博格来说，幸运的是他还有时间。

> 人们不太关注他作为企业家的一面。他做这些事的时候还很年轻，他的很多想法都是开创性的。人们几乎没有过多关注，因为这些想法现在被视为理所当然的。
>
> ——本·卡尔森

但最初，先锋集团看起来只是一家管理着 11 只基金的小型后台公司，事实也的确如此。此外，这 11 只基金正处于资金连续 80 个月流出的阶段（图 2.4）。对比如今作为资金流入机器的先锋集团，这是一种难以想象的处境。

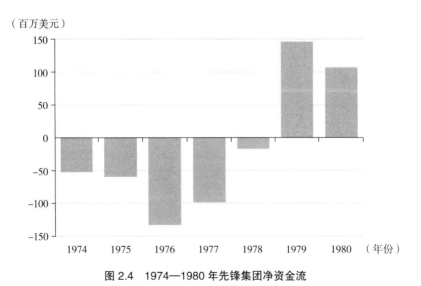

图 2.4　1974—1980 年先锋集团净资金流

数据来源：先锋集团。

## 第二章 独立宣言

> 在过去的 15 年里，先锋集团只有一个月的现金流为负，而博格当初经历了连续 80 个月的现金流净流出。你可以想象，一个 CEO 在第一年、第二年、第三年、第四年、第五年、第六年之后会想，也许这是个坏主意。尤其是像杰克这样好胜的人。
>
> ——吉姆·诺里斯

这就是为什么博格喜欢引用《西贡小姐》(*Miss Saigon*)① 的话来描述先锋集团的起步阶段——"在地狱中孕育，在冲突中诞生"。虽然博格知道时机不对，但他说自己从未放弃。他知道自己有一些独特的东西——与惠灵顿管理公司和他以前的合伙人不同——他可以在此基础上发展和尝试。

> 先有管理惠灵顿的经验，之后又发生了其他一些事情，这让他可以进行试验。他引发了一场变革。
>
> ——泰德·阿伦森

> 我认为，先锋没有将利润作为激励因素是很重要的，因为这让博格比在有利润激励的情况下更具开创性。
>
> ——克里斯汀·本茨

---

① 《西贡小姐》是一部著名音乐剧，1989 年 9 月 20 日在英国西区伦敦皇家歌剧院首演。——译者注

博格效应

## "你会毁了这个行业"

虽然媒体并没有真正注意到先锋集团的潜力，但这家公司确实引起了竞争对手的注意，毕竟博格是业内知名人士。1974年7月，董事会批准成立新子公司的几个月后——博格甚至还没有选定"先锋"这个名字——博格在机场见到了美国基金（资本集团）的负责人乔纳森·洛芙莱斯（Jonathan Lovelace）。在《坚持到底》一书中，博格回忆起洛芙莱斯对他说："如果你创造一个共同所有的结构，你会毁了这个行业。"

请注意，洛芙莱斯的评论发表于先锋推出首只指数基金的两年前。结构是至关重要的。他知道，提供什么样的基金可能并不重要，重要的是它最终将通过降低成本存活下去，这将会吸引资金流入，从而使它能够进一步降低成本。这将迫使其他人效仿，就像沃尔玛在一个城镇开业时一样。他说得很对，事实就是这样。

具有讽刺意味的是，当博格在20世纪60年代中期寻找股权合伙人时，洛芙莱斯是他联系的第一个人。考虑到他们当时的良好关系，如果他们成为合作伙伴，很可能就不会有争执，也就不会分道扬镳，而分道扬镳是先锋集团诞生的必要条件。这种另类现实的想法让我想到了一些其他的假设：如果博格最初接触的一家较为保守的资产管理公司，比如富兰克林，答应了呢？如果20世纪70年代的熊市没有那么糟糕呢？博格还会继续担任一家主动管理的共同基金公司的CEO吗？

我们永远不会知道将发生什么。我倾向于认为，博格会继续做一个快乐的CEO，经营一家主动型共同基金公司。也许他也会采取一些以投资者为中心的举措，但如果没有命运的捉弄，很难想象会产生类似先锋这样的结构。只有在一种反常的情况下，他才有动机创造出这种异常罕见的结构。

事实证明了这一点，尽管先锋集团取得了巨大的成功，但成立50年来，还没有人能真正地复制它——这一直让我好奇，也是我想写这本书的原因之一。我询问我的采访对象为什么会这样，大多数人给出了大致相同的答案。

> 没有人会这么做，因为人们不愿意在经济上自杀。为什么我要放弃数亿美元的净资产和数百万美元的年薪，像杰克那样开一辆沃尔沃？
>
> ——杰森·茨威格

> 现有基金业务实现共同化的唯一途径是放弃所有收入或被共同基金收购，所以这种经济模式对现有的基金公司不适用，但如果你想成立一个共同基金公司，谁会给你提供资金呢？
>
> ——詹姆斯·里佩

> 这是反资本主义的，这是最根本的原因。在一个正常的经济中，资本会寻求获得增长的方式，所以它们建立了可资利用的高利润率业务，所以1亿美元变成了2亿美元。但先锋的模式不是这样的。这就是为什么很难有人来取代它。
>
> ——戴夫·纳迪格

我也问过博格这个问题。他说："一个简单但有点夸大其词的答案是——所有的钱都给投资者了。"

## "榜"上无名

将公司设立为共同所有的结构，意味着博格必须放弃所有可能获得的巨大好处和个人财富。他从惠灵顿管理公司被解雇时已经相当富有。在先锋集团任职期间，他获得了丰厚的薪水，最终净资产达到了 8 000 万美元——尽管远低于他的同行，但对大多数人来说，这已经是一笔巨款了。

例如，富达投资公司首席执行官阿比盖尔·约翰逊（Abigail Johnson）的资产净值约为博格的 325 倍①，据《福布斯》（Forbes）估计，约翰逊的资产净值为 260 亿美元；退休的债券经理兼太平洋投资管理公司（PIMCO）联合创始人威廉·格罗斯（William Gross）的资产净值约是博格的 19 倍，他拥有 15 亿美元的净资产，曾获得了 2.9 亿美元的年度奖金（这引发了一场投资者诉讼）。简而言之，博格从未登上过福布斯富豪榜。

> 令人难以置信的是，他最后只拿到了 8 000 万美元。我以为你会说 20 亿美元，但即使他拿了 20 亿美元，我也会想，"哇，他还真留下了不少"。他赚取了数万亿美元，而他自己只拿了几千万美元。

---

① 原文该处的表述是博格的资产净值比约翰逊少了 225 倍，疑似错误，根据 260 亿美元和 8 000 万美元进行计算，约翰逊的资产净值是博格的 325 倍。——译者注

## 第二章 独立宣言

> 在华尔街的历史上,二者的比率从未如此之高。
>
> ——迈克尔·刘易斯

> 他没有像富达那样运营公司,因此他损失了赚取数十亿美元利润的机会。我向他问起这件事时,他说:"好吧,我的钱已经够多了。"所以我觉得这很令人钦佩。
>
> ——约翰·马尔维

博格很清楚这一点。他说,有时不在榜单上会让他心生嫉妒,但总的来说,他把这当作一种荣誉,甚至当作一种武器。正如他在《知足:约翰·博格的金钱、商业、人生准则》(*Enough: True Measures of Money, Business, and Life*)[①]一书中所写:

我从来没有跻身过10亿美元俱乐部,甚至连1亿美元都没有。为什么呢?作为先锋集团的创始人,我创建的这家公司将大部分回报给予了投资先锋集团共同基金的股东……所以,与同行相比,我在财务上算是个失败者。但我很好,谢谢。我生来就是为了赚钱而不是花钱。

当你不是亿万富翁的时候,你很容易觉得他们贪婪。但问题是,99.9%的人在这件事上没有选择,我们能力不佳、时运不济。但博格

---

[①] 该书简体中文版已由中信出版社出版,书名译为《足够:约翰·博格的金钱、商业、人生准则》,但译者认为主书名译为《知足》更好,所以本书中采用《知足》这一译法。——译者注

不同——他可以选择成为超级富豪。此外，他刚刚组建了有6个孩子的家庭，他有足够的动力去寻找更有上升潜力的东西。那么博格为什么不这么做呢？

## 知足

> 他拥有的已经足够多了。他不需要通过成为一家估值7万亿美元的公司的主要股东来获得满足。他在一个低得多的门槛上就已经满足了，既然如此，为什么还要费心做更多呢？他创造了一个可以让你富足的结构。这实际上是博格遗产的一部分——他是那个谈论"知足"以及"知足意味着什么"的人。但最真实的表现是，他以这种方式建立了公司，这很重要。
>
> ——迈克尔·基茨

博格在《知足》一书中讲述的是，如果领导者学会知足，而不是总是想要更多，那么企业界和投资界将会变得多么美好。这本书以这样一个故事开篇，也可能是博格对人生的主题阐述：

在谢尔特岛（Shelter Island）一位亿万富翁举办的派对上，库尔特·冯内古特（Kurt Vonnegut）告诉他的朋友约瑟夫·海勒（Joseph Heller），他们的老板是一位对冲基金经理，他一天赚的钱比海勒靠其广受欢迎的小说《第二十二条军规》（*Catch-22*）赚的钱还要多。海勒回答说："是的，但我有一些他永远不会拥有的东西……这就够了。"

## 第二章 独立宣言

> "知足"的概念存在于他的灵魂深处。他像个清教徒或加尔文主义者。他喜欢钱,而且赚了不少钱,但适可而止。如果博格的个性中没有"知足"的部分,这一切就不会发生。这是为大多数人而挣的钱。我们主动型管理者对此垂涎三尺、非常兴奋。
>
> ——泰德·阿伦森

> 我认为人们应该考虑的是生活质量,而不仅仅是你的"船"有多大。几十年前,我在棕榈滩和一位投资者一起工作,他有一艘约36米(120英尺)长的船,我们会去那里吃午饭,他非常嫉妒旁边拥有一艘55米(180英尺)长的船的人。
>
> ——约翰·马尔维

我听过关于博格节俭的故事,说他从来没有坐过头等舱,说实话,我有点怀疑。但我采访过的许多人都说这些故事基本上是真的。

> 我有一次问他的秘书,杰克坐经济舱是不是真的。她向我保证,只要有机会,他都会坐经济舱。我见过他在 Bogleheads 大会上把没吃完的三明治带回家。
>
> ——泰勒·拉里莫尔

博格和沃伦·巴菲特有着类似的节俭的生活方式,巴菲特以住在他1958年在奥马哈买的房子里、吃麦当劳、喝樱桃可乐而闻名。史上最富有、最成功的主动型基金经理与"指数基金之父"生活方式如

### 博格效应

出一辙、彼此仰慕，这或许是最具讽刺意味的事情之一。

> 杰克告诉我，当他在机场遇见沃伦·巴菲特时，巴菲特正在等飞机，他注意到巴菲特穿着一件有褶皱的西装，他走过去介绍了自己，他想，"这就是我欣赏的那种人"。
>
> ——伯顿·麦基尔

> 有趣的是，以任何行业的标准来衡量，我父亲的事业都很成功，他赚了很多钱，但他从来都不是为了钱。他从不随便花钱。他穿着破旧的衣服，穿着那条有 40 年的卡其布裤子，有点难看，但他不在乎。他就是这样的人。
>
> ——小约翰·C. 博格

当然，博格虽然没有获得巨额财富，但他获得了先锋投资者的赞赏——这是他永远都"不知足"的东西（我将在第四章探讨这一点）。据他身边的人说，这比金钱更能激励他。

## 第三章

# 平均即伟大

"我们的股票交易是为了保证你在股票市场中获得公平的回报。今天如此,明天亦如此。这在上涨的市场是好事,在下跌的市场就不好了。"

即使只提供主动管理型基金,先锋集团的共同结构——加上有博格作为其领导者——也会帮助该公司取得成功,但指数基金是其最终的归宿。正如博格在《投资常识:保证你公平分享股票市场回报的唯一方法》(*The Little Book of Common Sense Investing: The Only Way to Guarantee Your Fair Share of Stock Market Returns*)一书中所指出的:

简单的计算表明(历史也证实了这一点),投资股票的制胜策略是以极低的成本持有美国所有上市公司的股票。通过这样做,你可以确保获得这些企业以股息和收入增长的形式产生的回报。实施这一策略的最佳方法很简单:买一只持有整个市场投资组合的基金,并永远持有。这样的基金被称为指数基金……指数基金以其真正令人振奋的长期收益增长,弥补了短期回报的不足。由于增长、生产率、研发和企业创新,资本主义创造了财富,这对资本的所有者来说是一个正和游戏。

关于投资的书有成千上万本,但可以说,知道这一段话就够了。

指数基金不仅与先锋集团的共同所有结构相得益彰,而且时机已经成熟。将指数作为一种投资策略的概念,在学术界和机构间已经流传了好些年,但还没有人向公众推广它。在盛衰周期中挑选主动型基金经理,这一过程非常耗时且基本上是徒劳的,投资者和顾问们都对此感到疲惫不堪。

虽然指数基金的逻辑作为一种投资方式在今天看来似乎是显而易见的,但在过去并不是这样,对今天的一些人来说可能仍然不是。对于生活在资本主义社会的人来说,指数基金可能是违反直觉的。投资于市场上的所有公司,并根据规模来权衡它们——这几乎不需要思考——似乎是一种非常普通和乏味的投资方式。正如先锋集团的一位竞争对手曾经说过的那样:"谁愿意让一个普通的外科医生给自己做手术?谁愿意让一个普通的律师给自己提供建议?"

> 指数的概念真的是违反直觉的,它不是什么让人热血沸腾的东西。投资者主要关心两件事:尽可能多赚钱和尽可能少赔钱。指数听起来也不像是一种可行的方法。它非常无聊,没什么好说的。
>
> ——杰森·茨威格

> (指数基金)无聊透顶。但好的投资就应该是无聊的。
>
> ——巴里·里霍尔茨

真的很无聊——从指数的设计方法到做好它所需的耐心都很无聊。你只需要关注市场中的一部分,并根据市值大小来购买股票。虽然指数之间还有其他一些不同的标准，但在大多数情况下，指数基金就像麦当劳快餐那样简单。看看先锋 500 指数基金持仓前几位的股票就知道了（表 3.1）。

表 3.1　先锋 500 指数基金持股前 12 位的股票

| 股票 | 代码 | 持股比例（%） |
| --- | --- | --- |
| 苹果 | AAPL US | 6.22 |
| 微软 | MSFT US | 5.94 |
| 亚马逊 | AMZN US | 3.89 |
| 谷歌 -A | GOOGL US | 2.27 |
| 谷歌 -C | GOOG US | 2.16 |
| Meta（即 Facebook） | MVRS US | 2.37 |
| 特斯拉 | TSLA US | 1.48 |
| 伯克希尔哈撒韦 -B | BRK/B US | 1.41 |
| 英伟达 | NVDA US | 1.46 |
| 摩根大通 | JPM US | 1.26 |
| 强生 | JNJ US | 1.19 |
| 维萨 -A | V US | 1.01 |

数据来源：彭博。

虽然这些都是值得持有的大公司，但它们的组合方式可能会显得毫无新意。这也是指数这个概念经过这么长时间才开始流行的原因之一。美国投资者想要最好的，他们喜欢竞争和胜利者，这存在于他们的基因之中。主动投资更符合他们的文化。但是，随着时间的推移——主要是由于博格的坚持和宣扬——人们意识到，指数基金实际上已经胜利了。

用棒球的术语来说，投资指数基金就像保证自己赢得双杀或三杀。虽然放弃了辉煌的、令人兴奋的本垒打，但得到了一个额外的安打，也确保自己不会三振出局，这是大多数人在涉及他们的退休储蓄时愿意做出的折中选择。

根据 SPIVA[①]（S&P Indices Versus Active）的研究，在 10 年的时间里，大约有 80% 的主动型共同基金经理（除少数利基类别之外）落后于他们的基准，当你看到这一点时，指数化的理由就很充分了。因此，通过购买指数基金，你基本上保证了自己的基金业绩排名在前 20%。此外，过去 10 年成功盈利的主动型基金几乎都会在未来 10 年内亏损。SPIVA 还做了一个持续记录，显示只有一小部分跑赢基准的基金可以重复这一辉煌。时间越长，主动型基金的数据也会变得越糟。因此，如果你能坚持足够长的时间，就可以认为指数基金投资实际上是打了一个本垒打。

博格以这种方式推进指数基金是明智的。如果仅从数字上看，有些人显然是明星经理。以下是博格在《文化的冲突》一书中的观点：

考虑到这种非凡的业绩，我曾有一个想法，当我创立先锋 500 基金时，我决定不披露这是一只指数基金。我告诉投资者我将成为投资组合经理。我梦想着自己被提名为过去 25 年里最成功的股票基金经理。

> 多年来，我花了很多时间学习行为金融学，所以我一直对博格认为人们会满足于平均收益的观点持怀疑态度。当然，他的聪明之处在于他并不是这样设计的，但在对手的思维里他就是这样的。他敏锐地意识到，如果你告诉别人这是一种获取平均收益的方法，就永远别指望人们会购买指数基金了。
>
> ——杰森·茨威格

---

① SPIVA 是标普道琼斯指教公司专门研究主动投资和指数投资对比的机构。——编者著

博格提出的一个非常有效的方法是,将收益用人们很容易理解的图表加以表示。他喜欢用"1万美元的增长图"来说明这一点——假设年回报率为7%,50年后,1万美元将增长到29.46万美元;但如果成本为2%(年回报率为5%),则只会增长到11.47万美元(图3.1)。投资者在过去50年里基本上只能得到市场回报的40%,尽管他们投入了100%的本金。博格在《投资常识》一书中使用的这张图影响非常大,因为它把那些看似无关紧要的费用差异转化成了最终的回报差异。

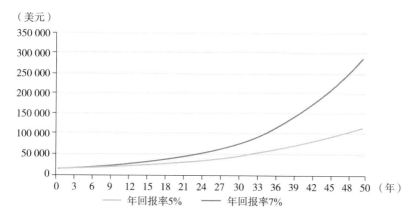

图3.1　1万美元在50年中的增长

数据来源:彭博。

在一次采访中,博格轻松地向我阐述了他的美元算数。类似的话他已经说了无数次了:

股票市场每年给我们7%的利息。所有股票基金的投资者都会得到同样的7%,这是没有办法的事,因为回报是固定的,我们都处在一个小圈子里,受限于一家公司所产生的回报。50年后1美元将增长到30美元。而且那些主动型股票基金得到的7美元中有2美元会花在交易费用、费用比率和销售费用上,然后给投资者5美元。如果你只得到5%的利息,50年后你的1美元就只会增值到10美元。到你退休时,你想要10美元还是30美元?

他经常用数学术语分析指数基金,以强调问题的根源在于成本,而不是主动型基金经理的头脑或技能。挑战在于,在扣除成本后,只有少数机构能够"获胜"。他在《投资常识》一书中写道:"总的来说,这些经理都很聪明,受过良好的教育,经验丰富,知识渊博,而且诚实。""但它们正在相互竞争。当一个人买入了一只股票,另一个人就要卖出它。整体来看,他们没有为基金的股东提供净收益。"博格经常使用一圈人相互交易的画面进行分析,因为它有助于为市场提供一个直观的感受。他们都在互相打赌,就像在一张虚拟的牌桌上比拼。我要赢,你就得输。

> 杰克早就知道我们今天清楚知道的事。他那时就直觉地感知到主动管理中的数学问题。我们进行了一场哲学上的辩论,他说这场辩论完全没有哲学意义,这就是数学问题。
>
> ——吉姆·诺里斯

他会把数学进一步武器化,不断提高表现优异的概率。他在《知足》一书中写道:

别忘了,你在市场上正确的时间实现的每一次不可思议的成功,都是我在错误的时间做出的一次可悲的失败……如果因为成本的原因,做出正确决定的概率小于50%,那么做出两个正确决定的概率甚至小于25%,而做出十几个正确的时机决策的概率——对于一个基于市场时机的策略来说并不算多——似乎注定是不可能的。比如说,在20年的时间里，以这样的赔率打赌，4 096次中只会有一次获胜的机会。

而且，具有讽刺意味的是，随着许多投资者注意到了这一点并投入了指数基金，可以说留下的人更难获得胜利了，因为他们都是训练有素的专业人士，在强大的计算机能力的武装下彼此竞争。

> 想想70年代的彼得·林奇和约翰·奈夫（John Neff）。他们在与业余选手竞争，但这丝毫不影响他们发挥能力。我们知道这是一场零和游戏。因此，当他们交易的另一方是不知道自己在做什么的散户投资者时，专业人士就在大发其财。你可以看到，随着美国市场变得越来越专业化，情况变得越来越复杂。市场上再也没有好挣的钱了。
>
> ——吉姆·诺里斯

对于主动型基金经理人来说，这是一枚难以下咽的苦果。有很多人一生都在试图弄清市场并击败市场。为什么不呢？这很有趣。这就像一个难度极高、高度刺激的脑筋急转弯。事实上，我进入这个行业的原因之一就是，我喜欢报道市场，它让我深入挖掘市场的每一个角落。试图弄清楚每件事是如何运作和相互关联的，以及识别新的趋势和市场接下来会发生什么，这种感觉或许不错。然而，具有讽刺意味的是，如果目标是创造财富，那么什么都不知道可能更好。

## 刺猬

除了数学，博格还喜欢用比喻来说明指数基金的情况。例如，他

## 博格效应

会讲以赛亚·伯林（Isaiah Berlin）[①]的一篇散文《刺猬与狐狸》（*The Hedgehog and the Fox*）的故事。故事的主要内容是，狐狸知道很多事情，是一种非常聪明和狡猾的动物，它能想出更复杂的策略来偷袭刺猬。刺猬头呈圆锥形，腿短，长着像豪猪一样的刺。每当狐狸认为自己比刺猬聪明时，刺猬就会滚成一团尖刺，这时狐狸就必须撤退。

这不是一个多么引人入胜的故事，其寓意是，狐狸知道很多事情，而且很聪明，但刺猬只知道一件重要的事情。对博格来说，买入并持有指数基金就是这件重要的事。在他看来，先锋的投资者就像一只在满是狐狸的世界里的刺猬。

这个故事也揭示了更深层次的投资逻辑。我们到底想做什么？目标是什么？对绝大多数人来说，投资的目的是赚钱，并获得超过通货膨胀一定幅度的体面的回报，这样就可以应付生活中的大事，比如抚养孩子、买房子和享受舒适的退休生活。

为什么投资股票是一个好方法呢？因为每天有数以亿计的人去工作，在公司里生产商品和提供服务。最终，作为这些公司的所有者，你将通过分红和收益增长获得回报。这就像搭上了资本主义的"顺风车"。

公平地说，指数基金在很多方面也搭上了主动型基金的"顺风车"。指数基金根据市值跟踪股票并给股票赋权，而市值是由整天交易的主动型投资者决定的。如果主动型基金经理对一家公司做了研究，喜欢它，并买入它，这家公司的市值就会更大，从而在指数基金中获得更大的权重。

---

[①] 以赛亚·伯林（1909—1997年），英国哲学家、政治理论家，20世纪杰出的自由思想家。——译者注

> 主动型投资者在做什么？他们在确保证券被正确定价。他们买进便宜的，卖出昂贵的，并将价格推向公平价值。基本上，指数基金是在搭便车，规避了主动型投资者付出的努力。指数基金假设一切都是正确的定价，并无区别地投资于一切，但它需要依赖于主动型投资者的工作来做到这一点。
>
> ——贾雷德·迪里安

## 股市收益从何而来

博格还通过关注投资回报的两个来源——股息和收益增长，创造性地证明了指数的合理性。这两个值是你作为一个股票投资者切实希望和期待的。这就是内部收益率（IRR），即股票的内在价值。博格认为，如果你能对这个价值感到满意，你就会赢。关键是要忽略第三个来源：投机回报。

投机回报是由市场上所有交易的供求关系以及投资者心理决定的。这种来源是不可预测的，往往会导致泡沫，并可能使人们因兴奋或恐惧而失去理智。但这只是一个烟幕，只是暂时的。最终，价格和估值倾向于回归均值，你只会获得平均投资回报。

因此，从20世纪开始，股票每10年的投资回报率都是高度一致的，每年的回报率在8%到13%之间，只有大萧条之后的20世纪30年代回报率是负的。但当你加上投机回报，总回报就毫无规律可循了。几十年来，有时上升幅度很大，有时下降，有时持平。投机把公园里平静的散步变成了坐过山车，但正如博格所说："从长远来看，现实主宰一切。"正如他在《投资常识》一书中所写：

> 我相信美国经济长期来看将继续增长，股票市场的内在价值将反映这种增长。为什么？因为这种内在价值是由股息收益率和收益增长创造的，历史上，股息收益率和收益增长与以 GDP 衡量的美国经济增长之间的相关性约为 0.96。当然，有时股市价格会高于（或低于）这个内在价值。但从长远来看，价格最终总是收敛于内在价值。我（和沃伦·巴菲特一样）相信事情就是这样，这也是完全理性的。

## 不看好大宗商品

缺乏内在价值——美国劳动力每天的工作和创新产出所创造的股息和收益增长——是博格（和巴菲特）不喜欢大宗商品（如黄金、白银、石油或加密货币）的主要原因。

"大宗商品真的是输家的游戏，"他告诉我，"长期来看，它们没有内部收益率。如果你买了一种商品——黄金就是一个很好的例子——你就是在打赌能以高于买入价的价格把它卖给别人。对此我没有什么明智的评论，这绝对是投机，股票投资也带有投机成分。但就股票而言，关键在于公司生产什么。回报不是来自股市，而是来自公司。股票市场只是一种允许投资者投资于公司的衍生品，而大宗商品不存在这样的潜在因素。"

对博格来说，要想在丰厚的企业内部回报中获得最大的公平份额，只需要做两件事：低成本和耐心。低成本是至关重要的，因为它可以去除所有的中介和摩擦，这些中介往往会收取一些回报。同样，这也是"以减为加"的运算。

博格认为，低成本的指数基金是一种实用的工具，可以在获得投资回报的同时将税收降到最低，而且你不需要知道太多与金融相关的东西，你可以把时间和精力花在其他事情上。

> 我一直认为指数基金对人们生活的价值有另一种连锁反应，因为人们可以不去关注这些东西。这就是它为我做的事情。与其一天多次查看我的投资组合，思考我应该做什么，不如根本不去想它。这使我成为一个更好的作家，因为我不必为这些事担忧。这对人们来说是一个巨大的、无法估量的好处。
>
> ——迈克尔·刘易斯

> 博格使人们不再需要努力挑选优秀的经理。你现在可以选择水平一般的经理，成本也不会太高。这会释放你的注意力和时间来专注于其他事情。你现在可以开始考虑更具价值的事情，比如税务规划、你的目标、财务计划。也就是说，他从过去的财富管理中剔除了一些耗费时间和精力的东西。
>
> ——丹·伊根

## 指数的起源

就像史蒂夫·乔布斯没有发明电脑一样，博格也没有发明指数的概念。指数的概念最初是在学术和机构领域形成的。在 20 世纪 60 年代，越来越多的数据开始表明，主动型基金经理的表现可能没有那么好，持有一篮子多样化的交易所股票可能是更好的方式。在先锋集团之前，也有人尝试过指数基金。1971年，百骏财务管理公司（Batterymarch Financial Management）提出了指数基金的设想，但没有成功。1975年，美国运通（American Express）也申请成立一只标准普尔500指数基金，供机构客户投资使用，但一年后就撤销了申请。最值得注意的是，在20世纪70年代初，约翰·"迈克"·麦奎恩（John "Mac" McQuown）曾在富国银行（Wells Fargo）与许多如今的诺贝尔奖得主合作，为一位养老金客户开发了一只短期的等权重指数基金。

"每个人都在谈论那个该死的富国银行基金，"博格在我们的一次采访中说，"就连我们的法律部门都说它们是第一只指数基金。它们不是一只基金，它们从来没有注册声明过，而且不根据市值赋权。它彻底失败了。我们才是第一只指数共同基金。"

最终与博格成为朋友的麦奎恩本想推出零售指数基金，但被《格拉斯-斯蒂格尔法案》（Glass-Steagall Act）禁止，该法案禁止商业银行向公众提供共同基金。麦奎恩无法继续前进了，但他希望看到这个想法成为现实，于是他无私地与博格分享了他的研究成果。这为先锋在很长一段时间内作为唯一的选择，以及博格成为指数基金的代言人开辟了道路。

> 这些理论来自麻省理工学院、芝加哥等地方，这很棒，但你要靠先锋集团来让这些很棒的理论产生影响。这一切都是通过先锋集团来实现的。博格不可或缺。
>
> ——维克多·哈哥哈尼

# 第三章 平均即伟大

> 博格并没有发明指数的概念,也没有推出第一只指数基金。他只是把指数基金带向了大众。
>
> ——丹·维纳

## "一道闪电"

先锋集团推出首只指数型共同基金是命运的又一次转折,既是出于某种宏伟愿景或利他主义精神,也是出于必要和便利。据博格说,指数基金的想法第一次浮现在他的脑海是在 1951 年,当时他在普林斯顿大学(Princeton University)的论文中写道:"(主动)共同基金无法声称其高于市场平均水平。"但考虑到指数的概念还没有发明出来,而且他还在上大学,没有钱,也没有商业经验,他对此也无能为力。

博格有着定期阅读交易出版物、期刊和商业杂志的习惯——这种习惯会定期带来回报。幸运的是,1974 年 10 月,在他创办先锋集团一个月后,《投资组合管理杂志》(Journal of Portfolio Management)的创刊号出版了,其中包括著名经济学者保罗·萨缪尔森的一篇文章,阐述了为什么主动管理者不能"兑现承诺",并被"沉重的交易成本"拖累,以及应该有人推出指数基金来证明这一点。

这篇文章中的一段话将改变投资历史的进程:

至少,一些大型基金应该建立一个跟踪标准普尔 500 指数的内部投资组合——即使只是为了建立一个初步的模型,从而让它们内部的"枪手"可以据此衡量自己的实力。

这令博格大脑中的神经元开始放电,博格在《坚持到底》一书中说道:

> 萨缪尔森博士的挑战像一道闪电一样击中了我,让我坚信,新贵先锋集团拥有非凡的甚至是独一无二的机会,可以运营一只被动管理的低成本指数基金,至少在未来几年内,拥有我们自己的市场……我在新公司成立后不久就读到了那篇深刻的文章,真是太巧了!时机再完美不过了。

## 向董事会建议

在决定接受萨缪尔森的挑战后,博格向先锋集团董事会提出,应该推出一只指数基金。他向董事会成员展示了一些数据,从 1945 年到 1975 年,每只股票型共同基金的年回报率为 9.7%,而标准普尔 500 指数的年回报率为 11.3%。因此,指数基金每年有 1.6% 的优势,这与主动型基金的平均成本(费用比率加上交易费用)差不多,这并非巧合。

这是简单的数学计算。博格坦然承认,他对复杂的算法和应用统计学基本一无所知,比如当时美国芝加哥大学正在开发的那些算法。这所大学培养了许多未来之星,他们获得了博士学位,凭借自己的能力在量化投资方面取得了成功,即依靠计算机、数学模型、规则和大量历史数据进行主动管理。博格没有高级学位,这与该行业的许多同行和他雇用的许多助理形成了鲜明对比。

> 我是他的技术人员。我做了所有的分析、所有的计算。在个人计算机出现之前,这与使用算盘差不多。当时只有大型机,你必须

> 与他人共享,这被称为分时系统①。你可以发出指令并得到结果。所有数据分析、业绩分析和创建表格都是这样完成的。当他问我关于指数的想法时,我不知道数据库是否存在。现在看起来很简单,但当时我不知道我是否能得到数据,所以我花了几天时间才弄明白。
>
> ——简·特瓦尔多夫斯基

先锋集团的一些董事会成员对此持怀疑态度,认为这可能超出了先锋集团的有限授权,即公司不能从事投资管理或营销工作。而博格认为,指数基金不需要管理,也不需要投资顾问。以下是博格在《知足》一书中的描述:

事实上,投资管理不在先锋集团的授权范围之内,这让我在几个月之内想出了一个酝酿多年的好主意……我们没有超越最初那个狭窄的授权范围,勉强获得了董事会的批准。我认为,指数基金的诀窍在于它不需要管理。

"信不信由你,但董事们买账了。"博格在2016年接受《彭博市场》采访时说,"我认为董事们是觉得,'这没什么大不了的,我们给博格点鼓励吧'。此外,我还得到了保罗·萨缪尔森的支持。"

> 我们只被允许承担行政职能,不能以任何形式运作资金。但指数基金是杰克投资的方式。这就是为什么他们不称我为"投资

---

① 在分时系统中,多个用户可以共享处理器时间,以达到减少用户响应时间的目的。——译者注

## 博格效应

> 组合经理"。我是一名"投资组合管理员",对此我有点反感,但这是必要的。
>
> ——简·特瓦尔多夫斯基

需要说明的是,当时先锋仍是一家后台公司,为惠灵顿基金的 11 只基金提供行政服务。他们只是在不需要管理的情况下才增加了新的指数基金投资。在经过了所有必要的批准和数据检查后,先锋集团在萨缪尔森的文章发表大约一年后申请成立了第一指数投资信托(First Index Investment Trust)。萨缪尔森欣喜若狂。2005 年,萨缪尔森在波士顿对投资专业人士发表演讲时表示:"我认为博格的创举与车轮、字母表、古腾堡印刷术以及葡萄酒和奶酪的发明同等重要——这个共同基金从未让博格致富,但提高了共同基金投资者的长期回报。这是太阳底下的新事物。"

另外,博格的导师沃尔特·摩根一开始并没有理解指数基金的概念,他认为这是一个疯狂的想法。就连标准普尔等指数的制定者也不太看好这个主意。但博格始终坚持。如今,指数授权业务每年的收入约为 40 亿美元。

> 1982 年我加入标准普尔时,指数部门大约有 8 个人,其中两个人是做图表的平面设计师。这就是一个成本中心。博格真正提出了可以投资指数的想法。在那之前,曾有几次在制度基础上的尝试,但在 20 世纪 70 年代初都没有成功。博格疯狂地创建了一只指数基金,他把指数从你在报纸上读到的东西变成了你可以投资

的东西。博格开创了指数业务。

——大卫·布利策

## 前路漫漫

和许多改变世界的创新一样,这只指数基金一开始完全是失败的。先锋集团原本希望这只指数基金能吸引2.5亿美元的种子资本,但最终只募集到了1 130万美元,其中一些钱还是来自员工的朋友和家人,比如特瓦尔多夫斯基和萨缪尔森。基本上,没有人想投资它。据博格说,承销商一度建议他们把钱退给大家,然后忘掉整件事。

> 我惊得目瞪口呆。我写了这些程序,他们居然真的会给我钱让我操作,但钱不是很多,只有1 100万美元。这根本不够。如果500只股票都买,每只根本买不了多少。
>
> ——简·特瓦尔多夫斯基

为了帮该基金多募集一些资金,博格和他的得力助手詹姆斯·里佩试图向经纪人推销这种新的指数基金概念,但进展并不顺利。

> 首先,杰克去了纽约、洛杉矶和迈阿密,而我在隆冬去了克利夫兰和布法罗。这是一次非常困难的会见。我们在做宣传的

## 博格效应

> 过程中会遇到很多问题，需要耐心解答，第一个问题是："我为什么要把客户的资金投入这里？我永远拿不到佣金，回报只是平均水平，而我的客户期望获得高于平均水平的回报。"我们会说："如果你在高尔夫球场上能打出标准杆，你会称之为平均水平吗？这个基金就是标准杆。"这些解释有一定作用，但推进仍然很困难。
>
> ——詹姆斯·里佩

第一个10年差不多就是这样度过的。中间有很多年，基金的资金流很微弱，甚至枯竭。在今天看来，指数基金的价值主张是多么清晰，许多人想知道，为什么它花了这么长时间才站稳脚跟？当它最终根基稳固后，为什么又增长得这么快？（图3.2）

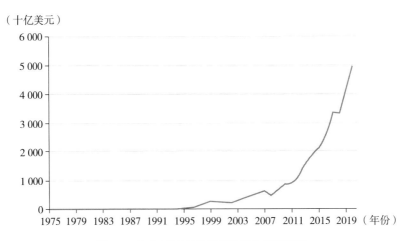

图3.2 包含ETF的先锋指数基金资产规模

*数据来源：先锋集团。*

## 第三章 平均即伟大

> 我在所罗门兄弟公司工作两年之后,当时我正在宣传《说谎者的扑克牌》(*Liar's Poker*)一书(20世纪80年代末),我的编辑递给我伯顿·麦基尔的《漫步华尔街》(*A Random Walk Down Wall Street*)①,我还记得我当时在想,这里写的都是事实。我的问题是:为什么指数基金还没有独占鳌头?你可能会认为这需要几年的时间,但它的速度之慢令我惊讶。
>
> ——迈克尔·刘易斯

## "什么都没有"

花费这么长时间的一个主要原因是先锋集团不愿意支付分销费用——他们的基金没有费用或其他销售佣金,这再次使其在基金系统中显得格外特别,因为它依赖于人们主动来找它。博格基本上是在模仿《教父2》(*The Godfather: Part II*)中的迈克尔·柯里昂(Michael Corleone),柯里昂在回答一个想要索取贿赂的恃强凌弱的美国参议员时说:"我想说的是:什么都没有。"但经纪人对此并不买账。以下是博格在1991年对员工的一次演讲中的内容:

在20世纪70年代早期,仅仅是"零费用"的传言,对经纪自营商来说就非常令人震惊并产生了许多争议,以至于它在市场

---

① 《漫步华尔街》介绍了琳琅满目的投资产品,尤其对指数基金推崇备至。——译者注

上具有强烈的竞争意味。当先锋集团在1977年2月9日转为零费用时,不仅我们的经销商销售额一夜之间消失了,德雷福斯公司（Dreyfus）也不得不打出整版广告,它们狮子似的咆哮着:"零费用?没门!"

博格后来在《坚持到底》一书中进一步阐述了这一点:

我们在全国十几个城市进行"路演"时,我和我的副手詹姆斯·里佩都感觉到,经纪公司的代表似乎对这个主意不太感兴趣。毕竟,指数基金本质上暗示了他们的工作——为客户选择管理良好的基金——是一场输家的游戏。

> 一开始甚至没有人真正注意到先锋。没有分销,也没有互联网。所以,对我来说,这大概是你能做的最勇敢或最疯狂的举动。我不认为它在一开始就撼动了整个产业或威胁到了所有人,因为那时没有人知道它。
>
> ——妮可·博伊森

如果没有经纪人的支持,博格便只能依靠口碑和公关。这就是为什么在早期对员工的讲话中,他会强调每一笔新增的十亿美元资产并为之感到高兴,他把这当作一场胜利。以下是他在1982年的一次演讲的开场白:

我们聚集在这里庆祝先锋投资集团的一个里程碑:资产突破50亿美元大关。正如你们许多人所知道的,这些庆祝活动让我有点担心,因为达到每一个里程碑都很困难,而保持下去并继续前进到下一个里程碑则是更大的挑战。

## 对"专业人士"失去信心

指数基金在初期发展缓慢的另一个原因是，人们需要经历一系列市场事件来重新评估自己的选择。无论好的或坏的，极端事件真的可以改变投资市场。

> 我们经历了一次又一次糟糕的市场事件，这表明主动管理的传统宣传——我们能保护你不受市场下跌的影响——从来没有被证明是真的。先锋500指数基金真正腾飞是在1987年股市崩盘之后。然后，从1995年到1999年，标普指数表现都非常好，每年上涨25%左右，而主动型基金经理则难以望其项背。之后是过去半个世纪最严重的两次崩盘，时间间隔6—7年。然后，主动型基金经理就崩溃了。证据太明显了，人们根本无法忽视，就在那时，指数投资成为一股浪潮。
>
> ——杰森·茨威格

除了投资者对表现不佳的基金的个人经验，金融业的一系列丑闻和管理不善的案例也开始增多并暴露出来，这对先锋集团非常有利。相比之下，博格的公司就非常单纯而强劲。

> 先锋集团成功的一部分原因在于低成本被动指数在哲学上是站得住的，另一部分原因则是华尔街的贪婪、无能和一连串的灾难。在我看来，全球金融危机对华尔街灾难、欺诈和丑闻史来说

## 博格效应

> 真的是"锦上添花"①。负面影响越来越大,最终在伯纳德·麦道夫(Bernie Madoff)②身上达到高潮。麦道夫对普通人没有影响,而全球金融危机却影响了许多人。最后,散户投资者说:"我们要把球带回家,离开游乐场。"这里的"球"是指钱,"游乐场"是指华尔街,"家"是指先锋和贝莱德,一个不需要选股票,不需要卷入没完没了的阴谋、欺诈、过高的佣金、利益冲突,以及不遵守信托标准的世界。所以散户投资者说:"去他的!我只想把钱投到指数中,在那里放上二三十年。"我不认为被动投资自2008年以来受欢迎程度急剧上升是偶然的。在别人的游戏中,打败他们的方法就是不玩他们的游戏。
>
> ——巴里·里霍尔茨

## 互联网

指数基金的发展经历了很长一段时间的另一个原因是,当时的信息传播不像今天这么快。可以说,这就是指数基金在互联网成为主流后才真正开始增长的原因。互联网的普及与指数基金的资产规模增长存在明显的相关性。财富管理界最受尊敬的人物之一迈克尔·基茨认为,这种相关性也显示了一种因果关系,他认为互联网的发展是先

---

① 这里用双引号表示反讽。——译者注
② 伯纳德·麦道夫(1938—2021年),美国金融界经纪人、伯纳德·麦道夫投资证券公司创始人,曾任纳斯达克证券交易所主席,是美国历史上最大的诈骗案制造者。——译者注

锋集团在如此短的时间内从被遗忘到占据主导地位的原因。基茨在 2016 年的一篇博客文章中提出了这个观点：

现实情况是，在互联网出现之前，普通投资者没有渠道知道有这么多主动管理的共同基金表现低于它们的基准，也不知道如何选择少数真正优秀的基金。相反，大多数投资者只能通过看季度报表或《华尔街日报》的股票价格页面发现自己"赚了钱"，因为资产增加了。但对比同行的表现，它的涨幅究竟比应该达到的水平高还是低，这个问题却没有得到回答。

然而，随着互联网的兴起，这些工具突然变得随处可见。投资者第一次可以进行真正的业绩基准和成本比较。这些工具终于可以让人们看到共同基金的相对表现，并轻松识别出落后者。这项技术的诞生是一个变革性的时刻，它实现了业绩表现的真正透明，并将其转化为一种易于使用的形式。

公平地说，在互联网出现之前，报纸和晨星之类的服务机构（还有博格自己的书）在 20 世纪 80 年代和 90 年代帮助阐明了指数和成本问题，但与互联网传播信息的能力还是相距甚远。

我对基茨的互联网理论非常感兴趣，我发了一封电子邮件给博格，问他怎么看。以下是他回复的完整电子邮件。

你好，埃里克，

我很想说"你是专家"，你能够客观地评价这个问题，让我在这个周日的下午试着快速地回答一下。首先，互联网的诞生（以及随之而来的信息时代的加速）当然是爆炸性增长的一个原因，但这只是众多原因中的一个。而且，我想说，这根本不是最重要的一个原因。下面是一些其他的因素，这些因素结合在一起，才使被动投资逐渐被接受：

1. 实际投资者的经验。他们看到主动型基金经理未能达到他们的

### 博格效应

预期,并意识到,在2007—2009年的下行期,大盘指数基金能站稳脚跟,从而更充分地从之后的上行中获益,于是他们用脚投了票。

2. 是的,评估基金业绩的工具有所帮助,但它们已经存在很长时间了……尽管你必须主动去查看。在1975年我给董事会做的报告中,我可以很容易地将股票基金的平均水平与标准普尔500指数进行比较。理柏的分析可以追溯到20世纪60年代中期的繁荣时代,而威森伯格投资公司(Wiesenberger Investment Company)的那些老旧手册很容易就能追溯到1944年。数据都在那里。而起步较晚的晨星公司(大约在1988年)为投资者以及(更重要的)金融顾问带来了新的、更复杂的分析。

3. 研究者们接受了新的现实,并在学术上接受了它。大学生和MBA都被灌输了被动主义思想,(据我所知)没有一个例外。到了20世纪和21世纪之交,"异端变成了圭臬"(这是我20年前在华盛顿州立大学的一次演讲的题目)。

4. 别忘了先锋。我们是直言不讳的"传教士",不断地、无差别地向四面八方宣讲指数。媒体就像我们的发言人,我在美国各地发表的数百次演讲一定让成千上万的人认可了"被动是更好的方式"。而我的书,充满了被动的、低成本的、长期指数的概念,从1993年开始,登上了许多畅销书排行榜,现在销量接近100万册(行家告诉我,这意味着大约有250万名读者)。

5. 最后是趋势。过去10年被动型基金的增长已经成为一种趋势。模因①在扩散,而互联网培育了模因。但是,再说一遍,对于这个时

---

① 模因(meme)来自理查德·道金斯(Richard Dawkins)所著的《自私的基因》一书,大概是指人的思想、行为、信仰、观念等文化因子。——编者注

机已经到来的想法,重要的是多种力量的结合。

"胜利有一千个父亲,但失败却是个孤儿。"①

祝好,<br>杰克

## 有效市场假说

另一个与指数投资上升联系在一起的因素是有效市场假说(EMH),这个假说表明证券的价格基本上是准确的,并反映了所有可用的信息。毕竟,仅亚马逊就有50多名分析师。每个人真正的优势是什么?在某种程度上,这很有道理。这个假说理论为一些学者赢得了诺贝尔奖。

虽然人们经常将博格与有效市场假说联系在一起,甚至说有效市场假说帮助推动了资产投入指数基金,但这真的与博格无关,与他为什么创立和支持指数基金无关。他刚创办先锋集团时甚至还没听说过这个理论。正如他在2019年的播客中告诉克利夫·阿斯奈斯的那样:"当这些诺贝尔奖得主(尤金·法马、罗伯特·希勒和拉尔斯·彼得·汉森)在几年前(2013年)获奖时,他们说自己是指数基金的起源,但我从来没有听说过他们。我完全不认识他们,也从没听说过有效市场假说。我只是一个务实的指数者(Indexer)。"

此外,虽然有效市场假说在某种程度上是有道理的,却很难让人信服。任何观察过市场的人都很难认同市场是完全有效的。显然,有

---

① 这句话的意思是,如果一件事成功了,可以找出很多原因,大家都来认领功劳;如果失败了,则大家都会撇清关系、推脱责任。——译者注

些时候，你知道市场对股票的定价并不准确，比如20世纪90年代的互联网股票，以及最近的特斯拉（Tesla）或模因股票趋势就证明了这一点。

因此，博格绕开有效市场假说可能是明智的，因为它并不能真正通过大多数人的嗅觉测试。相反，他借鉴了有效市场假说，提出了成本重要假说（CMH），基本上概括了成本的影响，以及它们如何吞没你的回报。成本重要假说确实通过了人们的嗅觉测试，也可以通过数学来证明。

> 杰克在《投资组合管理杂志》上发表了一篇文章，抨击了经典的学术论点，即"市场是有效的"。我的观点与博格类似。他的论点是，进行指数化不是基于有效市场假说，而是基于成本重要假说。他的结论是，如果你想预测任何基金的表现，不管是主动型基金还是被动型基金，都要看一下费率。在杰克为杂志撰写的所有文章中，我认为那篇是最好的。
>
> ——伯顿·麦基尔

## 博格效应

如果没有杰克·博格和先锋集团，指数基金如今的规模会有多大？我估计可能只拥有今天资产的5%，也就是11万亿美元。因此，具有讽刺意味的是，指数化在指数基金革命中获得了太多的赞誉。这与指数基金无关，而是在于它们的成本有多低。如果代价高昂，它们就不能取得今天的成绩。这都是成本重要假说在起作用，而非有效市场假说。因此，可以说，指数化需要先锋集团甚于先锋集团需要指数化——尽管这两者是天造地设的一对。

> 成本高昂的指数基金毫无意义。与主动管理基金相比，指数基金的整体优势是成本较低。因此，相对于主动管理基金，昂贵的指数基金也没有优势。我曾经研究过那些有竞争力的指数基金，发现它们的收益率差异为 50—150 个基点。你会意识到它们所做的就是报价，因为它们必须能够说自己有报价。如果客户问，它们会说："哦，是的，我们可以把你的资金投到我们的指数基金中。"而客户不会意识到他们为此支付了惊人的费用。
>
> ——格斯·索特

如果没有博格，指数基金今天的价格可能会很高，因为这就是这个行业的设计和激励方式。没人有动机降低费用。或许会出现一些价格竞争，但不会像现在这样低，现在你可以以低于 0.05% 的费用买到追踪任何资产类别的指数基金或 ETF。

> 如果没有博格——我认识他 40 年了——我们也会进行被动投资，但成本会高得多。
>
> ——泰德·阿伦森

看看 1985 年由富国银行推出的第二只标普 500 指数基金（WFILX）就知道了。这么多年过去了，其零售份额的费率仍为 0.44%（表 3.2），前端费用为 5.75%，这还是在先锋集团存在的情况下。

博格效应

表 3.2 并不便宜的美国股票型指数基金

| 代码 | 名称 | 费用比率（%） | 类别 |
|---|---|---|---|
| RYSPX | RYDEX 标普 500 基金 –H | 1.66 | 混合 |
| SBSPX | FRANK 标普 500 指数基金 –A | 0.59 | 混合 |
| HSTIX | HOMESTEAD 股票指数 | 0.59 | 混合 |
| MUXYX | VICTORY 标普 500 指数 –Y | 0.45 | 混合 |
| WFILX | WF 标普 500 指数基金 –A | 0.44 | 混合 |
| GRISX | NATIONWD 标普 500 INX–INS SRV | 0.42 | 混合 |
| PLFPX | PRINCIPAL L/C 标普 500–R5 | 0.41 | 混合 |
| MMIEX | MM 标普 500 指数基金 –SV | 0.37 | 混合 |
| IIRLX | VOYA RUSSEL L/C INDX–INIT | 0.36 | 混合 |
| VSTIX | VALIC I 股票指数基金 | 0.36 | 混合 |
| SPIDX | INVESCO 标普 500 指数 –Y | 0.32 | 混合 |
| WINDX | WILSHIRE 5000 指数 PORT–INS | 0.31 | 混合 |
| POMIX | T ROWE PRICE TOTAL EQTY MKT | 0.30 | 混合 |
| MSPIX | MNSTY MCKY 标普 500 INDX–I | 0.29 | 混合 |
| INGIX | VOYA 美国股票 INDX PORT–INIT | 0.27 | 混合 |

数据来源：彭博。

这样高的价格会将指数基金降级到某个小众的利基市场，或使其成为有效市场假说的粉丝追求的新奇项目。而主动型基金表现不佳也不会成为大问题，因为直接购买它们的基准（一只极其便宜的指数基金）是不可能的。

> 正是博格对低成本的痴迷，才推动了资金进入指数基金。因为如果一只指数基金收取 1% 的费用，外加一笔其他费用，那么

> 它注定会失败。如果知道它会表现不佳，我为什么要尝试投资一个指数基金？关于指数的争论点一直在于，你可以达到平均水平，与指数相匹配，且表现仍然超过 80% 的主动型经理。但是假如你一开始就知道你会比平均水平差 1%，我认为从心理上来说，人们就会失去兴趣。这一切都与成本有关。
>
> ——丹·维纳

这就是为什么我认为博格被称为"指数基金之父"的说法有点离谱。对他来说，一个更完美的头衔应该是"低成本投资之父"。

> 如果我必须对他和他所传达的信息简明扼要地说几句，我会说，他真的从未改变过。自从他说过"成本很重要"这句话之后，他就一直重复这句简单的口头禅，其他一切话题都以此为肇始。从指数基金成立到他去世，他一直在说这句话。
>
> ——小约翰·C. 博格

## 巴菲特的评价

在 2017 年的伯克希尔哈撒韦公司年会上，沃伦·巴菲特也对博格的成就进行了评价，他邀请博格到场并向 4 万名观众介绍了他：

杰克·博格并不是唯一一个谈论指数基金的人，但如果没有他，这一切也不会发生。保罗·萨缪尔森曾研究过指数，本·格雷厄姆

## 博格效应

（Ben Graham）也讨论过指数，但事实是，发展指数基金不符合投资行业或华尔街的利益，因为它能大幅降低费用。总体而言，指数基金为股东带来的回报超过了华尔街专业人士带来的回报。

因此，当杰克开始创业时，很少有人——当然不是华尔街的人——为他鼓掌。他还受到了一些嘲笑和攻击。而现在，当我们关注指数基金时，我们谈论的是万亿美元的规模；当我们关注费用时，我们谈论的是几个基点。我估计杰克至少在投资者的口袋里放了数百亿美元。随着时间的推移，这个数字将会达到数千亿美元。周一是杰克的88岁生日，所以我只想说，生日快乐，杰克，我代表美国投资者感谢你。我有个好消息：你已经88岁了，再过两年你就有资格在伯克希尔担任高管了。坚持住，伙计。

我问巴菲特那天发生了什么，以及这对他意味着什么。巴菲特回答说："几年前的股东大会上有杰克参加，真是太棒了，大家都非常高兴……对很多观众来说，他已经是一个英雄了。"

> 在整个职业生涯中，巴菲特一直与博格所反对的那些力量相抵牾，这些力量来自定价过高、地位稳固的主动管理者，他们交易太多、收益太少、要价过高。多年来，巴菲特几乎和博格一样，对高昂的费用大加指责。而且，他们都是财务上非常保守的人。当市场繁荣时，他们会告诉人们，市场不会永远这么好。当市场不景气时，他们告诉人们，情况会好转。博格总是保持逆向思维。我认为巴菲特也意识到了这一点，并对此表示钦佩。
>
> ——杰森·茨威格

## 朋克摇滚歌手

拥有颠覆性的产品（指数基金）和颠覆性的想法（成本重要假说）是一回事，但通过传播它们打破混乱和现有系统，击中人们的心灵和思想则是另一回事。如果博格是温和的，指数化很可能也不会发展到如今的规模。但他不是，他大声地、无情地、粗暴地、无所畏惧地倡导低成本和指数化，这使他基本上与整个行业格格不入。我们大多数人都喜欢避免对峙和尴尬，但他喜欢紧张的气氛，总是向观众投掷令人不安的真相炸弹。

> 他是我真正观察和思考的第一位企业家。在任何一个会议上，你都能看到约翰·博格根本不在乎别人对他所说的话的看法。他是对的，他有话要说，他要说服你。如果你不相信，那你就是个白痴。这就是他的世界观。他做这件事并不是带着一种傲慢或优越感，他这么做是因为他是一个真正的信徒，一个布道者。他有那种热情。
>
> ——戴夫·纳迪格

正如博格在《文化的冲突》一书中所写的："我一直喜欢挑战现状的逆向思维，并经常受到启发，进而选择了一条人迹罕至的道路。"

博格可能看起来有点像现代的亨利·方达（Henry Fonda）[①]，但他的想法和风格与朋克摇滚乐有更多的共同点。正如朋克是对迪斯科

---

[①] 亨利·方达（1905—1982年），美国著名影视剧演员，奥斯卡最佳男主角奖、金球奖最佳男主角奖、奥斯卡终身成就奖、金球奖终身成就奖得主。——译者注

## 博格效应

和"风格重于实质"的反应，推出低成本指数基金就是对金融业泡沫的反应。两者都站在了它们周围存在的东西的对立面。《滚石》杂志（*Rolling Stone*）将朋克摇滚描述为"一种否定，一种对赤裸裸、野蛮的简单呼唤"。如果这还不能描述博格的毕生事业——以及一只低成本的指数基金——我不知道还有什么能描述了。

巧合的是，先锋集团和朋克摇滚几乎同时诞生于 20 世纪 70 年代初。当时，雷蒙斯（Ramones）乐队在一个非常脏乱的摇滚俱乐部向 20 几位迷茫但痴迷的观众送上了他们的首场演出；在那之后短短几周，先锋集团就破茧而出。可以说，这两件事都是对自我放纵的、在文化和经济上都崩溃的 60 年代的一次反击，呼吁大家"回归现实"。就像约翰尼·雷蒙（Johnny Ramone）曾经对记者说的那样："我们所做的就是去掉摇滚乐中我们不喜欢的东西，这样就不会受布鲁斯[①]的影响，不会有长时间的吉他独奏，没有任何东西会妨碍歌曲的呈现。"

现在你可能在想，拜托，老兄，我觉得你关于流行文化的隐喻太隐晦了。但对我来说，博格和雷蒙有太多的相似之处，尤其是精悍的"以减为加"的口头禅和他那经常引起观众反感的口无遮拦的演讲。

有一个例子是，博格曾被邀请在首次 Inside ETFs 会议上担任主旨发言人，该会议类似于 ETF 的国际展，主要是赞扬 ETF。博格利用这个机会攻击了 ETF。

"博格发表了一篇反对 ETF 的演讲，"吉姆·温特说，"他会过来告诉你为什么 ETF 很差劲，并向你展示数据。"

---

① 布鲁斯（Blues）也称蓝调，是一种基于五声音阶的声乐和乐器音乐。——译者注

博格在共同基金会议上也会做同样的事情，只是他不是关注交易，而是关注费用。

> 他在我们的会议上也经常这样做，他反复讲述主动管理是多么荒谬。他会站在那里，把材料分发给一群顾问和机构人士，他们都是创造主动产品的人，但他并不在乎。他会说："先生们，请降低你们的费用！"
>
> ——克里斯汀·本茨

另一个例子是在标准普尔 500 指数 50 周年纪念会上。博格被邀请与来自标准普尔公司和学术界的人士一起参加一个小组讨论。这本来是酒会前的消遣。

然而，大卫·布利策回忆道："杰克·博格带着他最新出版的书，其中有 15—20 页用回形针别了起来，还有一本很大的黄色便签本，上面有一页页的笔记。我猜他是从费城坐火车来的，一路上都在写笔记。"

"当我们开始讨论时，每个人都很客气地谈论了一下市场。但博格是认真的。他谈到了 ETF 有多糟糕——它们交易太多，在交易上浪费资金；经纪人简直是在抢劫；投资者应该购买一个指数基金，然后就不用管它了。"

"他把这件事看得很严肃，我感觉一些专家小组成员对此有点惊讶。我们以为这是一次轻松的交谈，我们都喝着鸡尾酒，互相祝贺 50 年来的成就。但博格是来谈正经事的，我想这就是他的性格，他是非常认真地对待这件事。"

尽管这种持续不断的冲突让人们注意到了他的使命和指数基金，

但他也不得不应对同行对他的回避。朱莉·西格尔（Julie Segal）在《机构投资者》发表的一篇文章中这样描述博格：

> 我还记得博格1999年卸任先锋集团董事长后参加的一次美国投资公司协会会议——共同基金业的年度聚会。在活动中，资产管理公司的CEO们对我说，他们都尽量避开博格。虽然没有人会公开指出，但博格，尤其是他关于成本会对投资者造成多大影响的说辞，是不受欢迎的。先锋基金迎来了其第一个伟大的十年，投资者开始接受指数基金，尽管它似乎对主动型基金经理没有太大威胁。博格告诉我，他真的不在乎被同行冷落，他只会继续谈论成本问题，直到情况有所改变。当时，很难想象投资者会在意费用，或者资产管理公司会愿意降低费用。

> 毫不奇怪，随着时间的推移，美国投资公司协会也不再热烈欢迎博格参会。在我们最后一次采访中，他看起来真的对这种冷遇感到难过了。"投资公司协会不想让我去那里和他们讨论，"他说，"我觉得这真的很奇怪。在每年的年度会员大会上，我都是这个行业历史上最成功公司的创始人、前管理者和业务员。"

> 然而，尽管博格发表了一些反对交易和主动型基金的言论，但他还是不断被邀请出现在电视的金融节目上。他会说，交易是失败者的游戏，试图打败市场是徒劳的——这基本上批判了节目中大部分内容、嘉宾和观众。令他惊讶的是，电视节目还在继续邀请他："CNBC的节目还在邀请我。我在想，为什么还邀请我？我认为可能是那天他们找不到其他人了。"

## 第四章

# 解构博格

*"在我近90年的人生中，除了战斗，我没做过其他的事情。"*

一旦你开始真正理解博格所造成的巨大影响，你就会忍不住想：是什么让这家伙这么做的？他为什么要不畏艰辛？他为什么不走和其他行业巨头一样的路，成为超级富豪，然后收工？我问了所有受访人这个问题，几乎每个人的最初反应都是一样的："这是一个好问题。"

> 他就是与众不同。我打赌如果你去问他在布莱尔学院（Blair Academy）的室友，他也会说："哇，这家伙很不一样。"
> ——泰德·阿伦森

一方面，他似乎出现在了错误的时间和地点，如果早几个世纪，他更适合做一名牧师、军事领袖或医生，但命运和环境改变了他。另一方面，他可以说是基金行业的完美人选，尽管对大多数人来说这是个很无聊的行业，但这个行业处在人、人们的退休储蓄和一个期待产生回报的市场之间的诱人的交汇点。

那么博格到底经历了什么？

## 大萧条

由于大萧条，富裕和贫穷的滋味博格一家都品尝过了——家庭和国家都是如此。他的家人在1929年华尔街崩盘后失去了房子，以及从博格爷爷那继承来的遗产，博格就出生在那一年。这显然是影响他或那一代人的一个巨大因素。虽然他的儿子说他一直为因心脏问题没能参加第二次世界大战而感到遗憾，但他的气质风貌和精神状态绝对属于那最伟大的一代。

> 他一直很保守，很节俭。我认为这主要是由于他的成长经历，他来自一个从富裕到一无所有的家庭。
>
> ——小约翰·C.博格

因此，博格是那种在高中和大学期间就不断工作的人，这在当时可能很无聊，但最终给了他工作能力上的锻炼，很可能会帮助他远离挫折。他很早就知道自己不是富家子弟，所以他不停地工作。

> 他年轻时当过报童、服务员，在学校做过保龄球手，也许这让他了解了大多数人的生活方式。
>
> ——泰勒·拉里莫尔

> 认识杰克这么多年后,我才意识到他在学校里是个非常优秀的孩子,我当时想:"这样很多事就能解释了。"因为我总觉得他有点不同寻常。
>
> ——克里斯汀·本茨

博格的职业生涯与他的父亲形成了鲜明的对比。他的父亲总是丢工作,一度付不起儿子 100 美元的学费。幸运的是,校长没有太过追究,但所有这些可能激励了博格,因为每一代人都很自然地想要纠正上一代人的错误。博格曾经说过,他爱他的父亲,"他就是没有那个能力,但他已经尽力了"。

尽管他非常努力地工作,以确保自己不会像父亲那样出现财务问题,但他也没有过度投入工作。据他自己说,他的婚姻很美满,他和妻子伊芙(Eve)一起养育了 6 个孩子。家庭和事业很难保持平衡,但他似乎做到了。

> 作为他的儿子,我最有发言权的一件事是——他是一个非常好、非常细心的父亲,虽然他整个职业生涯都很忙,但他会尽可能多地陪伴我们。这可能会令许多人感到惊讶。他会在周末找时间出去踢足球,带我去看车展,或者打高尔夫球。他每天晚上差不多 6 点就回家了,我们几乎每天晚上都有家庭聚餐,他就在我们身边。我一直很钦佩他,他是我的英雄。
>
> ——小约翰·C. 博格

博格效应

## 博格的曾祖父

虽然在大萧条环境中培养的思维模式对博格的成长产生了很大影响，但也有一些遗传因素在起作用。事实证明，在博格家族中，一直有一种与强大的资本较量并要求它们降低费用的热情。博格的曾祖父菲兰德·班尼斯特·阿姆斯特朗（Philander Banister Armstrong）曾试图改革火灾保险行业，然后是人寿保险行业。博格称他为自己的"精神祖先"。阿姆斯特朗曾说："先生们，削减你们的成本！"据博格说，这是他在1868年的一次演讲中说的。简直太完美了！

阿姆斯特朗甚至在1917年出版了一本书——《偷窃许可证：人寿保险、局中局——我们的法律如何掠夺人民数十亿美元》（*A License to Steal: Life Insurance, the Swindle of Swindles—How Our Laws Rob Our Own People of Billions*），这强烈地奠定了博格写作的基调。这是一份约250页的人寿保险行业的剖析材料，充满了确凿的数据和强烈的批判精神，书的开头写道：

难道被视为慈善事业的人寿保险真的是骗子吗？难道那些号称"直布罗陀实力"的大公司是垄断企业，是违反普通法和成文法的吗？他们夸耀的资产是否会对共和国构成威胁？这些资产不是合法贸易的利润，而是从他们自己的成员那里被错误地拿走的——这是耻辱的标志，而不是荣誉的徽章。

在今天看来，这些语言已经过时了，但它的精神却与博格的思想如出一辙。下面是另一段内容，看起来像是直接从杰克的书中摘取的：

旧的保险制度不仅不诚实，而且他们自知这是一种欺诈。净保费超过全额支付的死亡损失的3倍，超过支付的福利的7倍，而真正的利润被隐藏在"净保费"和相当于无谓浪费的费用之下，并被恶意篡改账目和官方报告所掩盖。

如果这都不能证明什么是"家族遗传",那我就不知道还有什么能证明了。当我们谈到"祖先"的话题时,博格的一些性格可能也来自他的苏格兰血统。事实上,博格这个名字来自一个苏格兰单词,意思是"魔鬼"或"妖精"。有人曾称他为"贝塔博格"(Beta Bogle)和"数据魔鬼"(Data Devil)。他认为这是一种恭维。

> 我有幸采访过杰克几次,他对自己的苏格兰血统感到非常自豪。我记得他说要节约。众所周知,他不会花很多钱乘坐头等舱,如果有免费午餐,他也会享用。他说这源于他的苏格兰血统。
>
> ——罗宾·鲍威尔

## 普林斯顿大学

如果没有布莱尔学院和普林斯顿大学,博格肯定不可能做到他所做的一切。他靠着奖学金就读于这两所学校,他称自己是这些学校的"儿子"。虽然这两者对他的成长都至关重要,但普林斯顿大学更加决定了他和共同基金行业的命运。这是他故事的另一部分,非常具有偶然性。

博格在普林斯顿大学读大三的时候,想找点话题写毕业论文。有一天,他在学校图书馆里转来转去,他翻看着1949年12月的《财富》(Fortune)杂志,停下来读了一篇文章——《波士顿的巨款》(Big Money in Boston),这篇文章是关于马萨诸塞州投资者信托基金向小投资者推销一种叫作开放式基金的新金融产品——"安心"。杂志的封面上没有文章的内容简介，所以你必须带着一种好奇的心态去翻阅。

人们想知道，如果博格选择了另一本杂志，比如1949年12月的《时代》（Times）杂志［其封面文章是关于康拉德·希尔顿（Conrad Hilton）[①]及其不断增长的酒店业务］，他的人生会有不同吗？他会成为一家低成本酒店的经营者吗？

但他没有选择《时代》，而是选择了《财富》，所以他读到了这篇文章。这给了他很大启发，他花了一年半的时间写了一篇关于共同基金行业的论文，他确信这个行业大有前途。虽然很多人都会认为这个新兴的共同基金业务是一个很好的领域，可以赚很多钱，可以建立自己的事业，但博格在论文中对它的理解是理想化的，甚至是预言性的。以下是他论文的要点总结：

- 投资公司应该以最有效、最诚实、最经济的方式运作。
- 可以通过降低销售费用和管理费用实现未来增长的最大化。
- 基金不能声称自己优于市场平均水平。
- 投资公司的主要作用应该是为股东服务。
- 投资公司没有理由不对企业政策施加影响。

这就是先锋的种子，但它需要等待合适的环境才能发芽。这篇论文还产生了一个更直接的效果：为博格在惠灵顿管理公司找到了第一份与金融相关的工作。

## 20世纪60年代

对博格来说，20世纪60年代是一个影响巨大的时期，但不像婴

---

[①] 康拉德·希尔顿（1887—1979年），美国企业家，希尔顿酒店创始人。——译者注

儿潮一代那样进入并退出，而是以一种市场周期的方式来感知波动。他亲身经历了如何出卖灵魂来安抚一个咆哮的牛市，但当不可避免的熊市到来时，他栽了一个大跟头，留下了永久的伤痕，提醒他永远不要再上钩。

在那之后，他不再被牛市的繁荣冲昏头脑，因为那可能令人陶醉并让人遐想——这一次是不同的，而忘记了带来兴奋的只是投机回报。他将继续专注于企业创造的内在价值和投资回报，以及价格为何总是回归到这一水平。也就是在这个时候，他会把"坚持到底"和"从长远来看，现实才是最重要的"这样的标志性话语作为对投资者的建议，这些话也与他在多个市场狂热时期领导先锋集团的方式相匹配。

博格的判断首次受到考验是在 20 世纪 80 年代，当时标普 500 指数在那 10 年的头 6 年回报率约为 200%，利率则达到了 16% 的高位。每个人都变得更富有了。1987 年上映的著名电影《华尔街》（*Wall Street*）对这个时代进行了描述，这部电影本应是对贪婪危险的警告，却成了许多年轻交易员的榜样。导演奥利弗·斯通（Oliver Stone）在接受《每日邮报》（*Daily Mail*）采访时表示："后来很多人找到我，告诉我他们就是因为这部电影才去华尔街的。现在他们已经是亿万富翁了。"

当观众们——包括未来的华尔街年轻人——在美国各地的电影院观看戈登·盖柯（Gordon Gekko）[①] 著名的演讲《贪婪是好事》时，博格正在宾夕法尼亚州的福吉谷（Valley Forge）向先锋集团的工作人员发表年度演讲。这是一个有意思的对比。下面是博格演讲

---

① 电影《华尔街》中的一个人物。——译者注

的一个片段：

我们 1987 年的运营费用比率——一个衡量我们为股东提供价值的关键指标——将比 1986 年至少降低 10%……先锋集团在一个似乎已经失去平衡的行业中保持着良好的平衡……在当今世界金融体系和美国共同基金业，投机和非理性行为都太猖獗了，似乎毫无纪律可言。

在 20 世纪 80 年代令人担忧的经济环境中，博格对降低费用比率感到兴奋。那时候没人真正在乎成本。另外，博格在接下来的熊市和 90 年代牛市开始时都在关注同样的事情，他基本上只专注于一个目标：降低成本。毫无疑问，他在 60 年代的经历提醒了他不能在这件事上动摇。

> 我认为他对自己的基本想法是非常清楚的，他会一次又一次地重复。而且他从未偏离这一目标。一直到最后，他都没有提过提高成本。他对这件事非常清楚，他总是在关注成本数据。
>
> ——吉姆·温特

## 福吉谷

先锋集团不仅在精神上与华尔街机器相去甚远，在地理位置上也是远离华尔街。先锋集团的总部位于宾夕法尼亚州的福吉谷，这是一个具有重要历史意义的典型郊区，距离费城 30 千米（20 英里）。它们的办公室隐藏在一个从主干道上几乎看不到的综合大楼里。如果没有导航系统或不知道正确的方向，你可能根本不会注意到它。它与电影《绝地归来》(*Return of the Jedi*)①中亚汶四号（Yavin 4）上的叛军基地有相似的氛围。

福吉谷的历史完全符合博格的自我认知。1777年9月，乔治·华盛顿（George Washington）在英国人占领费城后逃离了这座城市。他带领12 000人规模的军队最终在福吉谷度过了冬天。他们在那里待了6个月，军队因疾病和营养不良损失了2 000名士兵。拉法耶特（Lafayette）将军说："他们什么都需要。"但他们坚持了下来，重新训练、组合，并从新的法国盟友那里得到了精神上的鼓舞和人力上的帮助。1778年6月，华盛顿以更好的状态离开了福吉谷。正如人们所说，后面的就都是历史了。

博格热衷于象征主义。他喜欢这种与美国独立战争之间的联系。先锋集团将办公室搬到马尔文附近后，他还一直使用福吉谷的邮政地址。以下是他在《品格为先》一书中总结的他在20世纪90年代早期演讲的主题：

这两个地方都靠近福吉谷国家公园，我们将继续使用福吉谷的邮政地址。就像美国在1777—1778年冬天在福吉谷经历的第一次挑战一样，我们的国家和机构如今再次受到了挑战，我们自己的机构应该作出回应。

除了与福吉谷的联系，还有一个更抽象的与费城的联系，费城在很大程度上也是处于美国金融权力中心之外。但博格喜欢这个地方，他从16岁起就住在这里。1946年，他的家人搬到了这里。

他会在书中以"来自波士顿"和"费城人"来代表"他们"和"我们"。这种偏见在他与来自波士顿的惠灵顿合伙人的"战斗"中得

---

① 《绝地归来》是星球大战系列影片的第3部，于1983年上映。——译者注

到了进一步巩固。在《坚持到底》一书中，他会使用地理位置来定义自己的朋友和敌人：

摩根邀请了6名董事会成员，他们大多在费城工作多年；另外3位董事则来自波士顿，由我以前的合伙人提名……很明显，到了投票的时候，6名费城人倾向于支持我共同化的立场；这3名波士顿人则倾向于多兰/桑代克的立场，主张解除我的CEO职务，维持业务现状。

当时有人说要把惠灵顿管理公司搬到波士顿去，但博格不同意。在《知足》一书中，他写道：

合伙人打算把整个惠灵顿管理公司都搬到波士顿，我不会让这种事发生的。我爱费城，她是我的第二故乡，她对我很好。我在这里扎根了……这里是1928年的惠灵顿和1974年的先锋的诞生地。

考虑到费城的低生活成本和广阔的郊区，选择费城郊区也是留住人才的好办法。人们会在那里定居并成家立业，所以很难为了挣更多的钱而搬到纽约或波士顿这样的地方。

> 这是一个由真正的"信徒"组成的社区。我并不是说人们在那里赚不到钱，只是在那里他们会比在贝莱德、道富银行或富达投资公司赚得少。他们留在宾夕法尼亚州的马尔文，他们有家人在此并在这里扎根——这是先锋集团留住人才的诀窍之一。这几乎成了一种文化。
>
> ——吉姆·温特

除了地域上的归属感，先锋集团的许多人还在乎精神上的"获得感"，或者说他们知道自己在为社会做有益的工作而产生了精神上的满足。这个术语通常用来形容在非营利组织或政府部门工作的人。

> 杰克没有最大化他的个人财富。也许我们中的一些人也没有，但我认为我们都获得了很大的心理满足。我们真的认同自己在做的事情，我在那里的第一周就感觉到了。我曾在其他 5 家公司工作过，但在先锋的第一周，我就意识到这是一家我想要为之效力一辈子的公司。
>
> ——格斯·索特

> 先锋集团似乎有一种狂热，但是有充分的理由。
>
> ——妮可·博伊森

谈到费城地区和价值体系，我采访的许多人也指出，博格身上体现了许多贵格会的价值观，就像威廉·佩恩（William Penn）[①]一样。他崇尚简单（购买并持有指数基金），以正确的方式优先考虑自己的生活，同时保持对整个社会的关注，这些都是贵格会的特征。以下是博格在 2017 年费城贵格会商业聚会上所说的——其中也包含一些警告：

我开始意识到，先锋的设计反映了威廉·佩恩所倡导的许多基本的贵格会价值观——简单、高效、服务他人，以及乔治·福克斯（George Fox）[②]所说的"真理就是道路"的信念。我承认我对贵格会

---

[①] 威廉·佩恩（1644—1718 年），英国人，贵格会领导者，崇尚宗教自由。——译者注

[②] 乔治·福克斯（1624—1691 年），英国人，贵格会创立者。——译者注

的其他一些价值观不是很坚定，特别是共识、耐心、沉默和谦卑（为观众笑声而停顿）……但威廉·佩恩和他的贵格会伙伴一直以来都是我的灵感来源，这种灵感也渗透进了先锋集团。

## 18世纪的灵魂

博格不仅在地理空间和精神上与现代华尔街相距甚远，在时间上也很遥远。他可以说是晚出生了200年。正如我前面提到的，博格是1974年"投资者独立宣言"的幕后主导，他绝对会与美国开国元勋们兴趣相投，而且如果早出生200年，他很可能是在两个世纪前第一个签署《独立宣言》的人。

他那18世纪的灵魂也体现在他的办公室里，那里有船只和军事英雄的画像。先锋集团给人一种与众不同的感觉，它更像一座历史博物馆，而不是一家资产管理公司。

> 博格办公室里有纳尔逊勋爵的画像，还有一幅他自己扮成纳尔逊勋爵的画像，而且他非常喜欢引用宪法。他是费城国家宪法中心的重要推动者。
>
> ——艾琳·阿维德隆德

在《投资常识》一书中，博格将自己比作18世纪的人物本杰明·富兰克林（Benjamin Franklin）。在其中一个章节中，他把富兰克林的名言放在了自己的名言前面，表明他们在为未来储蓄、自我控制的重要性、承担风险、理解什么是重要的、市场、安全、预测和稳定等话题上有着相似的哲学。他写道："是的，我坦率地承认，

18世纪的富兰克林比21世纪的博格有更好的表达……但我们相似的信条表明,明智的储蓄和投资原则是经过时间考验的,甚至可能是永恒的。"

他痴迷于18世纪,痴迷于18世纪的价值观和对"作为理性时代的标志、人与机器的平衡的老式自由人道主义"的推崇。在他的一些书中,他对这个时代充满了渴望,特别是在《知足》一书中写道:

维基百科触手可用,谷歌随时为我们服务,我们被信息包围,但越来越与知识隔绝。事实无处不在,但在我们国家的开国元勋时代盛行的智慧却供不应求。随着21世纪第一个10年的结束,18世纪富兰克林崇高的价值观与当今激烈的专利战、大公司高管骇人听闻的薪酬要求以及对冲基金经理的巨额薪酬(无论他们是输了还是赢了,甚或仅能维持生存)形成了鲜明对比。

他还喜欢用18世纪的腔调说话,让一切都显得非常重要和不朽——无论是在他的书中、演讲中,还是在日常活动中,他都喜欢引用诗歌或圣典。

> 他是一位才华横溢的演说家。我在他70岁生日派对上听过他演讲,我以为那是即兴的,但他最后读了丁尼生勋爵(Lord Tennyson)①的诗,大概有5分钟。我还以为是拿破仑再世了!我对他儿子约翰说:"你能相信吗?"他看看我说:"泰德,你能想象他每天晚餐时的样子吗?"
>
> ——泰德·阿伦森

---

① 丁尼生勋爵(1809—1892年),即阿尔弗雷德·丁尼生(Aifred Tennyson),英国维多利亚时代最受欢迎、最具特色的诗人。——译者注

博格效应

## 博格的心脏病

博格的心脏病是一个严重的问题，也是一个巨大的优势。死亡总是徘徊在博格的生命中，给他的生活带来了猛烈的一击——让他树立了一种及时行乐的心态，以及珍惜每一刻的意识。

> 如果你想了解是什么驱动和造就了他，我认为你必须谈到健康。他曾被告知活不到 40 岁，后来又被告知活不到 50 岁、60 岁、70 岁。他每天醒来都会想："这是我的最后一天吗？"他因此非常有动力去完成某件事。
>
> ——吉姆·诺里斯

博格在《坚持到底》一书中说道：

我 30 岁的时候第一次心脏病发作。我去了克利夫兰诊所，在 1967 年那是唯一能买到心脏起搏器的地方。自从心脏病发作后，我的病情越来越严重，所以在我三十六七岁的时候，他们给我装了一个心脏起搏器。但这让心脏更加不稳定了。一位医生说："你别指望能活过 40 岁。"另一位医生说："你为什么不在科德角（Cape Cod）找个地方，停止工作，享受你剩下的时光呢？别再工作了。"如果我听了第二个医生的建议，那第一个医生的话可能就应验了。

尽管在 20 世纪 60 年代死于心脏病的人很常见，但这么年轻的人死于心脏病还是很罕见的。我无法想象有人会在三十几岁时心脏病发作。但博格确实是这样的，因为他患有遗传性心脏病，被称为心律失常性右心室发育不良（ARVD），他的妻子伊芙不得不经常陪他去医院，在那里，医生会用电击帮助他的心脏恢复正常心率。

## 第四章 解构博格

> 没有人想和他打壁球。他会把除颤仪带到球场上。你能想象在打球的时候,如果他昏过去了,你还得电击他吗?这就像电影里演的那样,而且这是真实发生的事。
>
> ——泰德·阿伦森

> 1992年,我刚刚成为《福布斯》杂志共同基金栏目的编辑,所以我的第一个任务自然是去先锋集团与博格会面。那次采访有两件事令我印象深刻:第一,我有一种非常强烈的感觉,我可能再也见不到他了。我以为他几个月后就要死了,那时候我甚至为他起草了第一份讣告。他看起来糟透了。第二,他有一个疯狂的预测,有一天指数基金将比主动管理型基金规模更大,我清楚地记得,当他告诉我时,我大笑起来。那是我听过的最可笑的事。对人类来说,希望是永恒的,而主动管理就蕴含着希望。人们总是想要比平均水平做得更好。我在第一件事上明显错了,我想我很快也会在第二件事上犯错。
>
> ——杰森·茨威格

博格在20世纪90年代早期"看起来糟透了"的原因是,他的一半心脏丧失了功能。65岁时,他需要进行心脏移植。他在费城的哈内曼大学医院(Hahnemann University Hospital)等了128天,每天24小时不停地接受心脏刺激药物的静脉注射。在《品格为先》一书中,他回忆了自己当时的心态:

奇怪的是,尽管经历了这样的痛苦,我从未想过自己会死。但

博格效应

是，我也从没想过我会活很久。只考虑结果似乎不明智……我向员工们保证，尽管我的心脏可能即将停止跳动，但我不害怕。事实上，每晚在医院里，我临睡前的祷告都是："愿你的而非我的旨意达成。"

最终，在1996年2月，他等到了一位26岁男性的心脏。两周后，他回到了家。之后他又活了30年，尽管他不得不戒酒、吃药，他确实做到了。

> 他好像有9条命。我记得第一次和他面对面的时候，他刚刚接受了心脏移植手术，他说："太棒了！我感觉棒极了！我有一颗30岁的心脏。我觉得我的生活又回来了。"但说他生病了或者住院了的谣言一直挥之不去。
>
> ——艾琳·阿维德隆德

> 每次快不行了的时候，他都能起死回生，活像只劲量兔[①]。大约20年前，在他做了心脏移植手术后，我和他一起坐火车去纽约参加一个杂志活动，他要做一个演讲。那天晚上我们回到费城，我累坏了，准备睡觉，杰克蹦蹦跳跳地上了步行楼梯——尽管有自动扶梯——就像田径运动员一样。我坐了自动扶梯，下电梯后我对他说："你不觉得有点累吗？"他说，在他接受心脏移植时，医生没能修复让他感觉累的神经，"所以这没什么"。我看着他，他就像是生化人一样。这家伙的能量令人难以置信。
>
> ——泰德·阿伦森

---

① 劲量兔是一款电池的品牌形象，代表长久、坚持和决心。——译者注

# 第四章 解构博格

博格非常感激那些在他生命中帮助过他的医生，称他们为自己的"守护天使"。博格的医生则把他的长寿归功于他钢铁般的意志。但不可否认的是，一颗新心脏重新燃起了他完成使命的火花。

> 关于杰克的一件事是，他在心脏移植后经常谈论自己的心脏，并说："在这个世界上，我要尽我所能做善事。"
>
> ——李·克兰尼弗斯

## 《圣经》

博格有一种积极的精神生活，这无疑对他有着启迪和指导作用。他定期参加教堂周日的礼拜，在《投资先锋》一书中，他将自己的"启蒙、灵感和信仰"归功于教会的传教士。但他并不是随便说说，他还真正吸收了《圣经》中的文字，并经常在作品中引用。《圣经》无疑是他作品中引用最多的一本书，可以看出他得到了《圣经》的滋养。以下是他在2017年接受塞恩·威尔金森（Signe Wilkinson）采访时对"信仰"的看法：

什么是真实的？什么是你必须相信的？我很难相信肉体可以复活，灵魂也许会。为什么呢？因为我们不知道灵魂到底是什么，但是我们了解身体！我从这扇窗户往外看，并没有看到很多东西升入天堂，所以我是一个相当现实的人。这与宗教冲突，但与我的信仰没有冲突。肯定有比我们更重要的东西。我们恰巧把它叫作上帝。这对我来说已经足够好了。

他并没有因为对《圣经》文字的怀疑而忽视其比喻的丰富性。

他认为，如果你读过《圣经》，你就会知道它有多么强大，多么鼓舞人心。《圣经》还充满了令人惊叹的故事，讲述了弱者在上帝的帮助下挑战强者的故事。我能看出《圣经》是如何吹动博格内心那束关于使命的火焰的。毕竟，用比喻的话来说，他是一个日复一日地翻动金融殿堂里商人桌子的人。在《文化的冲突》一书中，博格提道：

> 如果我们想要最大化我们公民的退休储蓄，我们必须把金钱贩子——或者至少是他们中的大多数——赶出金融殿堂。如果我们投资者共同拥有市场，但互相竞争并期望打败其他市场参与者，我们就输了。如果我们放弃战胜其他市场参与者的徒劳尝试，仅仅持有我们在市场投资组合中的份额，我们就赢了。

他喜欢引用著名的《诗篇》第118章第22节，其中说道："建造者所弃的石头，已成为主要的基石。"这句话在《圣经》中被耶稣的门徒重复多次来描述他。这就是博格对集团先锋的看法，在某种程度上，也是他对自己的看法。为什么呢？多年来，他和他的想法都被忽视甚至嘲笑，结果他的公司两次成为世界上最大的基金公司。

博格还赞同"天助自助者"的公理，以及"一旦你迈出第一步，上帝就会支持你"的观点，并引用了他生命中所有导致先锋诞生和他使命确立的偶然的命运转折。他在《知足》一书中写道：

> 每当我做出大胆的承诺时，上天就会眷顾我，比如我在为毕业论文寻找主题时，偶然发现了《财富》杂志上那篇关于共同基金行业的文章……比如我被我的惠灵顿合伙人炒了鱿鱼……比如接受一个新的心脏……它们总是在那里，等待着被发现，但需要承诺好好利用它们的价值。

经常去教堂可能也影响了博格关于先锋集团和低成本的布道。他会向每一个愿意倾听他的人反复宣讲他的使命。

虽然鼓舞和说教之间有一条细微的界线,但博格基本上就立足在这条线上。他有"圣杰克"之称,也有"鬼杰克"之称,后者肯定让人不知所指,即便是他身边的人。他以前信任的助手詹姆斯·里佩(帮助他建立先锋集团和第一只指数基金的两个人之一,后来成为主动型共同基金公司普信集团的副主席)曾经买了一个牧师领送给博格,并在博格为所有前助手举办的一次著名的年度晚宴上送给了他。

> 杰克总是深信,他认为正确的事情就一定是正确的。当他不同意某件事时,他会习惯性地把钱包扔在桌子上,打赌谁是对的。在指数方面,这种态度最终让他获得了"自以为是"的标签……我们(他年长的前助手)认为他开始有点过分了,所以我去买了一个牧师领,在一次晚宴上送给他。我们说:"如果你要这么自信,你应该有合适的制服。"他非常喜欢。
>
> ——詹姆斯·里佩

## 自我意识

尽管博格有着亲民的形象和"知足"的心态,但几乎所有与我交谈过的人都提到了博格强大的自我意识,或者说对自我的重视。虽然这是博格基因中的一个关键成分——就像你需要一个人来做大事一样——它也可能是一种极度缺乏安全感的表现,有时会让人感到有点

博格效应

空虚，就像一个永远无法填补的空洞。大多数近距离观察过他的人都看到了他兼具圣人和自大狂特征的二重性。

> 我不认为一个取得了他那样的成就的人会没有自我意识。事实上，我曾经跟他开玩笑说："你知道吗？杰克，你的自我意识就像火炉一样。你必须不停地往里面铲煤才能让它继续燃烧。"他笑着说："你可能是对的。"
>
> ——吉姆·诺里斯

> 他这样一个在投资界赫赫有名的人，却总是对自己的地位和成就有点不安，就好像他有一种永不满足的需求，需要别人提醒自己做了很多好事。他喜欢成为公众人物。他喜欢人们在街上走到他面前，对他说："天哪，我非常感谢你！因为先锋集团，我的孩子已经大学毕业 / 我退休后依然有很多钱。"他对这些事从来都不感到厌倦。这是他性格中我们无法真正理解的一个怪癖。
>
> ——小约翰·C. 博格

> 这家伙的自负程度比总部外面他自己的雕像还要高 3 倍。
>
> ——丹·维纳

那座雕像可以说是博格自负的终极证据。尽管值得赞扬的是，博格承认了这是一种傲慢。他感受到了人在办公室工作的时候，在办公室外面放一尊雕像是什么感觉。他说，这个主意是在他做心脏移植手

术之前提出的,因为人们不确定他还能活多久。他在《品格为先》一书中写道:

大象都认为雕像是对逝者的一种纪念。我当时没准备好,现在肯定也没准备好!但在我第一次有可能被雕刻成雕像的时候,我看到了一张栩栩如生的阿诺德·帕尔默(Arnold Palmer)[①]的雕塑照片,这让我感到欣慰,它很快就会被送到奥古斯塔国家高尔夫球场(Augusta National Golf Course)。由于我的未来充满了不确定性,我想:"为什么不做一个雕像呢?"

## 读懂杰克

结束本节和本章的一个好方法是,看一下博格以前的助手吉姆·诺里斯写的一份有趣的"读懂杰克"备忘录(简·特瓦尔多夫斯基与我分享的),这个备忘录是博格所说与所指的对照翻译词典。

> 多年来,我们所有人都开始欣赏和珍视杰克性格中的这些特征,我将其宽泛地定义为"博格主义"(Bogleism)。这些博格主义特征中有一些是怪癖,例如,当杰克经过时,他特有的低下头和挥手致意的方式;有些已经成为他标志性的口头禅,比如"见鬼去吧!"。但毫无疑问,在我与杰克的交往中,我最喜欢的是接受这个典型的博格主义的过程:调和"杰克所说的"和"杰克真正的意思"。以下是我最喜欢的一些话,排名不分先后:

---

[①] 阿诺德·帕尔默(1929—2016年),美国职业高尔夫球手,获得过数十个PGA巡回赛及冠军巡回赛的冠军,1974年被列入世界高尔夫球名人堂。——译者注

博格效应

| 杰克所说 | 杰克所指 |
| --- | --- |
| 我知道这不是你的错。 | 这就是你的错! |
| 谁来负责……? | 难道不是你负责……? |
| 有空的时候做一下这件事。 | 你昨天就应该做了,所以5分钟之内给我结果。 |
| 你能找个人……吗? | 你能……吗? |
| 必须有比我更聪明的人来做决定。 | 有人将不得不做出决定,但我一定会把它改成正确的决定。 |
| 你来决定。 | 做我想做的事。 |
| 我确定是我的错。 | 肯定不是我的错。 |
| 不要在那上面花太长时间。 | 你想花多久就花多久,但要确保是对的。 |
| 事情看起来有点不对。 | 你把整个事情都搞砸了。 |
| 你准确核对这些数了吗? | 这里面有一个错误。 |
| 希望你不要干到太晚。 | 只要你完成,我不在乎你干到多晚。 |
| 3点前我需要。 | 1点前我需要。 |
| 不要相信我的话。 | 你最好仔细看看。 |
| 都需要我来做吗? | 你没有坚持完成。 |
| 我认为数字可能是264。 | 我在《巴伦周刊》里看到了,数字就是264。 |
| 你能试试这个吗? | 我稍后会改写你的东西。 |
| 你读过《温莎年刊》吗? | 《温莎年刊》中有个错误。 |
| 你有时间看这封信吗? | 放下手中的事情,看这封信。 |
| 7点左右来接我。 | 7点来接我,一秒也不能晚。 |

第五章

# 主动管理的沉浮

"当我们谈论美元费用，而不是以百分之一的百分之一来衡量的基点时，我们对基金管理行业的惊人利润就会有更好的了解。"

我们花了很多时间去研究干扰因素，现在让我们看看被冲击的一方：主动型共同基金。大多数人认为，主动型共同基金的问题在于它们长期表现不佳。这在很大程度上是正确的，但可以说，这只是一个更深层次问题的表征，而且在很大程度上是其自身造成的。

主动型共同基金问题的根源在于，它们没有很好地利用规模经济效应，也就是说，它们忽视了将规模扩大带来的成本节约回报给投资者。过去几十年，随着市场规模越来越大——资产和收入翻了两三倍——不管主动基金经理们是否更努力地工作，是否带来了更好的业绩，或者是否带来了新客户，总体而言，主动型基金并没有真正与投资者分享任何额外的收入，因而错失了大好的机会。这并不是在对它们进行评判——我们中的大多数人可能也会这么做——而是提供一些真实的情况，以便能够理解它们是如何被先锋集团彻底颠覆的。这也是对面临同样命运风险的其他行业的一个警告。

### 博格效应

以下是博格在《文化的冲突》中对此的看法：

尽管基金业飞速增长（从1965年的350亿美元增长到2011年的10万亿美元），但基金投资者的成本也增长迅速。按基金资产加权计算，股票基金的费用比率从1960年的0.50%升到了2012年的0.99%，彼时资产基数是50亿美元，2012年增至6万亿美元，费用比率则几乎增长了100%。以绝对值计算，股票共同基金的投资成本每年增长17%，从1951年的500万美元增至2011年的600亿美元。

## 美元费用

到2020年，以美元计算的费用（除了博格，你很少听到别人说起这个数字）甚至更高，约为1 400亿美元。这还只是一年的费用，不过如果没有博格，这个数字可能是2 500亿—3 000亿美元（大约是整个汽车行业的收入）。这些数字是由"看似无害的"费率（以百分比形式）计算得出的，并与之形成鲜明对比。费率与由此产生的美元费用之间的差异，很容易成为一个金融领域最缺乏探讨和被误解的问题。

美元管理费之所以如此重要，是因为这是资产管理公司的收入来源。这是实打实的钱。它们的增长源自两方面：一是通过新的现金流入，二是通过市场上涨。第二种形式，即市场增值资产，是它们资产和收入增长的主要来源（无论它们的表现是否更好地吸引了新客户）。自20世纪90年代初这些基金流行以来，股市规模已经翻了12倍，这使得它们的资产、收入和利润率都达到了顶峰。

## 第五章 主动管理的沉浮

> 过去，在美国投资公司协会会议和晨星会议上我做了很多次发言，每次会议我都会说："你们这些人都疯了。你们经营着世界上最赚钱的行业，净利润比计算机软件行业还高（图5.1）。而且你们没有固定成本。你们是怎么了？为什么你们能获得38%的税后净利润？你们觉得当股票停止上涨时会发生什么？你必须返还给客户一部分利润，否则你的客户就会抛弃你。现在就回馈一些吧，在你能负担得起的时候，而不要等到你会感到痛苦的时候。"人们会对我嗤之以鼻，他们不想听到这些，我知道为什么，这就是人的本性。
>
> ——杰森·茨威格

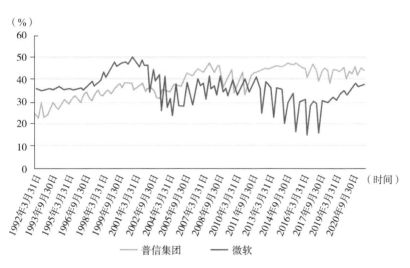

图5.1　普信集团和微软的3年平均运营利润率

数据来源：彭博。

### 博格效应

> 这种商业模式的美妙之处在于,这些费用比率往往看起来低到无关紧要。如果你问普通的投资者,他们可能会想,支付1.5%和0.5%没有什么区别,都是小数目。没有人会为此开出支票,也没有人知道自己的年度费用是多少。我认为博格做得很好的一件事是,他将每一项费用都视为投资者支付的通行费,以挖掘投资者的实际回报。
>
> ——克里斯汀·本茨

这并不是说收取1%的费用或盈利有什么问题,也不是说主动投资不好。这不是博格和指数所抓住的问题要害。毕竟,刚起步的资产管理公司必须保持盈利,并需要花钱聘用一些员工。它们的罪恶之处在于,在基金规模变得非常庞大时,还维持着1%的费用。在某一时刻,运营该基金的成本与获得的收入相比,简直微不足道。那时,手续费本可以大幅降低到0.50%甚至0.25%,而该基金收取的美元费用却可能比它刚开始收取的1%还要高。正如博格在《文化的冲突》中解释的那样:"1亿美元的基金收取1%的费用可能是合理的,但对于300亿美元的基金来说,收取0.25%的费用(每年7 500万美元)可能就过高了。"

在博格给出的例子中,费率没有提高,但美元费用变成了之前的75倍。运营300亿美元基金的成本是运营1亿美元基金成本的75倍吗?也许会多一点,但远不到75倍。把这个数字乘以数万亿美元的基金规模,你就会得出整个行业的收入。仅仅因为市场扩大就能赚取数十亿美元的额外收入,这让这个行业变得非常富有,但也很容易受到"博格效应"的影响。

博格试图提高费用收取的透明度，但基本上是徒劳的。在《文化的冲突》一书中，他说："对费率的关注要追溯到 20 世纪 20 年代，当时费率是合理的，费用适中……但在基金规模达到 300 亿美元甚至 1 000 亿美元的现代，美元费用是高昂的……我甚至无法说服最高法院的法官，实际支付的费用和费率之间的区别对评估顾问费合同至关重要。"

虽然博格无法说服最高法院，但他能够说服投资者——不是通过让他们思考自己支付的美元费用，而是通过提供一个可选择的竞争产品来形成对比，即一个廉价的指数基金与一个收费过高、表现不佳的主动型基金的对比。这种反差在很大程度上是因为主动型共同基金不与投资者分享它们的收益。主动型基金并没有注意到形势的严峻，直到为时已晚。

## 史蒂夫·乔布斯法则

身居高位的人变得过于富有和安逸，结果却被颠覆的故事，并非资产管理行业独有，这种事经常发生。资本主义可能是残酷的。已故的、伟大的史蒂夫·乔布斯有一句名言："与其被别人取代，不如自己取代自己。"

> 苹果教会了我们自我革命的道理，而金融业却很难做到这一点。苹果公司以 500 美元的价格推出了一款 iPod，内存有 10 兆字节，然后第二年苹果公司说："我们现在将以 400 美元的价格提供 30 兆字节内存。"然后是 200 美元 100 兆字节，100 美元 1 000 兆

> 字节，结果就是没人能赶上它们。你能想象一家普通的金融公司会说"我们的费率是 1.5%，但因为盈利表现不佳，现在我们只收取 0.75%"吗？这根本不会发生。
>
> ——巴里·里霍尔茨

这种不愿自我革命的行为在 21 世纪初的音乐行业中表现得非常明显。在 2015 年斯蒂芬·维特（Stephen Witt）的著作《音乐是怎么变成免费午餐的》(*How Music Got Free*)①中，以及同年的纪录片《一切终成过往：Tower 唱片的沉浮》(*All Things Must Pass:The Rise and Fall of Tower Records*)中，都显示了这一点。在音乐行业，每个人都被金钱蒙蔽了双眼，从来没有形成过规模经济。1998 年，每张 CD 的制造成本下降到不足 1 美元，但唱片的平均售价仍稳定在 16.50 美元左右。

Asylum 唱片公司联合创始人和格芬唱片公司创始人大卫·格芬（David Geffen）在上述纪录片中总结得很好："他们应该做的是降低 CD 的价格。"

除了价格昂贵，CD 还受制于"强制捆绑销售"，这意味着你必须一次性购买全部 13 首或 14 首歌曲，即使其中一半是无聊乏味的（除了几张经典专辑外，大多数专辑都是这样）。当然，业界并不想接受 MP3 或互联网，因为它们给消费者提供了更便宜、更多样性的选择。最后 CD 行业被 MP3 和互联网颠覆了。

考虑到几十年来一直受到"剥削"，消费者对唱片公司或音乐家毫

---

① 该书简体中文版已由河南大学出版社在 2020 年 1 月出版。——译者注

无忠诚或热爱之情,他们更乐意疯狂地盗版音乐。然后,当他们最终重新为音乐付费时,会花费得更少。根据国际唱片业协会(IFPI)的数据,MP3 将音乐产业的收入从 2000 年的 230 亿美元削减至 2010 年的 130 亿美元(图 5.2)。

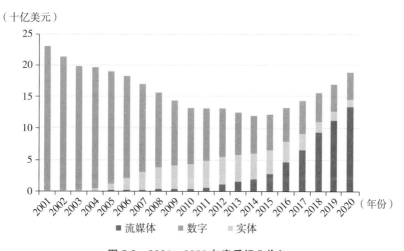

图 5.2　2001—2020 年音乐行业收入

数据来源:IFPI,彭博行业研究。

## 牛市补贴

然而,资产管理与音乐行业(或任何其他行业)有一个很大的区别。几乎每个行业都必须依靠销售来获得收入、维持生存,而在资产管理行业,就像我之前提到的,收入可以仅仅因为市场上涨而增长。我们称这种不寻常的现象为"牛市补贴"(Bull Market Subsidy),因为它真的像补贴一样,即使资产管理公司失去了客户,它们仍然可以赚更多的钱。

## 博格效应

> 资产管理行业的神奇之处在于,你可能每年会失去 7% 的客户和资产,但你的规模还是每 20 年就会翻一番。在其他哪个行业你能以这样的速度失去客户? 5 年内肯定就会破产。但是市场拯救了这个行业。你可以继续玩下去。
>
> ——吉姆·诺里斯

虽然主动型共同基金在这块蛋糕中所占的份额正在因为资金流出(这是大多数媒体所关注的)而缩小,但整个蛋糕却在不断扩大。只要蛋糕本身继续扩大,主动型基金的份额就会持续缩小。蛋糕的扩大并不是因为资产管理公司将业务拓展到了新客户,而是因为现在股票和债券的价格要高得多。资产管理公司会从中抽取一部分。如果这块蛋糕的扩大速度比份额的萎缩速度快,你就可以在失去市场份额的情况下赚更多的钱。

例如,被动型基金的市场份额从 1993 年的 2% 增加到 2020 年的 43%,这似乎意味着主动型基金的业务接近减半(图 5.3)。但事实恰恰相反,主动型基金的资产仍然从 1993 年的 1.5 万亿美元增长到 2020 年的 13.3 万亿美元。

这才是真正让人麻木的地方。想想看,2010 年主动股票共同基金拥有大约 3 万亿美元的资产。然后,在接下来的 10 年里,它们出现了 2.3 万亿美元的资金流出,但 2020 年它们的规模为 5.5 万亿美元,资产和收入都几乎是原来的两倍(图 5.4)。现在,股市每上涨 1%,主动型基金的总资产就大约增加 700 亿美元,收入增加 4.1 亿美元。

第五章 主动管理的沉浮

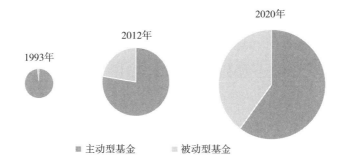

图 5.3 基金总资产中的主动型和被动型基金份额

数据来源：ICI，彭博，EconomPic。

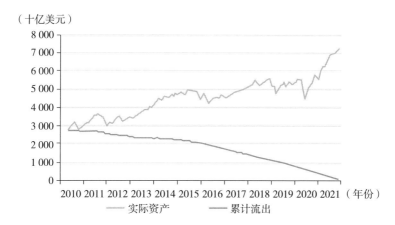

图 5.4 2010—2021 年主动股票共同基金实际资产规模和累计流出规模

数据来源：ICI，彭博。

这就是为什么长期熊市或类似于 2008 年的下跌很容易成为华尔街最大的风险，因为资产幻象将在没有任何真正客户基础的情况下崩溃；因为在过去 20 年中，大部分资产已被博格效应吞噬。简而言之，牛市补贴将变成熊市税收。这是现有基金投资者在恐慌中离开的最重要原因。情况会变得很难看，甚至会发生"血债血偿"事件。

虽然这种情况不可避免，但在很长一段时间内可能不会发生，尤其是在美联储（Federal Reserve）似乎有意支撑市场之际。主动型共同基金持有婴儿潮一代的大部分资产和退休储蓄（婴儿潮一代在政府和华尔街掌握最高权力），所以有一个论点称，美联储认为共同基金和整个股市是"太大而不能倒"的新角色。不过，在某个时候，主动型共同基金客户群的空心化将会殃及它们。

事情本不应该是这样的。这些公司甚至不需要自我革命，它们本可以与投资者分享一些额外的美元费用从而大幅降低收费标准。

> 我认为，主动型基金公司不愿意共享规模经济，这在一定程度上促成了指数基金的成功。长期以来，我一直认为主动型基金经理根本不是那么不堪，他们只是被相对于指数产品的难以支撑的成本所拖累。我确实认为这个行业本可以通过降低费用来拯救自己，而且它仍然会是一个有利可图的行业。
>
> ——克里斯汀·本茨

## 费用越低，业绩越好

分享一些规模经济不仅能建立信任、表达善意，还能产生有利于（我们在第三章中看到的）那些糟糕业绩数据的剩余效应。那些极小的"超额收益"，以及表现优于基准利率的基金，本来可以表现得更健康。多年来，通过降低客户费用建立起的信任和商誉，加上较好的业绩表现，先锋集团（以及被动型基金）的规模很可能只是今天规模的一小部分。换句话说，博格挑选了一个很好的陪衬。

这个行业怎么会错失良机呢？为什么不努力在收费方面提升竞争

力呢？主动型共同基金经理必须知道，这将有助于提高他们跑赢基准的概率。他们深知，每提高一个基点的费用，就相当于从起跑线向后再退一步。

此外，这些资产管理机构大多什么也不做，只是研究公司和行业。当然，它们也见过很多这样的例子，比如音乐或科技行业中一些公司会因为陷入混乱、成本过高和竞争失败而落后、消亡。你以为它们会吸取教训，但为什么它们不以史为鉴呢？

博格对此的解释又回到了"一仆二主"的问题。他在《品格为先》一书中写道：

如果一个基金经理热衷于最大化自己的利润——这不可避免地要以牺牲其管理的共同基金的所有者为代价——它将收取尽可能高的费用，除非市场或政府监管迫使它收取更低的费用。但如果一家公司的目标是最大化其基金持有人的利润，它就会收取尽可能低的费用，而最小化基金成本将是最重要和最明显的优先事项。

虽然我在这里可能看起来像是在贬低主动型基金经理和共同基金，但我只是不想拐弯抹角。共同基金公司里有许多善良、可敬、聪明的人。我和他们中的一些人是朋友。许多人是彭博的客户，我是他们下游的"觅食者"。但我同时也是这一领域的分析师，所以我需要了解这一巨大趋势的根本原因。

如果实话实说，我们会有不同的做法吗？如果你的费用收入会在5年内翻一番，你会用额外的收入来降低基金的费用吗？或者你会利用它来增加你的薪水，提高高管奖金，升级办公室，赞助一个体育场，扩大公司规模吗？对于我们来说，或许很难与投资者分享费用收入，特别是如果最重要的准则是保留它的话。这就是博格如此有趣和值得研究的原因。

## 做投资者的"管家"

需要明确的是,这不是一个"主动—被动"的二分法。事实上,博格并不是真的反对主动型基金。毕竟,先锋集团拥有1.3万亿美元的主动型共同基金资产,这使其成为第三大主动型基金公司(图5.5)。它可能很快就会成为第二,甚至当一切尘埃落定后,它可能会成为第一。此外,博格的儿子也是一位主动型管理者,博格非常支持他。

图 5.5 资产规模前 5 位的主动型基金公司

数据来源:彭博。

> 他说,主动管理应有一席之地,这就是他把主动型基金留在先锋集团的原因。他从来没有真正反对过我的主动管理,恰恰相反,他告诉我:"试试吧,也许你能做到。"每当我抱怨季度或年度业绩不佳时,他就会说:"你知道,这是一项艰难的业务。"但

## 第五章 主动管理的沉浮

> 他说这话并不是为了火上浇油,也不是为了说"我早就告诉过你了"这样的风凉话。他只是说:"你的事业会经历起起落落。也许你会成功,尽管可能性很小,但凭什么说我儿子不能增加价值呢?"他也从未说过主动管理不能增加价值,他只是说,一般来看主动管理很难增加价值。
>
> ——小约翰·C. 博格

对博格来说,所有这些都不是主动与被动的问题,而是一个作为受托人的角色问题。他在《品格为先》一书中把这一切总结为一个词:

管家——这个词很好地描述了先锋是什么,是谁,是做什么的。优先为股东服务,履行受托人的职责。做投资者的共同基金,取之于投资者,服务于投资者。如果你仔细思考这个概念,你很快就会意识到,一切都源于这个伟大的想法。

> 受托人重在诚信。你需要把你的客户放在第一位,你的员工要与客户站在一起,事情自然会得到解决。
>
> ——谢莉尔·加瑞特

## 先锋的主动型基金

在撰写这本书时,我发现最令人惊讶的一件事情是,博格非常自豪地谈到了先锋集团的一些主动型基金——尤其是在他的上一本书

### 博格效应

《坚持到底》中。然而,他总是迅速将它们的成功归因于保守的做法和低廉的费用,而这得益于先锋集团的共同所有权结构。同样,共同所有权结构是它们成功的来源,如果它们没有大力推广指数基金,它们的规模可能会是最大的主动型基金公司的两倍。

例如,先锋主动型基金的资产加权平均费率仅为0.20%,主动型共同基金平均费率为0.66%,是其3倍多(图5.6);对冲基金和私募股权基金平均费率为1.4%,是其7倍。

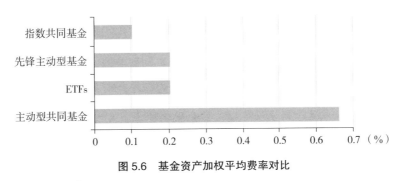

图5.6 基金资产加权平均费率对比

数据来源:彭博。

具有讽刺意味的是,博格最引以为荣的基金不是先锋500指数基金或先锋整体市场指数基金,而是主动管理的惠灵顿基金,也就是今天的先锋惠灵顿基金。他在一本书中用了整整一章来介绍它,称其为"先锋的阿尔法和欧米茄(Alpha and Omega)"。他花了更多的时间来解释这只基金的历史和表现,尽管这只基金的规模只占它们资产的一小部分。惠灵顿基金会就像他的长子一样,差点死掉,但他最终还是挽救了它。他们一起经历了很多。博格写道:

在生活中,有时我们需要后退一步才能取得最大的进步,所以我们决定把惠灵顿带回它的来路……如今,(与同行相比)惠灵顿基金拥有10个基点以上的年度优势——这完全是因为它的低成本——

以及每年整整 1 个百分点的额外回报优势。是的，成本是关键。

如今，该基金拥有约 1 200 亿美元资产，这是 20 世纪 20 年代推出的 6 只原始共同基金中最大的一只，这些基金中的大多数如今已经消亡或规模极小。这是很重要的一点。惠灵顿是这场百年赛跑中仅存的一个，这一事实也充分说明了先锋经营所能达到的水平。

令博格对主动型基金感到骄傲的另一个很好的例子是先锋 PRIMECAP 基金。该基金于 1984 年推出，费用大约是主动型基金收费平均水平的一半。它的回报几乎是标准普尔 500 指数和罗素 1000 增长指数的两倍（图 5.7）（尽管近几年由于成长型股票的表现强于大盘，它的回报有所落后）。

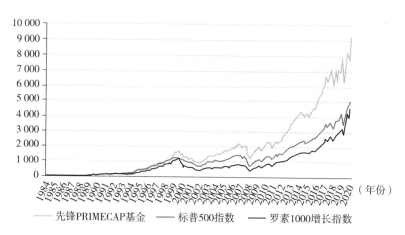

图 5.7　先锋 PRIMECAP 基金、标普 500 指数和罗素 1000 增长指数回报

数据来源：彭博。

博格再次把这归功于低成本和良好的受托人身份。正如他在《坚持到底》一书中解释的那样：

事实证明，低成本是一个优势，对该基金的成功做出了重要贡献。2017 年，先锋 PRIMECAP 基金的费率为 0.33%（1990 年为 0.75%），

### 博格效应

比同行大型成长型基金 1.33% 的费率低了整整一个百分点。当时,先锋的成本优势贡献了该基金每年 3.3 个百分点优势的 40%,存续期间该基金的年回报率为 13.8%,明显高于同行基金的 10.5%。该基金一半的成本优势源于先锋集团的运营效率和经济效益,另一半则是由于顾问费用占基金资产的比例相对较低。低成本和长期复利的魔力显而易见!

## 博格算术

当谈到先锋的主动型基金时,博格知道每一个基点的成本从何而来,并竭尽所能地削减成本,因为这将使基金有更大的成功机会。这与电影《点球成金》(Moneyball)中提到的棒球统计分析类似。其中,棒球经理之所以成功,是因为他看重传统无聊的数据,如上垒率和重击率,而不是更受欢迎的数据,如击球率和本垒打率。当大多数人沉迷于经理的学位和他们的投资公式时,博格则专注于成本和波动性——这往往是预测总回报更好的指标。如果博格是一个棒球经理,他所有的球员都会有低风险和低成本的特点。他的球队会很无聊,但会赢得很多比赛。

据先锋集团的监察机构 Advisor Investments 的杰弗里·德马索(Jeffrey DeMaso)称,在过去 10 年中,大约有一半的先锋主动型基金业绩超过了对应的先锋指数基金,约是行业平均水平的两倍。这在很大程度上证明了一点:如果其他主动型基金公司以更低的费用形式分享规模经济,它们的业绩就会比它们的基准好得多,也就不会那么容易受到冲击。

晨星公司进行的一项完全独立的研究(该研究与博格无关)发

现，佣金和超额收益率之间存在非常明显的负相关关系。研究发现，费用比率具有较好的预测能力。在它跟踪的所有类别中，过去10年成本较低的基金比成本较高的基金有更高的超额收益，即实际收益与基准收益之差。例如，在美国大型混合基金类别中，有23.4%的低成本基金业绩超过了它们的基准水平。尽管这一比例仍较低，但考虑到只有4%的高成本基金业绩能够超过其基准水平，成本对业绩的影响已十分明显。这个研究显然意味着，成本高低与基金业绩是否能超越基准之间存在相关性（表5.1）。

表5.1 不同类别和成本的主动型基金的成功率（单位：%）

| 类别 | 1年 | 3年 | 5年 | 10年 | 15年 | 20年 | 10年低成本 | 10年高成本 |
|---|---|---|---|---|---|---|---|---|
| 美国大型混合 | 44.8 | 27.4 | 26.4 | 11.0 | 9.9 | 10.3 | 23.4 | 4.0 |
| 美国大型价值 | 48.8 | 29.3 | 31.3 | 18.8 | 19.2 | 16.3 | 27.9 | 5.8 |
| 美国大型增长 | 25.6 | 42.8 | 32.1 | 11.9 | 5.1 | 8.6 | 24.7 | 5.8 |
| 美国中型混合 | 46.1 | 32.4 | 26.5 | 14.3 | 6.7 | 8.0 | 22.7 | 4.5 |
| 美国中型价值 | 43.1 | 48.8 | 39.0 | 9.7 | 27.1 | — | 13.6 | 4.5 |
| 美国中型增长 | 17.3 | 58.9 | 51.1 | 42.9 | 26.0 | 9.8 | 57.9 | 35.9 |
| 美国小型混合 | 37.6 | 34.0 | 22.7 | 13.3 | 9.2 | 12.5 | 13.9 | 11.1 |
| 美国小型价值 | 27.6 | 26.5 | 21.4 | 12.1 | 20.2 | 17.7 | 13.6 | 17.4 |
| 美国小型增长 | 40.3 | 68.8 | 56.0 | 42.9 | 29.7 | 15.5 | 42.9 | 46.5 |
| 国外大型混合 | 60.8 | 46.4 | 42.0 | 33.5 | 27.0 | 17.8 | 51.4 | 19.4 |
| 国外大型价值 | 50.5 | 39.8 | 35.5 | 32.1 | 12.0 | — | 40.9 | 23.8 |
| 国外大型增长 | 58.6 | 34.4 | 28.6 | 38.1 | — | — | 50.0 | 25.0 |
| 世界大型混合 | 49.0 | 25.9 | 24.3 | 22.2 | — | — | 22.2 | 11.1 |
| 新兴市场多样化 | 65.5 | 57.5 | 47.4 | 50.0 | 33.3 | — | 60.0 | 37.5 |

博格效应

续表

| 类别 | 1年 | 3年 | 5年 | 10年 | 15年 | 20年 | 10年低成本 | 10年高成本 |
|---|---|---|---|---|---|---|---|---|
| 欧洲股票 | 75.0 | 54.5 | 35.0 | 33.3 | 40.9 | 14.0 | 50.0 | 25.0 |
| 美国房地产 | 20.3 | 70.8 | 57.4 | 45.2 | 27.0 | 37.7 | 58.3 | 38.5 |
| 全球房地产 | 70.0 | 67.9 | 52.4 | 54.0 | — | — | 50.0 | 50.0 |
| 中期核心债券 | 84.8 | 42.9 | 52.9 | 27.8 | 16.0 | 10.6 | 46.7 | 12.9 |
| 公司债券 | 82.0 | 63.0 | 71.4 | 64.5 | — | — | — | 16.7 |
| 高收益债券 | 68.8 | 55.4 | 55.4 | 46.7 | — | — | 74.1 | 19.4 |

数据来源：晨星公司。

注：表中"国外"是相对美国而言的其他国家。

## 主动型基金的兴起

我们刚刚详细探讨了高成本的主动型共同基金（一个庞大的行业）是如何陷入困境，并可能在未来几十年内进一步萎缩。但这并不意味着主动管理本身已经行将就木，事实远非如此。先锋集团成功的主动型共同基金就是证明。其他一些低成本主动型基金的表现也不错。

但是，除了过往的低成本幸存者，在即将到来的由先锋集团主导的未来，有一些相对较新的主动管理方式正在演化和改变，以努力维持生存并继续开展业务。先锋集团日益成为投资者投资组合的中心，这迫使整个主动型基金行业适应并围绕它展开经营。对于主动管理者来说，好消息是，尽管可能性不大，但总会有一些投资者希望"做得更好"。就像蒙蒂·派森（Monty Python）的经典电影的标题一样，投资总是要寻找"圣杯"。

具有讽刺意味的是，这些新的主动型基金中有许多实际上是指数基金，尽管其设计初衷是让投资者进行主动押注。有些比其他基金更不稳定，有些比其他基金更便宜，有些甚至是由博格和先锋集团开创的。但是，尽管博格对这些新形式的基金有很大影响，但他对其中大部分基金持批评态度，包括一些先锋集团自己的基金。

## 聪明贝塔

聪明贝塔（Smart-Beta）基本上是指一个主动型基金经理采取一个策略或流程，将其转换为一个基于规则的指数，然后推出一个指数基金或ETF跟踪该指数，通常收取的费用相对较低。它也被称为"量化投资"或"策略贝塔"（Strategic Beta）。总之，它基本上是一种主动型人工智能——有点像试图把彼得·林奇的大脑放进R2-D2[①]。

一些聪明贝塔ETF试图通过跟踪股票的各种特征（如动量、低波动性和质量）或利用基本指标捕捉市场的低效性，从而获得更好的表现。它们拥有数万亿美元的总资产，其中大部分是对冲基金和共同基金，但最近它们在ETF市场上蓬勃发展起来，在过去的15年里它们的资产已经增长到超过1万亿美元。

先锋集团实际上是这类基金的先驱，早在1992年就推出了成长指数基金和价值指数基金。这两种基金基本上把大盘股分为两部分：成长型（预期将大幅增长的股票）和价值型（交易价格相对于基本面较低的股票）。这是一种简单而基本的分类方法，但在当时是一种创新，它显示了将各种设计和过滤条件应用于指数的潜力。时至今日，先锋集团的成长型基金和价值型基金仍是世界上最大的两只聪明贝塔

---

① R2-D2是《星球大战》系列电影中的机器人。——译者注

### 博格效应

基金（和 ETF），每只规模都超过 1 000 亿美元。

> 人们不会因为这一点而相信先锋，但这些价值型和成长型基金都规模巨大。我认为量化分析师会对它们嗤之以鼻，因为它们区分价值型和成长型的方法非常简单。但它们在聪明贝塔中很重要。
>
> ——本·卡尔森

博格在我们的一次采访中解释了他推出成长型基金和价值型基金的理由：

顺便说一下，你们应该知道，今天早上你们在这里会见的这位英雄创立了迄今为止历史最悠久、规模最大的聪明贝塔基金——价值指数基金和增长指数基金。我为什么要这么做呢？我认为投资者将资金投入增长指数基金会很好，这将非常有助于降低税收，因其回报更多是资本增长，而非以收入的形式实现，基金本身不应该有很多资本收益。当他们退休时，他们可以转投价值指数基金，这种基金的股息回报比例要高得多。完美！从那时到现在，它们的收益率都达到了 9%。但是，这两个基金的投资者都仅获得了 4.5% 的收益。他们一次又一次地在错误的时间投入了错误的基金。这说明了什么？

增长指数和价值指数的短期回报存在差异，但在长期内几乎没有差异（图 5.8），这是投资和基金的一个重要真理，让我想起了电影《几近成名》（*Almost Famous*）中的一幕，摇滚评论家莱斯特·邦斯（Lester Bangs）——已故的菲利普·塞默·霍夫曼（Philip Seymour Hoffman）扮演的最成功的角色之一——告诉一位年轻的音乐记者，不用担心他高中学校里那些孩子会讨厌他，因为大家都处于走向中庸的漫长旅程中，最后不会有太大的差异。

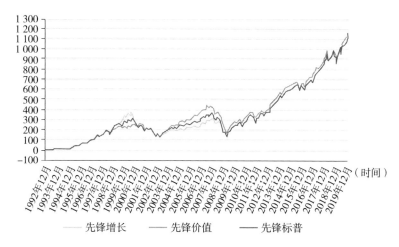

图 5.8　1992—2019 年先锋增长、先锋价值与先锋标普 500 指数

数据来源：彭博。

正因为如此，在 21 世纪 10 年代，价值指数被人讨厌，增长指数却很受欢迎。但当你读到这本书的时候，情况可能正好相反。虽然这些"机制"往往让人觉得是永久的，但它们也同样受到"均值回归"力量的影响，或者处于它们"通往中庸的漫长旅程"中。这个事实可以证明博格"只需买下整个市场，等 50 年"的观点是正确的。

有趣的是，价值指数和增长指数甚至不是博格第一次尝试量化策略。1986 年，他创立了先锋量化投资组合基金，该基金利用量化技术，只收取 0.24% 的咨询费，这在那个时代是非常低的。虽然博格最终指出了它的不足之处，但他仍旧认为自己是这方面的先驱。

> 他总是把创立或提出了价值基金和增长基金的功劳揽在自己身上，但他总在怀疑整个趋势最终会发展成什么样，以及投资者

## 博格效应

> 是否有可能通过各种方式增加他们投资组合的价值。他一直对投资者的时机把握能力持怀疑态度。
>
> ——克里斯汀·本茨

在对博格的采访中，我试图为这些新型的主动型基金寻找一些投资案例，但他会冷静地、精准地逐一回答，就像一个老练的双向飞碟射击手一样，他会说："过往不是序章。因为它在过去行之有效，所以人们认为这是正确的。但让我们假设你是对的，市场上存在一种永久的偏向，偏爱被低估的部分，比如说，人们会抬高价值股的价格，压低增长股的价格，然后被低估的部分就消失了。所以就算你是对的，最终你还是错了。"

他发现，量化策略带来的一个无法克服的问题是，与一辈子购买并持有一只极其便宜的总体市场指数基金相比，这些策略都是徒劳的。他只是不相信，尽管他尽力不去评判那些相信的人。"他们都是很好的人，"他说，"他们真的相信自己找到了圣杯。但问题是，圣杯并不存在。"

尽管博格持怀疑态度，但先锋集团是全球资产规模最大的聪明贝塔基金公司，并在定期扩大这类聪明贝塔 ETF 的阵容。最近，它又增加了一些管理更为主动、权重均等的量化 ETF，这些 ETF 提供了更集中的价值和动量敞口（这对先锋来说很不寻常）。这些产品出来后，我就在彭博发表文章进行评论，博格肯定很欣赏我们的观点，因为他在《坚持到底》一书中评论了我们的观点：

基金提供了在质量因素、动量因素、最小波动因素、价值因素、流动性因素之间的选择，而多因素基金将这些不同的考量整合到一个基金之中。我们将拭目以待，看看它们对投资者的影响如何，并仔细评估它们对先锋增长的贡献。我一直避免对它们发表公开评论，但媒体似乎已经猜到了我的感受。彭博的标题写道："多加辣酱，持有博格"（Add the Hot Sauce，Hold the Bogle）。

## 高信念主动型基金

说到辣酱，随着低成本指数基金在新的世界中占据了主导地位，并在投资组合中占据了中心位置，一个完全相反的市场正在成长：高信念、高度集中、贝比·鲁斯式（Babe Ruth-style）[①]"摇摆不定"的主动投资，或者我亲切地叫它"闪亮之星"。这些基金可以是传统的自由支配型的主动型基金，也可以是基于指数的基金，它们持有有限数量的股票，以增加它们的"上涨"潜力，尽管它们的波动性也很大。

这种风格的一个代表性例子是凯瑟琳·伍德创立的 ARK ETF，该基金在 2015—2020 年公布了一些令人瞠目结舌的业绩数据，在 ETF 界掀起了一阵风暴。这一系列以主题为导向的"创新"ETF 增长到了 500 多亿美元，考虑到 ARK ETF 正以相对昂贵的费用从一个分销渠道很少的独立发行机构出售选股能力，这似乎是一个不真实的成就。在 ETF 市场上，如果出现了这三种情况中的任何一种，你的生活都可能变成"人间地狱"。ARK ETF 具备了这三种特质，并取得了巨大的成功。此外，这一增长发生在主动型股票共同基金出现约 8 000 亿美元资金流出之际。但 ARK ETF 能够逆潮流而上，将业绩、

---

[①] 贝比·鲁斯（1895—1948 年），美国棒球运动员。——译者注

透明度和胆量结合在一起——这可能是未来选股者生存的蓝图。

伍德做出了一些大胆的预测，其中最著名的一个是在 2017 年，当时她对 CNBC 和彭博表示，特斯拉的价格将在 5 年内达到 4 000 美元。特斯拉当时的价格是 400 美元。在她做出这个预测之后的一年里，该公司的股价下跌了约 25%，但她坚持自己的立场，不顾社交媒体上越来越多的冷嘲热讽，继续买入特斯拉的股票。然后特斯拉的股价开始抛物线式上涨，并在 2021 年达到了她的目标——距离 5 年的期限还有大约 1 年的时间。换句话说，市场营销也是该蓝图的重要组成部分，因为有许多高信念的主动型基金经理正渴望获得更多资产。

因此，过去几年，新发行的 ETF 平均持股数量有所下降（图 5.9）。毫无疑问，博格并不喜欢这种高信念策略。他在书中概述了一系列"成也萧何败也萧何"的例子，包括杰纳斯 20 号基金（Janus Twenty），并描述了这些年来它们如何像流星一样一闪而过。他是通过惠灵顿收购 Ivest 基金直接了解到这些的，该基金在 20 世纪 70 年代早期扶摇直上，最终却销声匿迹。这就是为什么博格决心让先锋的所有主动策略更加保守，即使这意味着在投机时期会落后于同行。正如他在《文化的冲突》中所写的：

经验表明，追随"火热"业绩的基金投机者，由于其自作聪明的行为，已经损失了数百亿美元。逻辑和常识告诉我们，同样的模式在未来还会出现……套用经济学家赫伯特·斯坦（Herbert Stein）的话："如果一件事不能永远持续下去，它就会停止。"

伍德认为，均值回归可能不适用于她的策略。"当世界变化不快时，均值回归是有意义的，"她说，"但是，当世界不仅在迅速变化，而且技术和平台也在趋同时，传统研究部门甚至很难理解这些现实，因为它们非常孤立和专业。我认为在这个新的世界里,均值回归策略将非常困难。"

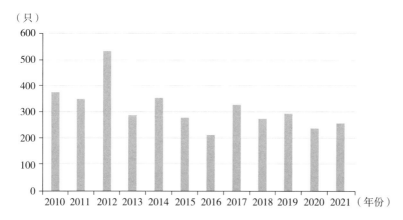

图 5.9　2010—2021 年新发 ETF 平均持股量

数据来源:彭博。

## 投资组合正在改变

无论你在这场辩论中的立场如何,这些"闪亮之星"类基金以及加密货币等新项目都可能在未来产生一定的影响力并占据一席之地。因为随着低成本指数基金取代投资组合核心中高成本、高基准的主动型共同基金,投资者自然会寻找一些非常不同的东西来添加到普通的投资组合中,以使其丰富多彩,就像在一顿本来无趣但健康的大餐中放点辣酱。只不过人们需要为辣酱多付一点钱。

这与过去几十年非常不同。在过去几十年中,你的主动型基金(保守或激进)可能是核心持有,当它表现不佳时,你会紧张起来,然后卖掉它。但现在,低成本普通风格的指数基金处于核心地位。这改变了一切。简言之,受博格效应影响是凯瑟琳·伍德如此受欢迎的原因之一。ARK ETF 不是先锋的对手，它是先锋的补充。

流量数据也显示了这一点。如今流入基金的大约 80% 的资金流入了乏味但成本极低的普通基金，而其余 20% 中的大部分流入了为流行而打造的成本相对较高的基金（图 5.10）。这就是投资组合现在的样子。有人可能会说，投入这些高收益、高风险策略的资金是一种黑客行为，目的是寻求娱乐和刺激，这样就不会去触及投资组合的核心。

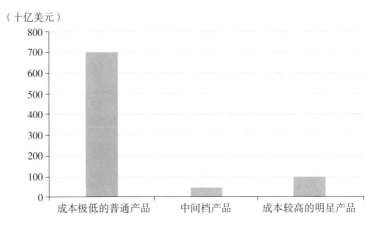

图 5.10　近 3 年流入 ETF 的资金去向

数据来源：彭博。

这种情况还将投资者投资组合的总成本保持在较低水平，同时使主动型基金经理仍能获得报酬。只要投资组合核心部分的成本非常低，投资者就会更愿意投资收费更高的基金，因为它不会过多地提高投资组合的整体成本。因此，补充性主动型基金有了更多的生存机会。但即使是这些基金，在未来 10 年也可能面临成本压力。

另外，坚持成为投资者投资组合核心的主动型基金也陷入了困境，因为它们必须在费用上与先锋和贝莱德竞争，这是一场几乎不可能取胜的战斗，正如我在本书中多次展示的那样。这就是为什么高成本、追求基准业绩的主动型共同基金目前处于无人区——很快就会被列入濒危物种名单。

> 中间地带已经被掏空了,而且会继续空洞化。从投资者人数上看,大多数投资者都投资于表现不佳、收费过高的主动型基金。这就是中间地带。
>
> ——戴夫·纳迪格

> 所谓的中间地带,不能说会崩溃,但一定会逐渐压缩。我当然不想待在那里。你们现在是怎么让自己显得与众不同呢?我觉得你们应该出来看一看。
>
> ——凯瑟琳·伍德

尽管投资者对ETF缺乏兴趣,但许多老牌共同基金公司仍试图利用自己拿手的策略推出ETF,比如富达麦哲伦ETF(Fidelity Magellan ETF)。尽管这些基金品牌响亮,营销预算资金雄厚,但它们还是没有引起投资者的兴趣。它们既不便宜也不耀眼,所以即使它们包装得不错,投资者依然不买账。

这就是为什么一些共同基金经理选择将他们的共同基金转变为ETF。最早的几次转变发生在2021年,并取得了成功。虽然将共同基金转换为ETF仍不能解决需求不足的问题,但它可能更有吸引力,因为主动型基金经理可以凭借其过往业绩、资产和一些声誉进入ETF行业。我们的团队估计,将有价值1万亿美元的主动共同基金在未来10年发生转变。

这里有一个关于资金流和中间地带的简要说明。有几家公司在不廉价或不耀眼的情况下取得了成功，因为他们采用了老派的销售和分销策略，依赖于私人关系和餐饮中介。正如一位推特用户所说，他们"用解百纳给顾问们施水刑，强迫他们吃菲力牛排"。这就是为什么我们的团队喜欢说 ETF 的成功有三个"C"：便宜（cheap）、创意（creative）和解百纳（cabernet）。如今，要想成功，你必须做到这三件事的其中之一。

## 主题 ETF

另一种主动型基金形式是主题 ETF。当然，主题投资本身并不是全新的事物，但它最近在 ETF 领域又蓬勃发展起来。在我写这本书时，主题 ETF 拥有近 2 000 亿美元的资产，比任何其他类别都多（图 5.11）。过去被视为愚蠢的事情现在变得重要了。

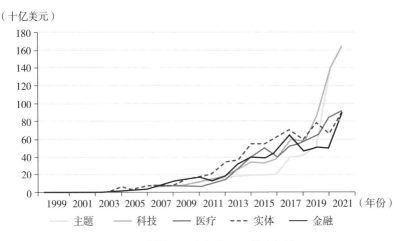

图 5.11 主题 ETF 和行业 ETF 资产规模

数据来源：彭博。

其原因可以追溯到投资组合是如何变得像杠铃的。这些 ETF 横跨不同行业，通常比较集中，由小盘股和一些国际股票组成，它们与流行指数几乎没有重叠。因此，它们可以作为廉价被动核心的补充。它们还升级和重新规划了略显陈旧的行业分组（科技、医疗等）。特斯拉仅仅是一家汽车公司吗？亚马逊只是一家零售商吗？现在什么不涉及科技？主题 ETF 将忽略这些长期存在的行业，并将可能跨越多个行业的股票分组，如创新、网络安全、基础设施、区块链等。

> 比如，当我看一个基因组 ETF 时，它也会有很多涉及传统行业的东西。问题是，我们如何对公司进行分类？按主题似乎说得通，但按行业不行。
>
> ——戴夫·纳迪格

这些年来，虽然也出现过一些古怪的主题，比如威士忌、渔业和职业体育赞助商，但这些主题一闪即逝，较为合理的主题则能生存下来。

我们甚至不需要猜测博格对主题的看法。说"没有人喜欢"他都觉得保守。多年来，他把主题 ETF 称为"水果蛋糕""疯子"和"极端分子"。但是，博格再一次抛弃了他所开拓的领域，他在 20 世纪 80 年代推出了一系列主题基金，尽管他对这些基金从来都不满意。他在《坚持到底》一书中写道：

我很担心无法与我们的主要竞争对手富达竞争，富达在大肆宣传 8 只行业基金，包括国防与航空航天、休闲娱乐和科技。我决定迎接挑战，所以我们成立了先锋专业投资组合。我早该明白的……我突然意识到，在我漫长的职业生涯中，我所犯的大多数错误都是在我戴上营销帽子的时候出现的。

虽然博格旗下的大多数主题基金已经不存在了，但先锋医疗保健基金（VGHCX）还在，而且它是有史以来表现最好的共同基金之一，连博格也承认这一点。但这不是他的风格，他总觉得不太对劲。他认为它不可能长期获胜。

在一次对博格的采访中，我试图为主题ETF和行业ETF辩护，提出了假设的场景和情况，甚至试图引起他对成本的担忧。"假设你是一位经验丰富的投资者，甚至是一位顾问，你的广泛敞口已经被覆盖了，"我提示道，"与其选择主动型基金经理，不如使用聪明贝塔ETF，或者进入半导体等你有想法或感兴趣的利基领域。这比支付1%的费用给主动型经理要好，不是吗？"

博格回答说："（用一篮子股票）投机市场要比投机个股好。好吗？我承认。这是我的第一个观点。但我的第二个观点是，投机者都是傻瓜。我讲清楚了吗？我是说，你赢不了的。每一种猜测都有相反的一面。"

虽然先锋近期没有再推出任何主题ETF，但它的影响力仍然存在，因为其他机构通过降低热门产品的成本，在某些主题类别上实现了"先锋化"。其中一个例子是，贝莱德以0.47%的价格推出了一款机器人ETF，费用几乎是市场上最受欢迎产品的一半。首个5G主题ETF——Defiance 5G Next Gen Connectivity（FIVG）以0.30%的费用上市，这对于新主题的先行者来说是一个非常低的费用。这或许是在ETF上喷洒"贝莱德驱虫剂"的一种方式，以阻止所有在其规模做大后削弱它的想法。FIVG目前拥有超过10亿美元的资产。同样，博格效应几乎无处不在。

## ESG ETF

ESG 是主动型投资自我重塑的另一种方式。虽然大多数人不认为 ESG 本身是主动管理,但它绝对是主动的,因为它偏离了市场贝塔和流行基准。就在我写作本书的时候,ESG 基金的规模已经超过了 1 000 亿美元,有人估计这个数字在未来 10 年将增长到数万亿美元。

衡量 E（环境）的指标包括一个公司的废弃物管理、原材料利用和可再生能源的使用。衡量 S（社会）的指标包括多样性、社区关系和安全性。衡量 G（治理）的指标包括董事会的多样性和独立性,以及透明度和问责制。这些基金也可以有其他名称,如社会责任投资（Socially Responsible Investing,SRI）或影响投资。它们的组合方式各不相同,从排除"坏"股票（石油和枪支）到追逐"好"股票（进步型公司）。

尽管许多人对 ESG 在未来投资组合中的作用非常乐观,但他们也认为其将面临一些严重障碍。首先,因 ESG 将一个人的投资与其价值观联系起来,从而被标榜为"拯救世界",这实际上只是一种积极主动的战略。许多人不愿意用 ESG 来取代他们低成本的贝塔 ETF 或指数基金；或者他们会采用 ESG,但在经历了一段表现不佳的时期后后悔不迭。其次,ESG 试图使客观的东西主观化、个人化。你可能并不反对枪支和酒精,但你的 ESG ETF 并非如此；或者你可能认为 Meta 是魔鬼,但你的 ESG ETF 不这么认为。你可以任意浏览几个 ESG ETF,我保证你会惊讶于它们里面包含和不包含的东西。最后,许多被排除在外的股票,如石油公司、亚马逊和网飞,ESG 投资者很可能是它们忠实的客户。但你在为一家公司的利润做贡献却不投资它,这似乎说不通。这些棘手的问题将继续出现,并挑战 ESG 天花乱坠的宣传。

博格在很大程度上是支持 ESG 的,尽管只是在精神和概念层面,而不是在投资层面。虽然他认为应该根据 ESG 指标对企业进行更严谨的评判,但他也认识到正确衡量它们的难度,因为使用通用的数据有时会"把婴儿和洗澡水一起倒掉",反之亦然。在 2016 年接受《彭博市场》采访时,他说:

我非常支持 ESG。我认为公司应该对这些问题更加敏感,但我不知道如何准确地衡量它们。你会怎么看待一个有良好社会价值观但环境价值观很差的公司?如何看待伯克希尔哈撒韦公司的治理模式?所以,对于复杂的问题没有简单的答案。因此,虽然我喜欢 ESG 的概念,但它仍然很模糊。如果没有经营一家企业,你将不会为任何人带来好处——这不能以牺牲企业经营为代价。

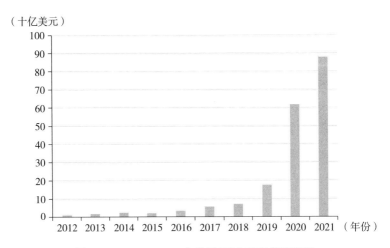

图 5.12　2012—2021 年美国 ESG ETF 资产规模

数据来源:彭博资讯。

# 第五章 主动管理的沉浮

## 挑选 ETF

你一定听说过选股。现在一种新的主动管理形式是挑选 ETF，或者试图通过对被动 ETF 的主动交易来产生阿尔法收益。这是博格效应的一个具有讽刺意味的副产品。

这些 ETF 挑选者的官方名称是"ETF 策略师"。他们就像使用 ETF 作为原料的主厨，也会在工具箱中进行深入研究。他们就像主动的投资者，其思维方式更像经济学家，而不是股票分析师。他们更关心经济指标、利率、通胀和地缘政治，而不是单个公司的基本面。

他们专注于 ETF 模型投资组合。晨星公司的数据显示，可供选择的投资组合有上千种，资产规模在 3 000 亿美元左右。这曾经是小公司的领域，但这一趋势被大公司（如先锋、嘉信理财、贝莱德）所利用，它们往往收费低得多——尽管大公司通常会推出不那么具备策略性的、更普通的模型，而规模较小的参与者可能会更加主动。例如，Astoria Portfolio Advisors 有一个通胀敏感型投资组合，其中包含了各种不同的 ETF，旨在从通胀环境中获取最大收益（表 5.2）。

一方面，博格讨厌 ETF 的所有交易，也不喜欢这些模型；另一方面，有些模型使用的是普通的 ETF，交易量不大。事实上，先锋集团有一个 ETF 投资组合模型，可以卖给投资顾问。一些顾问会自己选择 ETF，这反映出了一个更大的问题，所有被动型基金都倾向于被主动使用，至少在某种程度上是这样。

这就是为什么有人认为，顾问是金融世界新的主动管理者。随着他们用指数基金和 ETF 取代了客户的主动型共同基金，他们现在实际控制着投资组合的结果。他们决定着购买何种 ETF 以及给予 ETF

多少权重，这对客户来说是最重要、最具影响力的"主动"决定。正如迈克尔·基茨所言，他们"消除了主动型共同基金经理的中介作用"。我们将在本书的后面章节对他们进行详细探讨，他们正开始面临与被他们"脱媒"的主动型共同基金类似的费用压力。

表 5.2　2021 年某通胀敏感型投资组合

| 代码 | 名称 | 权重（%） |
| --- | --- | --- |
| XLI | 工业精选部门 SPDR 基金 | 14 |
| XLB | 材料精选部门 SPDR 基金 | 12 |
| ITB | iShares 美国住宅建设 ETF | 12 |
| VTIP | 先锋短期通胀保值证券 ETF | 10 |
| KBWB | 景顺 KBW 银行 ETF | 10 |
| MOO | VanEck Vectors 农业业务 ETF | 9 |
| GLDM | SPDR 黄金 MiniShares 信托 | 8 |
| GDX | VanEck Vectors 黄金矿业 ETF | 6 |
| SLV | iShares 白银信托 | 5 |
| PICK | iShares MSCI 全球材料和矿业生产 ETF | 4 |
| COPX | 全球 X 铜矿 ETF | 4 |
| XLE | 能源精选 SPDR 基金 | 3 |
| XME | SPDR 标普金属和矿业 ETF | 3 |

数据来源：Astoria Portfolio Advisors。

## 直接指数化

主动型基金提供者在一个被动的世界里寻求转卖主动型基金的另一种方式是直接指数化（DI），或自定义指数化。你可以创建自己的指数基金或 ETF，不过需要进行定制调整。

直接指数化的一大卖点是可以减轻税务负担。这个想法是，拥

## 第五章 主动管理的沉浮

有 100 只或 500 只股票而不是一只 ETF 或指数基金,它创造了更多的收割损失的机会,用来抵消你的收益,以最大限度地减少你的税金。即使是在 SPDR 标普 500 ETF 上涨的年份(这意味着没有损失收割),其中的许多股票也可能会在年内下跌[①]。直接指数化的支持者估计,"税收阿尔法"的值每年为 1%—2%,但这个数字不确定,而且可能会在长期内有所下降。

另一个卖点是定制化。还记得我刚才提到的为 ESG 投资建立指数时的主观性问题吗?直接指数化试图解决这个问题,让投资者从指数中选出他们不想要的股票。这是有道理的,但现在你是一名主动型经理,至少在一定程度上是这样,在书中我用了很多篇幅来阐述,为什么就连专业的主动型经理也很难跑赢指数。

> 当我听到"定制"这个词时,我知道这就意味着主动。因此,我们实际上是在倒转时钟,宣布我们将为投资者提供主动管理的独立账户。这与我们在过去 10 年中看到的所有趋势都相反。目前的趋势是简单、低成本、基于指数的投资。直接指数化与这种趋势背道而驰。我也没有看到任何证据表明这就是投资者想要的,或者它能提供更好的投资结果。一旦让人们调整指数,那就变成了主动管理。不仅如此,我们甚至不知道成本和利差是多少。城堡投资(Citadel)接收罗宾汉(Robinhood)的订单是有原因的[②]。
>
> ——内特·格拉西

---

① 股票下跌意味着有资本损失,可以抵税。——译者注
② 罗宾汉是美国的互联网券商,城堡投资是华尔街著名的量化对冲基金。——译者注

直接指数化并非一个真正的新概念。机构经常这样做，只是它们被称为独立管理账户（SMAs）。随着技术革新和自由股票交易的出现，SMAs 变得大众化，并向更多投资者开放，直接指数化只是 SMAs 的一个新的营销术语。

> 这是一个聪明的术语。我认为税务管理对某些客户来说是有价值的。实际上，甚至在收购直接指数化公司 Aperio 之前，我们就已经是世界上最大的直接指数提供商，因为我们在独立管理账户中运营了数千个指数，其中许多是定制形式，我们会根据客户的需求为他们筛选股票，我们已经这样做了几十年。
>
> ——萨利姆·拉姆吉

直接指数化可能越来越受欢迎的原因之一是，一些最大的被动投资者，如先锋、贝莱德和嘉信理财，现在都有了直接指数化解决方案。我们已经看到了 ETF 的增长，所以直接指数化的增长也是很自然的。

> 我认为它会迅速增长。我们将研发一款软件，用户只需点击一个按钮就可以拥有标准普尔 500 指数中的所有股票。对直接指数化持反对意见的人认为，它持有太多的股票，太耗时，太难跟踪，会有太多的税务报告，等等。但这些都是科技自动化的东西，计算机技术再发展 5 到 10 年，这个问题就会迎刃而解。
>
> ——迈克尔·基茨

尽管如此，正如一些人所说，直接指数化不太可能扼杀 ETF 甚至共同基金。它面临的主要挑战是成本更高（直接指数化的成本通常为 25—40 个基点）、更复杂和更主动。这使得它试图逆转大众趋向廉价、简单和被动的局势。

> 我认为直接指数化永远不会超过 ETF。首先，直接指数化不是指数，而是主动管理。你可以说："我不想要这个，不想要那个。"如果你真的关心税收损失收割，你可以用 ETF 进行税收损失收割。在我看来，认为直接指数化将统治世界、规模将超过 ETF 的想法完全是无稽之谈。
>
> ——德博拉·富尔

> 有超过 1 亿人选择了我们的指数产品。并不是所有人都需要定制，对许多人来说，生活已经太复杂了。
>
> ——萨利姆·拉姆吉

## 债券基金

博格开创的另一种投资产品是债券基金，至少到目前为止，债券基金在很大程度上避免了主动型基金的资金外流。虽然它们并没有像被动型基金那样吸收资金，但也取得了不错的成绩。例如，在 2013 年至 2021 年，主动型固定收益共同基金获得了约 7 000 亿美元的资金流入，而选择股票的同类基金则出现了 1.7 万亿美元的资金流出。主动型固定收益 ETF 甚至一直在稳步推出。总体来看，投资顾问更倾

## 博格效应

向于把钱交给债券经理,而不是选股人。这是为什么呢?

第一,债券市场的规模要大得多,也更透明。据估计,美国有200万只债券,而股票只有约3 800只。此外,债券有到期日,时间因素会使数学计算变得复杂,使它看起来更像国际象棋而不是跳棋。这就是为什么利率和美联储的现行政策与未来政策预期如此重要,吸引了如此多金融媒体的关注。如果利率上升,你持有的所有债券的价值都将下降,因为它们的收益率更低,反之亦然。

第二,与选股者相比,债券经理更容易超越基准。股票基准往往以市值为权重,而债券基准往往以未偿债务为权重。主动型债券经理最常用的追踪基准是彭博综合债券指数(Bloomberg Aggregate Bond Index),该指数由约70%的政府债券和30%的公司债券组成,不持有任何高收益债券或国际债券(许多主动型基金会持有这些债券)。

> 普通投资者认为,在股票市场方面,他们可以通过个股或选择分散化的指数策略做出明智的决策,但许多投资者在债券方面自信程度并不高。他们不了解利率敏感性和信用风险,更愿意把业务外包出去,并聘请一位主动型经理来为他们做债券选择和宏观分析。业绩也起了一定作用。美国债券综合指数(AGG)的表现被通过承担信用和利率风险获益的主动型基金经理击败了。在固定收益市场中,没有任何指数能与股票市场中的标普500指数或罗素2000指数相提并论。
>
> ——托德·罗森布鲁斯

尽管进行债券分析可能需要更多的数学技能,但之所以有如此高

第五章 主动管理的沉浮

的回报率，在很大程度上只是因为投资组合经理投资了垃圾债券或国际债券，并承担了更高的信用风险。我们称之为"收益兴奋剂"，虽然它有助于提高表现，但如果出现抛售，也会带来麻烦。在这些抛售中，许多主动债券型共同基金的表现往往逊于其更为保守的基准，并出现资金外流（图5.13）。

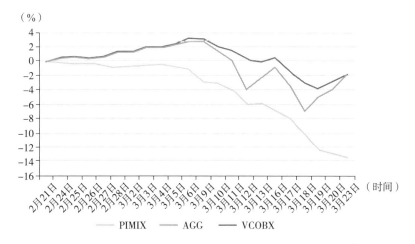

图 5.13　PIMIX、AGG 和 VCOBX 在 2020 年 3 月抛售中的表现
数据来源：彭博。

"收益兴奋剂"是长期抛售可能导致投资者逃离主动债券的原因所在，这与主动型股票基金类似。此外，如果投资者开始使用更准确的基准来判断债券基金，也可能褪去它们的神秘性，导致资金外流。例如，对于许多债券基金来说，彭博美国通用指数（Bloomberg U.S. Universal Index）可以说是一个更好的基准，因为它包含了一些高收益债券和国际债券。当你把"AGG"基金换成"Universal"基金时，这些主动债券基金的跑赢率会减半，而更接近选股者的跑赢率。

**博格效应**

因此，尽管主动投资无论如何都不会消亡，但博格效应已经对它造成了严重冲击并迫使它适应新的环境——要么变得更便宜，要么变得更有创意。而这种主动投资的演变和费用削减大多发生在ETF领域——这是博格不太喜欢的一个话题，我们接下来将对其进行深入探讨。

第六章

# 博格和 ETF：太复杂了！

"ETF 只是共同基金的另一种形式，一种劣变的形式，我找不到更好的词来形容它。"

ETF 吸收了博格的指数共同基金理念，并能够进行日内交易。它们很受欢迎，每天吸收数十亿美元资金，仅在美国就拥有大约 7 万亿美元的资产。投资者可以以相对较低的费用获得自己想要的多样化的敞口，而且免税，在交易所交易，就像股票一样。

ETF 可以追踪一切——股票、债券、国际市场、大宗商品、期货、数字资产、主动策略、现金、打包交易，应有尽有。虽然大部分资产是普通的风险敞口，但也有一些奇异的产品。ETF 的创新性和试验性都高得离谱，无论好坏，这使它们成为投资界的硅谷。

表 6.1 资产规模居前 15 位的 ETF（数据截至 2021 年 10 月 31 日）

| 名称 | 代码 | 总资产（百万美元） | 费用比率（%） | 平均买卖价差（%） |
| --- | --- | --- | --- | --- |
| SPDR 标普 500 ETF 信托 | SPY US | 409 796 | +0.09 | +0.00 |
| iShares 核心标普 500 ETF | IVV US | 304 415 | +0.03 | +0.00 |

博格效应

续表

| 名称 | 代码 | 总资产（百万美元） | 费用比率（%） | 平均买卖价差（%） |
|---|---|---|---|---|
| 先锋整体股票市场 ETF | VTI US | 280 029 | +0.03 | +0.01 |
| 先锋标普 500 ETF | VOO US | 262 976 | +0.03 | +0.00 |
| Invesco QQQ 信托系列 1 | QQQ US | 194 549 | +0.20 | +0.00 |
| 先锋 FTSE 发达市场 ETF | VEA US | 106 229 | +0.05 | +0.02 |
| iShares 核心 MSCI EAFE ETF | IEFA US | 102 544 | +0.07 | +0.01 |
| iShares 核心美国综合债券 ETF | AGG US | 88 414 | +0.04 | +0.01 |
| 先锋价值 ETF | VTV US | 88 176.2 | +0.04 | +0.01 |
| 先锋增长 ETF | VUG US | 86 632.2 | +0.04 | +0.01 |
| 先锋整体债券市场 ETF | BND US | 82 130.7 | +0.04 | +0.01 |
| 先锋 FTSE 新兴市场 ETF | VWO US | 82 054.7 | +0.10 | +0.02 |
| iShares 核心 MSCI 新兴市场 ETF | IEMG US | 81 092.7 | +0.11 | 0.02 |
| iShares 罗素 1000 增长 ETF | IWF US | 75 699.1 | +0.19 | +0.01 |
| iShares 核心标普小盘 ETF | IJR US | 71 493.6 | +0.06 | +0.01 |

数据来源：彭博。

虽然 ETF 在 20 世纪 90 年代就已经推出，但直到 2008 年全球金融危机之后，它们才真正成为主流。正如 1987 年的崩盘推动了指数基金的发展，2008 年的崩盘开启了 ETF 的快速发展。在那个流动性时有不足的混乱时期，交易员们喜欢 ETF 提供流动性的方式。与此同时，长期投资者再次感到失望，因为他们的主动型共同基金基本上没有表现出比市场更好的业绩，因此许多人开始转向 ETF。自那以后，ETF 资产每隔几年就会增长 1 万亿美元（图 6.1）。

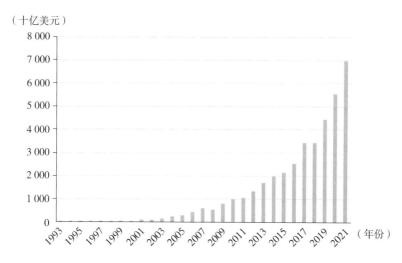

图 6.1 1993—2021 年美国 ETF 资产规模

数据来源：彭博。

## 博格在 ETF 发展中的作用

如今，ETF 的资产规模比指数共同基金的资产规模还要大（图 6.2），而且相同规模增长所用的时间大约是指数共同基金的一半。鉴于博格的开创性工作使指数和低成本基金在 ETF 出现之前的几十年就流行起来，可以公平地说，它们是站在巨人的肩膀上成长起来的。博格对 ETF 的贡献被严重低估了。实际上，ETF 的首创者内特·莫斯特（Nate Most）在 20 世纪 90 年代初见过博格，想看看他关于全天交易基金的想法是否可以以先锋 500 共同基金为基础。博格拒绝了，因为他极度憎恨这种让人交易他珍视的传统指数基金的想法。但他和莫斯特关系很好，并就产品设计提出了一些建设性的意见。

博格效应

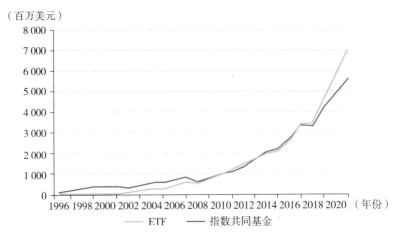

图 6.2　1996—2020 年 ETF 和指数共同基金的资产规模
数据来源：彭博，ICI。

博格在一次采访中回忆道："在我经营先锋的时候，内特·莫斯特有一天走进了我的办公室。好家伙！他想和我合作，想把我们的标准普尔 500 指数基金应用于他的 ETF。我告诉他他的想法有三个缺陷，它们是……而且，就算没有缺陷，我也不感兴趣。全天进行实时交易的想法对我来说简直就是诅咒。"

"所以我们好聚好散了。后来他在纽约下了火车，修正了那三个缺陷，然后把它卖给了道富。猜猜我对这个决定有多后悔！猜猜我做这个决定之前和多少人商量过！没有！"

博格的影响甚至更深远，因为莫斯特决定将 SPY 的费用比率设定为 0.20%，与先锋 500 指数基金相同。大多数人希望它能与博格所认为的行业基准——先锋 500 指数基金在一个起跑线上竞争。低成本对于最初为交易员和机构设计的 ETF 扩展到顾问和零售领域是至关重要的，现在大约 85% 的资产来自这些领域。如果莫斯特为 SPY 定价 0.90%（当时主动共同基金的通用费率），ETF 很可能仍处于投资世界的边缘。

## 普迪猎枪

尽管对ETF产生了积极影响，但博格也曾以他丰富多彩的博格式风格多次点评过ETF，比如说"ETF就像给纵火犯递火柴"，他还断言ETF是"21世纪最伟大的营销创新"。他曾经把ETF比作普迪猎枪（Purdey Shotgun），因为普迪猎枪"非常适合在非洲狩猎大型动物，也是一种极好的自杀式武器"。他建议，ETF应附带警告标签，如"小心轻放"或"注意：正在追逐业绩[①]"。他甚至在自己的一本书中将其中一章命名为"ETF入侵"。

然而，我们今天看到的是，先锋集团成为第二大ETF发行者（图6.3），并有望在5—10年内成为最大的ETF发行者。ETF是先锋集团内部增长最快的板块。大约在博格从先锋董事会退休的5年后、博格拒绝内特·莫斯特的提议10年后，先锋在2001年推出了ETF。这是博格和先锋集团之间发生摩擦的一个重要原因，我们将在后文进一步探讨。

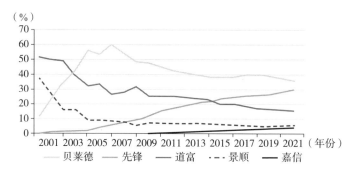

图6.3　ETF发行者在资产市场中的比例

数据来源：彭博。

---

① 在投资领域，投资人失败的原因之一是过度追逐业绩。——译者注

我想，对博格来说，看到 ETF 的爆炸式增长，就像一位父亲看到长女嫁给了衣衫褴褛的坏男孩。这不是他想要的，但这不是他能左右的，现在他不得不和 ETF 打交道。

## 保护指数基金

为什么先锋集团不顾博格的担忧推出 ETF？其背后的主要推动者是当时的首席投资官格斯·索特，据认识他们的人说，博格"像爱儿子一样爱他"，索特也很尊敬博格。但索特认为，推出 ETF 是一个好主意。

"我很担心，"索特在一次采访中解释道，"如果我们遭遇像 1987 年那样崩盘式的抛售该怎么办？我们总会遇到这种情况。于是我开始想，如果我们开发另一种人们可以交易的股票呢？那些从一开始就不着眼于长期投资的人会转移到这些股票上来。他们可以在一天中的任何时间出售这些股票，而基金的其他部分不受影响。在我向当时的首席执行官杰克·布伦南（Jack Brennan）提出这个建议之前，我考虑了 9 个月，因为我想确保自己把所有事情都考虑清楚。我最终意识到，它会从很多方面帮助我们的基金。它有助于提高韧性，还能解决投机资金试图进入基金的问题。如果是投机资金，它会通过 ETF 渠道，对基金则没有负面影响。所以这对我们来说是一个双赢的局面。"

索特的坦白让我有点震惊。我一直听说先锋集团推出 ETF 是作为一种增长渠道，旨在通过经纪平台增加对顾问的分销。这似乎也是博格的解释。

"我能理解他们为什么要这么做，"他说，"一些董事公开表示，我们必须这么做才能进入经纪市场，让别人再分发我们的东西。但我们最初的设想是创造一个更好的'捕鼠器'，然后世界就会向你敞开

## 第六章 博格和ETF：太复杂了！

大门。突然之间，我们就去抓老鼠了。所以，它并没有打动我。"

实际上，博格知道先锋集团推出ETF的计划还是度假期间在报纸上读到的。不用说，他一点也不激动。

"我们不想让公众知道"，索特回忆道，"所以先锋集团对此事非常保密。杰克每年8月都会去普莱西德湖（Lake Placid）度假，消息就是在那个月泄露出去的，所以杰克是通过阅读《华尔街日报》才知道的。当他回来的时候，他在二楼餐厅附近看到了我，我正在楼梯底下。门厅里大概有30个人，他喊道：'格斯，这到底是怎么回事？！'我说：'杰克，很高兴见到你。'那真不是愉快的一天。"

虽然推出ETF最终确实为分销带来了奇迹，但此举也实现了索特最初的目标——保护指数基金投资者不受短线交易者的影响，同时帮助最小化资本利得的耗散。先锋整体股市指数基金现任投资组合经理杰拉尔德·奥莱利（Gerald O'Reilly）在彭博的 *Trillions* 播客上谈到了该公司对ETF的运用：

我们有时会接到希望给先锋集团投资的机构的电话，他们会预先告诉我们："嘿，我们刚刚解雇了一位经理，我们只想要股权投资。"在共同基金中，如果我们知道资金会在一个月或三个星期后撤出，我们就不愿意接受这笔资金。但显然，如果你有ETF，他们自己就会支付投入和撤出的费用。

博格在管理先锋集团时，经常思考的一个问题是，在市场低迷时期，先锋如何为投资者的撤出做好准备。最终，ETF也解决了他拒收短期资金的问题。现在，短期资金有了去处。在共同基金中，现有投资者必须为其他人的交易活动付费；但在ETF中，由于它是在交易所买卖，交易成本和任何税收后果都由交易者本人承担。换句话说，ETF使成本外部化（externalize）。人们喜欢这种特质，为什么不呢？

179

人们为自己的行为而不是别人的行为支付费用，这样更公平。

## 所有人的先锋

但是，即使保护指数共同基金是其主要动机，先锋集团的分销策略也掩盖了这一点，因为这让经纪人、顾问和散户投资者能够轻松地使用先锋集团低成本的被动策略。传统上，先锋是被动地等着投资者来投资，而现在，先锋可以主动来找你。这其中的改变是巨大的。

> ETF 必须获得至少 50% 的信用，才能利用指数化。它们使许多普通人和经纪人都可以利用指数化。
> 
> ——里克·费里

> 先锋推出的 ETF 为市场提供了另一种理性的、保护投资者的声音，市场在出售正确的东西，因此我对此表示赞赏。现在，杰克仍然非常反对 ETF，但他更倾向于认为 ETF 会被滥用，而不是其本身有问题。这只是警惕地保护投资者的一个方面。
> 
> ——李·克兰尼弗斯

可以肯定的是，ETF 确实增加了先锋集团的分销，尽管这不是一夜之间发生的，因为它们仍然面临着一些同样的问题，即不向华尔街经纪交易商支付分销费用。

"早些时候，我就和我们的销售人员一起与一些主要的有线电视公司（提供全方位服务的经纪交易商）进行了探讨，"格斯·索特在

*Bogleheads* 播客上说,"其中一家最大的有线电视公司很兴奋:'你是说我们可以购买先锋基金吗?'因为他们的客户一直想投资先锋基金,而他们并没有提供。"

"我说:'是的,你现在完全可以以这种形式购买先锋基金,我们很高兴你这么做。'"

"他们说:'太好了,你打算怎么付我们钱?'"

"我说:'我们不会付钱给你。你必须和你的客户一起解决这个问题。我们不会向你付钱,但你现在确实可以按你想要的方式获得这些基金。'"

不过,由于顾问的需求,先锋集团最终还是进入了大多数顾问平台,这些顾问正在经历向基于费用的模式转变,正在寻找非常便宜的敞口。先锋还进入了零售经纪平台,最终可以免交易佣金。到今天,ETF 占了先锋资金流的很大一部分(图 6.4),是许多希望为客户创建低成本投资组合的顾问的首选指数工具。

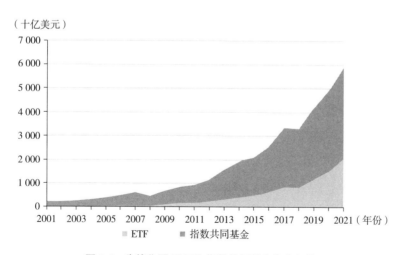

图 6.4 先锋集团 ETF 和指数共同基金资产规模

数据来源:彭博,先锋集团。

## 税收优势

相较于指数共同基金，顾问们尤其喜欢ETF的一个主要原因是它们的税收优势。ETF能够使顾问们在很大程度上避免触发任何资本收益分配。内特·莫斯特和他的团队创建ETF时，这只是一个令人愉快的意外，但这变成了ETF最大的优势之一。

例如，根据晨星和道富银行的数据，2020年大约一半的共同基金分配了资本收益，而只有5%的ETF这样做（表6.2）。这对于管理应税账户客户的顾问来说很方便。所有拥有大客户的顾问都会告诉你，他们中大多数人对纳税的厌恶甚于对正回报的热爱。正如一位顾问告诉我的："帮助他们减少纳税，他们就会成为我们的终身客户。"

表6.2 2020年ETF收益报告

| 晨星美国ETF分类 | ETF数量（只） | 分配资本收益的ETF数量（只） | 分配资本收益的ETF占比（%） | 收益大于资产净值1%的ETF数量（只） | 收益大于资产净值1%的ETF占比（%） |
|---|---|---|---|---|---|
| 美国股票 | 302 | 4 | 1.3 | 0 | 0 |
| 部门股票 | 277 | 3 | 1.1 | 1 | 0.4 |
| 国际股票 | 317 | 5 | 1.6 | 2 | 0.6 |
| 资产配置 | 29 | 2 | 6.9 | 1 | 3.4 |
| 征税债券 | 252 | 52 | 20.6 | 7 | 2.8 |
| 市政债券 | 48 | 4 | 8.3 | 0 | 0.0 |
| 大宗商品 | 22 | 0 | 0.0 | 0 | 0.0 |
| 其他 | 145 | 0 | 0.0 | 0 | 0.0 |
| 合计 | 1 392 | 70 | 5.0 | 11 | 0.8 |

数据来源：晨星公司。

不过需要说明的是，ETF 并没有避税，它只是让你推迟了缴税时间。只有当你卖出 ETF 时才缴税，共同基金则不是这样，当别人撤出基金时你也会被征税，因为基金投资组合经理会出售一些资产变现，这通常会引发资本收益分配。这意味着，共同基金的投资者会受到那些撤出的投资者影响。这就是为什么在我看来，ETF 本身并不存在漏洞，而是对投资者征税的一种更公平的方式。

就连博格也在我们的一次采访中承认了 ETF 的这种税收优势——尽管还是像往常一样提出了警告。他表示："我们的指数基金已经有 20 年甚至 30 年没有支付过资本收益了。因此，它们具有很高的税收效率。如果你持有 ETF，可以想象它们的税收效率会更高。但你不是持有它们，而是交易它们。如果幸运的话，所有这些交易都会创造资本收益。"

先锋集团在利用这一税收效率方面拥有独特的地位。它有一个特殊的专利，即它的 ETF 是更大的共同基金的一个股票类别。因此，共同基金实际上可以使用 ETF 来提高税收效率。

> 在先锋集团，共同基金给 ETF 带来了规模经济——尤其是在最初，共同基金的资产基础远远大于 ETF，如果没有共同基金作为支撑，ETF 就不可能发展到现在这种程度。ETF 为共同基金带来了什么？带来了税收效率。所以我认为它们是互补的。
>
> ——伊丽莎白·卡什纳

虽然博格并不喜欢 ETF，但他敏锐地意识到了税收会侵蚀收益。博格经常利用指数基金的低交易频率及其相对的税收效率来强化他反对主动型基金的理由。他在《投资常识》一书中写道：

博格效应

主动管理型股票基金的平均税后回报率为 6.6%，而指数型基金的税后回报率为 8.6%。从复利来看，1991 年 1 万美元的主动型基金初始投资带来了 39 700 美元的税后利润，不到指数基金税后利润（68 300 美元）的 60%。

## 接受分歧

尽管 ETF 有助于将博格的低成本被动哲学带给大众，并保护指数基金不受短期交易和资本收益分配的影响，但博格就是无法接受它们。他持续对 ETF 发出警告，而他的一些最亲密的朋友和同事都支持 ETF。

> 你必须记住，ETF 不对他的胃口。它不是博格提出来的。多年来，我一直在为 ETF 辩护，解释高税收效率和降低成本的好处。ETF 是一种更好的结构。
>
> ——吉姆·温特

所有这些好处都被博格提出的关于 ETF 的两个主要问题所抵消：交易和营销。让我们来解构一下这两个问题。

### 问题 1：交易

博格反对交易就像他反对高额费用一样。整体来看，ETF 的交易量很大。仅在 2020 年，ETF 交易规模就达到 32 万亿美元，当时其资产规模只有 5 万亿美元。在任何一天，ETF 交易都会占到所有股份交易的 20% 至 25%，在抛售压力下这个比例更高，因为人们依赖 ETF 来调整自己的投资组合。

不同于绝大部分对 ETF 的批评，对 ETF 过度交易的担忧是合理的，因为我们知道投资者最大的敌人可能就是他们自己，任何辅助不良行为的工具都可能是有害的。所以这个担心是有道理的，尤其是对像博格这样的人来说。

为了证明自己的观点，博格会引用换手率（turnover）数据来说明 ETF 的交易量。换手率是基金每年交易量占总资产的百分比。例如，一只 ETF 拥有 10 亿美元的资产，2020 年的股份交易量为 50 亿美元，你会说它的换手率是 500%。以下是博格在我们的一次采访中提到的一些换手率数据：

交易一直是我们市场的一个重要组成部分，但规模并不总是这么大。我刚入行的时候，纽约证券交易所（NYSE）的年换手率为 25%。在 ETF 启动之前，这一比例可能就高达 150%，现在是 250%。ETF 的年平均换手率是 400%，SPY 则是 300%。而现在你在和一个认为 3% 的换手率已经超出极限的人交谈。

虽然这些数字是准确的，但我们也有理由认为，它们太过呆板而难以从中得出任何结论。问题是，没有办法区分是谁在交易。有可能其中 100 名投资者并不交易，而 3 个大型机构投资者却在频繁交易。因为成交量是一个无法细分的总数，所以你并不清楚交易的真实结构，一笔大交易真的可以扭转数据。

另外，交易也是匿名的。我们和做交易的人没有任何联系。ETF 的独特之处在于，它的投资者形形色色，从世界上最大的对冲基金和捐赠基金，到投资顾问和我的母亲。ETF 让所有人都在同一个沙盒中玩游戏并收取相同的费用。

> 没有人比我更喜欢和尊重杰克·博格，但我认为他没有完全理解ETF的独特之处，因为它有很多不同类型的参与者，比如做空市场、对冲基金的人。各种各样的活动都在进行。这与大众投资者每天买卖ETF完全不同。
>
> ——吉姆·温特

> 粗略地说，我们发现ETF投资者大约50%是机构投资者，50%是个人投资者。但如果你看一下交易量，会发现95%的交易来自机构投资者。ETF除了作为一种长期投资工具，也是交易部门、对冲基金和其他需要将现金等价化的基金经理广泛使用的工具，这些人非常喜欢ETF的流动性，他们每天都会进行大量交易。ETF是为数不多的几种可供需求截然不同的用户使用而不会受到困扰的工具之一。
>
> ——李·克兰尼弗斯

我们可以把ETF想象成一家酒店，许多人在房间里休息，但酒店大堂里却是熙熙攘攘。熙熙攘攘的大堂可以掩盖所有房间里的安静。而且，不同的房间不会相互影响。

我在采访中提到了这一点，博格也承认了数据的迷惑性。但他估计，只有六分之一的ETF投资者是长期持有型。大多数专家——包括我自己——会认为这个数字太低了，真正的数字至少是50%。不过，也有一些数据显示，ETF投资者的交易频率往往高于共同基金投资者。

## 第六章　博格和 ETF：太复杂了！

例如，欧洲的一项研究调查了一家德国大型券商 2005—2010 年约 7 000 名投资者的投资结果，发现 ETF 通常会损害他们的整体回报，仅仅是因为他们更倾向于交易 ETF。此外，富达报告称，他们的客户账户显示，ETF 的平均持有期限为 2 年，而共同基金为 4 年。

> 我同意博格关于 ETF 的观点。我告诉人们去投资开放式共同基金，而不是 ETF，纯粹是出于行为上的原因。ETF 全天都在交易，报价随时变化，你会一直关注它。如果你投资一个开放式共同基金，资产净值每天更新一次，你就不会时刻注意它。我有一个观点，信息越多，实际上对投资越有害。你拥有的数据越多就越糟糕。开放式共同基金行业正在消亡，这有点可悲，因为我认为对大多数投资者来说它是更好的工具。
>
> ——贾雷德·迪里安

博格眼看着 ETF 不断增长、增长、再增长，他尽自己最大的努力反抗这股情绪浪潮，并为指数共同基金大声疾呼。他甚至试图让传统指数基金（TIFs）流行起来，将他珍爱的、广泛多样的指数共同基金与他眼中疯狂的 ETF 区分开来，但并没有成功。"我们必须区分传统的指数基金，"他说，"我把它们命名为 TIFs，但没人在意。我摇旗呐喊，但没人跟随。"

好消息是，投资者有了更多的选择。你可以在博格认可的指数共同基金或 ETF 中进行几乎免费的投资。如果你是那种容易受到诱惑的人，指数共同基金可能是更好的选择——尽管大多数 ETF 用户会说交易对他们来说不是问题。

> 我们使用 ETF 但并不打算进行频繁交易。我们不会对客户的账户进行日内交易。使用 ETF 而不是指数共同基金的最主要原因是税收优势。我们每天都在交易 ETF 吗？不。我们喜欢 ETF 的另一个原因是，当我们在下午 1 点购买 ETF 时，会知道具体的交易价格；而如果市场发生变化，共同基金的定价直到下午 4 点才发生变化。我们有几次从共同基金转向 ETF，出现了时间错配，突然之间市场发生了变化，我们踩空了，所以我们必须纠正。当你们都在使用同一种产品时，往往会感觉不错。
>
> ——肯·纳陶

> 如果你有两项投资可以选择：一项允许你全天交易（ETF），另一项允许你在每天结束时交易（共同基金），你怎么会不想要这种自由选择权呢？但从行为的角度来看，我认为全天交易或一天交易一次并没有什么区别。
>
> ——内特·格拉西

## 问题 2：营销

另一件博格不喜欢的事是，产品的疯狂涌现和指数概念看似无穷无尽的变化——里克·费里称之为"特殊用途指数"或"SPINdexing"。博格喜欢给人们看《华尔街日报》的版面，上面列出了所有（数百条）ETF 的报价，然后说："这到底是怎么回事？"他

## 第六章 博格和 ETF：太复杂了！

只是认为，这个行业已经继承了广义指数基金的简单性，并因此而疯狂。这经常给他带来压力。他在《知足》一书中写道：

> 恐怕，我多年前推出的简单指数基金的新迭代（主要是 ETF）正在帮助引领这一潮流。难怪我早上醒来感觉自己像弗兰肯斯坦博士（Frankenstein）[①]。我创造了什么？

> 杰克和我在这一点上观点完全一致。我们在发展指数方面是经过深思熟虑的。我们不会把资金投向我们认为对投资者不好的投资工具。这并不是要你试着把什么东西扔到墙上，然后看有什么能粘住。
>
> ——格斯·索特

> ETF 产品太多了。每个行业被分割得如此之细，有若干家公司在投资市场上争夺那么一点市场份额，竞争非常激烈。然而，投资者最好选择多元化、低成本、以指数为基础的投资策略，并定期进行再平衡，而不是在每个可以投资的领域都大干一场。
>
> ——托德·罗森布鲁斯

博格把他丰富多彩的嘲讽指向了小众和奇异的 ETF。我收集了一

---

[①] 1818 年，玛丽·雪莱写了一本题为《弗兰肯斯坦——现代普罗米修斯的故事》的小说，讲述了一个叫弗兰肯斯坦的年轻科学家在科学欲望的驱动下，制造出了一个类人生物。这个类人生物虽然相貌丑陋，但天性善良并向往美好。不过社会并不接纳它，并将其视作怪物。——译者注

些表述。例如：

- "可能有40只投资广泛的ETF，这就剩下1 460只看上去像是水果蛋糕、疯子和极端分子的东西。"
- "这已经变成了一项营销业务。现在我们轻零售而重电子营销。然后我们有了共和党ETF和民主党ETF，还有威士忌ETF和烈酒ETF，没人知道它们的结局是什么。"
- "你能相信我们现在有了HealthShares新兴癌症ETF吗？它应该被称为治疗新兴癌症或其他什么东西……"
- "现在我们有了一个云计算ETF，这听起来像是天气在计算ETF……"
- "押注市场下跌的ETF是愚蠢的……"
- "用300%的杠杆押注市场——我无法理解这有什么意义……"

博格在参加我们的ETF播客活动时，我们问他最喜欢的ETF代码是什么（访谈最后我们对每位嘉宾都会提出这一个轻松的问题）。他停顿了大约3秒钟，然后说："C-R-Z-Y。"[①] 我认为这完美地总结了他对ETF的感受，也显示了一位87岁老人的敏锐智慧。

不过，公平地说，多年来先锋集团也在博格的监督下参与了利基基金的发行（例如，先锋服务经济基金和先锋贵金属和矿业基金），尽管博格后来依然会对这些基金以及自己发起这些基金的行为进行抨击。博格就是这样：平等地向所有人或事释放他的野蛮。

一些ETF的支持者在这个问题上的立场逐渐向博格靠拢了，他们担心该行业已经脱离了其核心价值——低成本、流动性强、高税收效率，而转向充满噱头和奇异的"产品"。

---

① C-R-Z-Y是crazy的缩写，意思是疯狂的。——译者注

## 第六章 博格和ETF：太复杂了！

> 我认为ETF行业已经陷入了迷失，基本上都是胡扯。"广泛的多元化和低成本将更好地服务于大多数人"，现在没有人这么说了，即使是先锋集团也不再说了。我觉得应该有人来承担这个责任。
>
> ——吉姆·温特

正如我在上一章所说的，ETF变得如此丰富多彩的原因之一是先锋的崛起。这些发行者根本无法与费用只有3个基点的指数基金竞争，所以他们唯一的希望就是尝试用独特而新潮的策略来包装它。因此，无论多么具有讽刺意味，许多疯狂的ETF可以说是博格效应的产物。

## "小精灵"

博格对交易和营销的批评是我经常将ETF与1984年的电影《小精灵》（Gremlins）进行比较的原因之一。在这部电影中，一位父亲从唐人街的一家古董店给儿子买了一只装在盒子里的可爱宠物，它有着大耳朵、大眼睛。然而，养育这只可爱的小动物有三个注意事项：远离阳光，不要把水洒在上面，不要在午夜之后喂它，否则它会变成一个邪恶的怪物，让整个小镇都感到恐惧。

ETF就有点像这个小精灵。如果你能注意一些禁忌和法则，比如限制你的交易，远离你不理解的产品，最重要的是，不要仅仅根据名称或代码购买，要在弄清楚持有资产、指数设计和成本后再购买，这样就可以了。

### 博格效应

> ETF的实际内容和它的名称可能不符,两个听起来相同的ETF往往会有截然不同的表现,因为它们持有不同的证券。
>
> ——托德·罗森布鲁斯

ETF产品实在是太多了,它们几乎让世界上所有的东西都大众化了——从越南股票和银行贷款,到对素食主义者友好的股票和石油期货。实际上,每年都有数百个新产品推出。

为了帮助人们应对涌入的大量资金,以及减轻博格的一些担忧,我们彭博社创建了彭博智能ETF交通灯系统(Bloomberg Intelligence ETF Traffic Light System),旨在提前向投资者提供潜在的糟糕信息。这一系统是根据电影分级制度创设的,是一种简单而有效的方式,可以在保护无辜者的同时进行创新。

我们不关注暴力、药品使用等因素,而是关注杠杆情况、隐藏费用、低交易量、衍生品使用、税收替代效应等。这方面先锋和贝莱德在很大程度上是一致的,虽然它们通常是竞争激烈的对手。

> 我认为有太多的东西被称为ETF了。我们提出了自己的命名方案。你可以有自己的"红绿灯",但不管标准是什么,我们都得到了同样的结论,那就是内在的东西很重要,比如杠杆和反向产品,它们不具备广泛、多样化、透明的ETF的特征。你不应该伪装……每个人都可以买自己想要的东西,而且他们应该知道自己买的是什么。
>
> ——萨利姆·拉姆吉

## 第六章 博格和ETF：太复杂了！

## 和解（算是吧）

博格本应该珍视帮助投资者驾驭ETF的努力，即使这并不能完全解决他与ETF之间的纠葛。在他晚年我们见过很多次面，我发现他逐渐对ETF产生了一些兴趣。他看到先锋ETF的交易量远不如其他发行方，从中得到了一些安慰。多年后，索特终于能够向博格解释，他的目的不是实现资产增长，而是保护当前的指数基金投资者。

"有一次我们坐下来谈论了这件事，那是在2014年他在普林斯顿组织的一个小聚会上，当时只有五六个人，"索特回忆说，"我当时就告诉他，我投资ETF的原因不是为了扩大规模，而是想捍卫指数基金，以及出于对资金流入和流出的担忧。我想那是他第一次真正接受了ETF。当时事情已经过去12年或14年了。"

> 我认为博格开始看到一些投资者确实在使用ETF作为长期投资的基石，并利用其优越的税收效率。所以我觉得他的态度有点软化了。
>
> ——克里斯汀·本茨

博格在最后一次接受我采访时表示："只要你不交易ETF，它们就没问题。你应该选择优质的、多样化的产品——整体股市、标准普尔指数、国际市场、总体债券或者总体平衡债券，这样就更好了。"

这可能是他最接近与ETF和解的时候了。但他不能就这么留下一个友好的橄榄枝，所以他接着说了一个"但是"。他就是控制不住自己。

"但是，这是一种营销产品，"博格说，"这是一个可以赚钱的产品。它对投资者有利吗？我们真的不知道。"

第七章

# 成本大迁移

>"先锋集团对成本的关注给这个行业带来了巨大的压力。这是毫无疑问的。"

虽然媒体的大部分注意力都集中在一系列巨变上——从主动到被动,从共同基金到 ETF,甚至从经纪人到顾问,但贯穿所有这些变化的一条主线就是从高成本转向低成本。这是所有趋势的源头——博格效应的核心。

前面提到的一些趋势的问题是,它们之间存在很多细微的差别。例如,虽然不可否认的是有主动转向被动的趋势,但许多指数基金本质上是非常主动的。就连标普 500 指数也在一定程度上是主动的,因为它只投资于大盘股,且有纳入标准和一个委员会。另外,许多主动型基金有指数化倾向,并拥抱基准。它不是非黑即白的。这同样适用于从共同基金到 ETF 的趋势。虽然主动型共同基金大多出现了资金流出,但指数型共同基金普遍为资金流入,一些主动型债券共同基金也会出现资金流入。

然而,其中的共同趋势是资金从高成本流向低成本。如今,资金几乎全部流向了低成本基金。我将其称为"成本大迁移"(Great

Cost Migration），这是我所能想到的最精炼的概括。是的,"成本大迁移"甚至差点儿成了我这本书的名字。

我们谈论的是数万亿美元,而且几乎百分之百是关于成本的。如今,大多数人首先关注的是基金的收费。费用比率已在很大程度上取代了以往的业绩表现,成为基金选择的主要标准。这是一次"大迁移"。这不是暂时的投入——这些投资者和他们的钱再也回不去了。他们自豪地成为齐普维尔（Cheapville）[①]的永久居民。

在 Bogleheads 播客上,博格将这种"迁移"比作一种觉醒:"人们开始意识到成本几乎决定一切。业绩来了又去,但成本永远在增加……当客户意识到这一点并觉醒时,整个行业也会觉醒。"

这些客户(我称之为"零售宿主有机体")不仅是清醒的,而且他们很生气。他们现在拼命地想保留尽可能多的钱。数据显示,这种觉醒就像白昼一样清晰。例如,如果你把所有不同类型的基金(共同基金、ETF、封闭式基金)放在一个巨大的电子表格中,按费用比率将它们分成十分位数,然后连续观察 3 年,你会发现一个从左到右逐级递减的图表。

当你分别关注各种类型的基金时,你也会发现费用比率和资金流之间的相关性。你可以从主动型基金、指数共同基金和 ETF 的流量数据中看到这一点。晨星公司有一个定期更新的图表,很好地显示了主动型和被动型基金按加权和资产加权计算的平均费用率(图 7.1)。你可以看到好像有种力量在把它们都往下拉。这就是那种让我痴迷的图表,它很好地捕捉到了博格效应。

---

[①] ville 有城市的意思,cheapville 这里指低费用基金。——译者注

## 博格效应

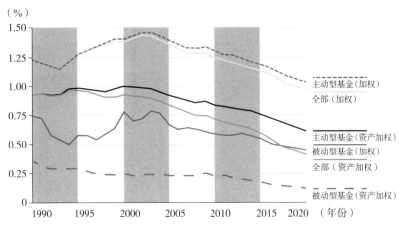

图 7.1　基金平均费用比率持续下降

数据来源：晨星公司。

除此之外，还有其他方式可以显示这一趋势。在彭博社，我们创建了一个被称为"成本痴迷温度计"（Cost Obsession Thermometer）的图表，它考察了流入指数基金和 ETF 的资金（每年 5 000 亿—10 000 亿美元）中，有多少是流向收费不高于 0.20% 的基金。2018 年，这一比例达到了 99% 的峰值（其中有 70% 流向了收费不高于 0.10% 的基金）（图 7.2）。自那以后，由于飙升的市场催生了许多年轻的、喜欢交易的零售投资者以及被动的投资者，他们希望为自己原本非常便宜的贝塔投资组合增添一点乐趣，所以这个比例有所下降。当市场持平或下跌时，温度计往往会上升，当市场上涨且投资者想寻求一点冒险时，温度计会略有下降。无论哪种情况，它都可能在很长一段时间内保持高位。

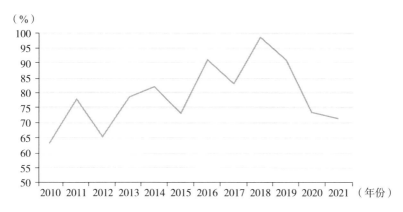

图7.2　流入收费不高于0.20%的基金的资金占比

数据来源：彭博，ICI。

## 成本为王

在这个新时代，对成本的痴迷不仅体现在正式数据中，也体现在非正式的数据中。只要和顾问甚至散户投资者聊聊，就能了解大概情况，他们可能会告诉你，他们会先看费用，不会购买任何收费超过0.20%的产品。这一趋势在一次又一次的调查中也得到了体现。调查显示，投资者在选择ETF时，会将"低费用比率"列为第一标准。这种情况非常普遍，以至于指数基金的发行者都试图警告投资者，成本并不是一切，他们需要认真分析产品的具体情况。

> 当我看到这些调查时，我忍不住要大声疾呼，投资组合的实际情况要比成本重要得多。每个指数提供商在投资组合中都有不同的标准，年复一年，你会看到业绩差异远远大于费用差异。
> 
> ——托德·罗森布鲁斯

同样,博格的前助理、后来成为他竞争对手的詹姆斯·里佩在接受《费城问询报》采访时表示,博格有时做得太过了:"成本对投资重要吗?是的。但是应该只根据成本来做选择吗?不,不一定。在杰克身上,一切都被描绘成非黑即白。我认为这个世界往往偏向灰色。"

一方面,如果成本高于风险敞口,投资者可能会过于关注成本;另一方面,考虑到许多人都有过根据过去的业绩表现挑选基金而遭受损失的经历,这是可以理解的。用比利·乔尔(Billy Joel)的话来说,这是一个"信任的问题"。投资者通常不再相信过往业绩,但他们相信费用。

一些人甚至吹嘘自己投资的费用有多低,在20世纪90年代的巅峰时期,他们都是吹嘘自己的基金经理有多优秀。加拿大《环球邮报》(Globe and Mail)在2018年发表了一篇关于"费用羞耻如何变得越来越普遍"的文章,其中包括了以下这段话:

> 当人们在晚宴上聊天,他们会说:"哦,伙计,你要付2.5%的费用?我购买ETF的费率更低。"
>
> ——香农·李·西蒙斯,新金融学院
> (Shannon Lee Simmons, New School of Finance)

虽然我个人从未在晚宴上见识过"费用羞耻",但当我与人们谈论他们的个人投资时,很多人说他们几乎完全选择了被动型产品,不愿意再为基金买单。虽然人们总是会对最新的投资热潮进行一些投机,但总的来说,人们的想法已经改变了。

## 401（k）计划转向被动型产品

这种"成本大迁移"也发生在固定缴款计划中，在这个计划中，员工和雇主按员工工资的一定比例缴款，存入养老金账户。这些计划过去主要投向收费较高的主动型基金，但现在已明显转向指数基金。事实上，根据《养老金与投资》（Pension & Investments）杂志的数据，如今401（k）计划中大部分（52%）股票资产都在指数基金之中，而10年前这一比例仅为38%（图7.3）。

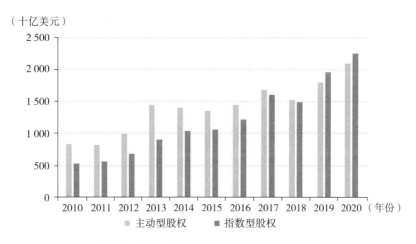

图7.3　2010—2020年美国固定缴款资产投向

数据来源：《养老金与投资》杂志。

晨星公司的数据显示，401（k）计划投资者中的许多人将通过目标日期基金（或生命周期基金）获得低成本的指数基金敞口，近年来这类基金的人气呈爆发式增长，目前拥有约2.8万亿美元的资产。这些基金持有其他指数基金的比例符合投资者的时间范围需求和风险承受能力，随着最终日期的临近，这些基金逐渐转向更为保守的配置。例如，先锋2055目标退休基金（VFFVX）目前的配置非常积极。

就在我写这本书的时候，VFFVX 已经将 54% 的资金投资于先锋整体股票市场指数基金，36% 的资金投资于先锋整体国际股票指数基金，剩下的约 10% 投资于先锋的两只债券指数基金，收取 0.15% 的投资费用。先锋拥有略高于 1 万亿美元的目标日期基金资产。

正如我们所知，博格对基金领域的许多创新都持批评态度，甚至对他自己率先推出的许多创新也是这样。他真正喜欢的是目标日期基金，尽管他发出了一个重要警示，提示投资者仍需谨慎行事，以确保投入的是低成本指数基金，因为有些基金投入的是昂贵的主动型基金，或者是双重收费的基金。在《投资常识》这本书中，博格说道："对于刚刚启动投资计划的投资者以及决定采用简单策略为退休基金投资的投资者来说，目标日期基金可能都是一个很好的选择。"

金融研究和咨询公司 Cerulli Associates 的数据显示，固定缴款计划获得廉价指数敞口的另一种方式是通过集合投资信托（CITs），CITs 拥有约 4 万亿美元资产。CIT 基本上只面向机构投资者和员工资助的退休计划，其走红的原因是费用可协商，它们的费用往往非常低。CIT 的绝大多数资产都投资于被动型基金，因此它们也属于"成本大迁移"的一部分，尽管由于数据难以获取，人们很少谈论这个问题。我把它们称为"基金宇宙中的暗物质"。

## 一个基点的力量

"成本大迁移"的副产品之一是无休止的 ETF 费用竞争。由于投资者青睐较低的费用，发行方就不断削减费用。发行方也不想这样，但他们必须适应需求方。投资者对费用的痴迷如此强烈，以至于我们已经看到，在发行方将费用降低一个基点后，数十亿美元的资金就发生了转移。

先锋和贝莱德之间正在进行的费率大战，他们的两只标普500 ETF——VOO和IVV——就是一个很好的例子，可以说明一个基点的力量。这两只ETF的总资产接近5 000亿美元，它们就像ETF交易中的哥斯拉和金刚。2016年10月，贝莱德将IVV的费率从0.07%降至0.04%，比VOO低了一个基点。此前两年，贝莱德在资金流入方面落后VOO约150亿美元。而在这之后的两年里，它获得了500亿美元的资金流入，VOO只有310亿美元。然后，在2019年6月，VOO将其费率降至0.03%，比IVV低一个基点。在接下来的12个月里，VOO流入了270亿美元，IVV只流入了40亿美元。在2020年6月，IVV又降低了它的费率，与VOO持平，为0.03%，从那以后它们就一直保持着这个水平。

尽管还有其他变量和因素在发挥作用，但费率下调显然对流入这两家基金的资金规模产生了巨大影响。好消息是，两家公司的竞争导致费率降到了非常低的水平，这对投资于高成本主动型共同基金的人来说，吸引力越来越大。

> 将资金投入IVV，与其说是为了与其他标准普尔500指数ETF竞争，不如说是人们希望换掉更昂贵的主动型基金，或者简化投资组合，远离他们多年来投资股票的方式。
>
> ——萨利姆·拉姆吉

一些持有5—10只ETF且在顾问中非常流行的投资组合模型被规划为只将资金投入最便宜的产品，这导致了一些极端情况的出现。

## 拆分基点

实际上，有发行方为了削弱竞争对手，甚至拆分了一个基点。2018年，GraniteShares Gold Trust（BAR）在一份正式新闻稿中宣布，将其费率削减至 0.174 9%，比 SPDR Gold MiniShares（GLDM）0.18%的费率低半个基点。通过将新的费用比率设为 49/100 个基点，它将四舍五入到 0.17%，从而上升到按费用比率升序排列的模型投资组合的顶部。

虽然这些年来发生了数百次费率削减，但这一次对我来说是象征性的，一直留在我的记忆中，因为这次削减非常精确，而且它发生在先锋没有参与竞争的类别中。现在再也没有"无先锋区"了，或者说资产管理公司保持高收费而不用担心的安全区域。现在，发行方不得不担心竞争对手降低费用，从而削弱其他人的竞争优势。

## 富达：零费率

最极限的例子可能是 2018 年 8 月富达宣布设立零费率指数共同基金，这震惊了金融界。当然，它之前已经提供了非常便宜的指数共同基金，但这次还是引起了轰动，因为这是第一次有如此规模和地位的基金公司将费用设定为零。它是主动型基金之王，这一举动增加了市场的热度，并充分展现了"成本大迁移"和"博格效应"。

富达在先锋的指数共同基金主场向其发起了挑战，要知道，先锋在指数共同基金领域占有约 75% 的市场份额。富达最终取得了成功。零费用的基金组合在 3 年内就突破了 200 亿美元大关，除此之外还有通过其他超低成本指数共同基金吸纳的数千亿美元的资金。富达的目标是在所有类别上都做到比先锋便宜，它在 2019 年 7 月的新闻稿中明确表示：

与富达现有的 53 只股票和债券指数基金以及 11 只行业 ETF 一样，新基金的费用比率都低于先锋的同类基金。这 5 只新基金面向的是个人投资者、第三方财务顾问和员工退休计划。

富达指出，它们的产品比先锋同类产品更便宜，这表明世界已经发生了很大的变化。下面是博格在《坚持到底》一书中为其理念的胜利而欢呼：

富达董事长爱德华·约翰逊三世（Edward C. Johnson III）怀疑富达是否很快会追随先锋（在 1988 年，他确实会这么做）。"我不敢相信，"他对媒体说，"广大投资者会满足于仅仅获得平均回报。游戏的本质就是要做到最好。"（如今，指数基金占富达管理的所有股票基金资产的 30%。）

虽然博格最终赢得了这场理念之争，但我认为必须称赞富达的谦逊和适应能力。其他一些公司则没有，现在它们已经没有什么可以用来抵御资金外流的办法。具有讽刺意味的是，如果博格真想看到一个先锋地位逐渐下降的世界，帮助他达成愿望的就是富达和其他一些机构。富达是一个传统的被动管理者，拥有约 1 万亿美元的指数基金资产（图 7.4）。

博格很高兴能成为这一转变的肇始者。1991 年，他对员工说，他为先锋所造成的"破坏"感到骄傲：

我毫不掩饰地为我们取得的成就感到自豪，这使我们竞争对手的费用比率相形见绌……先锋集团一直是创造性破坏的推动者。我们的许多主要竞争对手都是"受害者"。我们是少数几家不但没有被摧毁，反而成为摧毁者的公司之一。

博格效应

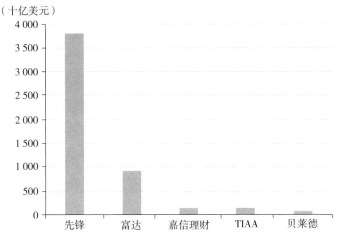

图 7.4　部分机构指数共同基金资产规模（不包括 ETF）

数据来源：彭博。

> 博格在指数化领域做出了巨大贡献，并在削减成本和降低价格方面表现出了惊人的积极性。回想二三十年前，用 4—5 个基点的价格购买一只标准普尔 500 指数基金的想法是不现实的。但是，今天下午你就能这样做。投资者欠博格的比任何人都多。
>
> ——大卫·布利策

## 命中注定

ETF Trends 的戴夫·纳迪格称这一切为"ETF 的命中注定"，并表示，"每一种资产类别都应该有 ETF，而且应该是免费的"。这就是我们今天的基本情况，你几乎可以在每一种资产类别中找到免费或接近免费的 ETF。

## 第七章 成本大迁移

ETF 行业资深人士、加密货币行业首席投资官马特·豪根追踪的是一种他称为"世界上最便宜的 ETF 投资组合",该投资组合追踪 6 种资产类别(表 7.1),2010 年前后每年的成本约为 0.14%,2021 年总体费用比率已降至仅为 0.02%(图 7.5)。如果你投资 1 万美元,一年费用只有 2 美元——比在宾夕法尼亚州车站买一块比萨花的钱还少。

表 7.1 "世界上最便宜的 ETF 投资组合"

| 资产类别 | 权重(%) | 基金名称 | 代码 | 费用比率(%) |
|---|---|---|---|---|
| 美国股票 | 40 | 纽约梅隆美国大型核心股票 ETF | BKLC | 0.00 |
| 发达市场股票 | 30 | 纽约梅隆国际股票 ETF | BKIE | 0.04 |
| 新兴市场股票 | 5 | 先锋 FTSE 新兴市场 ETF | VWO | 0.10 |
| 固定收益 | 15 | 纽约梅隆核心债券 ETF | BKAG | 0.00 |
| REITs | 5 | 嘉信美国 REIT ETF | SCHH | 0.07 |
| 大宗商品 | 5 | GraniteShares 彭博商品整体策略 No K-1 ETF | COMB | 0.12 |

数据来源:马特·豪根。

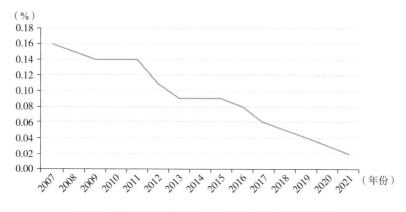

图 7.5 "世界上最便宜的 ETF 投资组合"总费用走势

数据来源:马特·豪根。

博格效应

## ETF 恐怖城堡

由于 ETF 必须吸引痴迷于低成本的投资者，我将 ETF 市场称为"ETF 恐怖城堡"，这个术语的灵感来自公敌乐队（Public Enemy）的歌曲《欢迎来到恐怖城堡》（*Welcome to the Terrordome*）。这是投资者的天堂——这就是为什么大多数新增资金最终会投到这里——对发行人来说却是地狱。

此外，ETF 深受年轻投资者的青睐。嘉信理财和贝莱德等公司进行的调查显示，投资者年龄与将资产投资于 ETF 的比例是负相关的。因此，试图躲避 ETF 恐怖城堡的资产管理公司面临着被淡忘和出局的风险，因为老龄化的婴儿潮一代会将他们的共同基金套现或将投资转赠给他们的孩子。

资产管理公司正逐渐意识到这一现实，因此市场上出现了大量新推出的 ETF（图 7.6）。在美国，平均每天都会有一只 ETF 上市，而在全球范围内，平均每天会有 3—4 只 ETF 上市。晨星的 ETF 分析师本·约翰逊（Ben Johnson）将源源不断推出的 ETF 称为"意大利面大炮"，因为有太多东西被扔在墙上，就看什么东西能粘住。这种说法肯定是有一定道理的——公平地说，很多基础研究都在探讨如何推出新 ETF，它们通常建立在有数据支持的论文之上。不过，虽然投资 ETF 的门槛很低，但成功的门槛要高得多。有一些人会大获成功，而大多数人都是默默无闻，有四分之一的人则损失惨重。

长期来看，ETF 恐怖城堡甚至会让那些规模最大、资金最雄厚的共同基金相形见绌。它们不能再付钱给经纪人，让他们的客户投入自己的基金。它们第一次处在一个公平的竞争环境中，只能自由发挥，试图吸引那些在乎成本、受博格影响的顾问和散户投资者。这就像从乡村俱乐部来到了丛林。先锋集团之所以能在恐怖城堡蓬勃发展，是因为就是先锋创造了它。对先锋来说，这是一场永无止境的主场比赛。

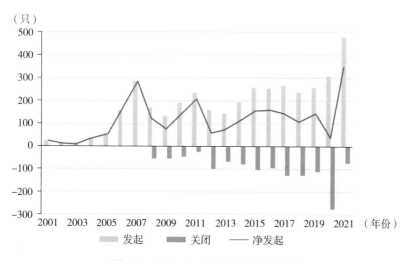

图 7.6 ETF 新发起和关闭的数量走势

数据来源：彭博。

但对于其他人来说，这种转变让人想起了 2000 年上映的电影《荒岛余生》(*Cast Away*)。在这部电影中，汤姆·汉克斯（Tom Hanks）饰演的查克·诺兰（Chuck Noland），从联邦快递（FedEx）一个又矮又胖的中层经理变成了一个体重约 63 千克（140 磅）、会用鱼叉抓鱼、会生火的家伙。这样的改变需要几年的时间，但确实是可以发生的。这很重要，因为 ETF 恐怖城堡不是某个孤立的地方，它是整个行业的未来。在接下来的几十年里，这座城堡的穹顶将扩大到几乎覆盖所有地方。在它笼罩之下的所有公司，如果不能适应它，便很可能会破产或被收购。

博格效应

## 施乐时刻

从资产管理人的角度来看，ETF 市场非常缺乏吸引力，以至于许多大型共同基金公司放弃了早期进入 ETF 市场的黄金机会，要么是像富达这样从未跟进，要么是像纽文（Nuveen）[①]这样曾在内部推动但被拒绝。我将这种情况称为"施乐时刻"（Xerox moments），施乐是一家生产打印机和复印机的公司，开发了第一台个人计算机、鼠标和图形用户界面，但当时大家并没有真正看到它们的价值。比尔·盖茨和史蒂夫·乔布斯做到了，其余的就都是历史了。

其他许多主动型共同基金见证了 ETF 行业的繁荣发展，但并没有参与进来，因为它们在很大程度上害怕自相残杀。直到近几年，在 ETF 资产出现令人难以置信的增长后，它们中的许多机构才试图通过推出不透明的 ETF，或将现有的共同基金转换为 ETF，从而走向先锋式的未来。然而，这两种方法都不能解决根本问题，二者都试图销售与基准挂钩的、费用更高的主动管理产品。

## （目前）没有受害者

如果没有人愿意再为他们的投资支付更高的费用，金融行业会发生什么？可以肯定地说，规模会越来越小。如果基金行业所有资金的年收入都和先锋集团一样，基金行业的年收入将从 1 400 亿美元下降到 200 亿美元——降幅达 85%。不过，情况可能不会那么糟。我猜，最终会下降 50%。不管怎样，这就是为什么我差点把这本书命名为

---

[①] 1898 年成立的投资管理公司。——编者注

《让华尔街收入缩水的人》(*The Man Who Shrunk Wall Street*)。

但这种缩水只会发生在熊市之后，那时没有任何东西可以抵消资金外流并且解决增长所存在的问题。博格承认自己给行业带来的痛苦，但同时他也意识到，金融业并没有受到那么大的损害。他在2017年CFA年会上的演讲中是这样说的："到目前为止，指数革命还没有造成任何受害者。"

> 我认为，那些尚未进入ETF市场，也没有明确计划进入ETF市场的基金正努力摆脱困境，并希望股市继续走高，这已经扩大了资产基础，帮助它们抵消了资金外流。
> ——托德·罗森布鲁斯

主动管理者会辩称，熊市实际上是他们再次大放异彩的时候，这时需要人们发挥主动性。他们会说，被动管理现在才流行起来，是因为美联储宽松的货币政策使其很容易赚到钱。现在你只需要拥有一只指数基金就可以了。你只要有耐心，总有一天你会感激我们的。

这个论点是合乎逻辑的，如果我是一个主动型经理，我也会这么说。问题是，证据显示的情况恰恰相反。一方面，当市场崩盘时，投资者往往会更快地逃离主动型基金；另一方面，主动型基金在市场低迷时往往与市场上涨时一样表现不佳。

## 三重打击

让我们来分析一下，为什么主动型共同基金在市场长期下跌时可能会出现大量资金流出，这正是过去三个残酷时期（2008年、2018年和2020年）所发生的情况，主动型共同基金经历了最糟糕的资金外流（图7.7）。我把这三个原因称为"三重打击"。

图7.7　2006—2021年主动型共同基金、指数基金和ETF的资金流动及股票市场回报率

数据来源：ICI，彭博。

第一，它们受到恐慌投资者资金流出的打击，这些投资者通常年龄较大，因为很快就要退休，他们不想冒险失去自己的收益。他们对基金的忠诚度也降低了，因为大多数人投资某个基金并不是因为它一定是一只好基金，而是因为经纪人可以获得佣金。另外，被动型基金往往拥有更忠诚、表现更好、更年轻、可以投资更长期限的投资者。

第二，市场下跌将使许多投资者从主动型基金中解脱出来，这些投资者在牛市期间被困在了基金中，因为他们不想承受实现资本利得带来的税收打击。熊市会给他们带来损失，可以抵消这些收益。我估计这种情形下抵消的收益可能有数万亿美元。

第三，存在不受市场形势影响的资金从高成本基金流向低成本基金的情况。

就像三条河流汇合在一起，这三个因素结合将导致主型动共同基金出现前所未有的资金外流。我们在2020年3月看到了一个苗头，当时主动型共同基金在一个月内出现了3 200亿美元的流出（图7.8）。如果美联储没有出手干预，2020年这些主动型基金可能会出现远超1万亿美元的资金流出。

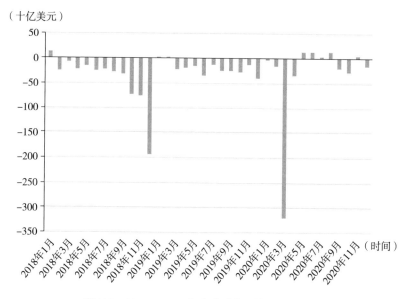

图7.8　2018—2020年主动型共同基金资金流动

数据来源：ICI。

> 持续的熊市加上指数基金日益增长的影响力，将会使一些主动型基金经理失业。
>
> ——克里斯汀·本茨

博格效应

## 荆棘地带

与许多人的想法或希望相反，资金可能会在下一次熊市中流入指数基金、ETF 和先锋集团。虽然流入的资金不像景气时期那么多，但它们仍可能会蓬勃发展，这意味着低成本基金将迅速吞噬市场份额。考虑到它们在有机流动中的相对优势，熊市可以说是被动型基金的荆棘地带。

> 人们会说："好吧，等到市场下跌时，主动型经理会知道如何让他们的基金不跌那么多，人们会逃离指数基金。"结果恰恰相反。指数基金的投资者继续持有这些基金。我发现指数基金投资者是最精明的投资者。其中一个原因是，指数投资作为一种投资策略是如此违背直觉，你必须非常专业才能理解为什么它是一件好事。
>
> ——格斯·索特

最好的例子也许是 2008 年，标准普尔 500 指数最终下跌了约 37%。但如果你只看先锋集团的资金流数据，你永远不会发现这一点，因为它每个月都有资金流入——包括 10 月（图 7.9），而股市仅在 10 月就下跌了 17%。

尽管"市场溃退让美国步履蹒跚"和"日益加剧的恐惧震撼全球市场"等头条新闻不断出现，但先锋集团在 2008 年的资金流入约为 900 亿美元，而该行业其他机构的资金流出约为 1 200 亿美元。这是我们在此后的每次抛售中都能看到的情形。例如，在 2018 年，股市经历了几个艰难时期，标准普尔 500 指数下跌了 4%，先锋集团获得了超过 2 000 亿美元的资金流入，而该行业的其他公司的净流出共计

2 000亿美元。即便在2020年3月的股市大跌期间,先锋集团的许多基金也出现了资金净流入。

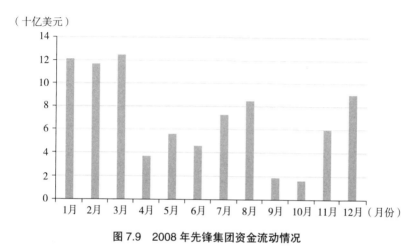

图7.9　2008年先锋集团资金流动情况

数据来源:先锋集团,彭博。

## 相对可预测性

在采访中我问博格,相对于同行而言,为什么先锋集团的投资者在市场艰难时能如此拒不退缩、坚持到底?他将其归因于指数基金的可预测性以及规避了中介机构。他说:"我们的赎回率一直比整个行业低得多。这是为什么呢?因为人们会主动来找我们,也因为——这是非常重要的一点——从先锋集团成立的那天起,我就在员工会议上频繁谈及这一点,我说我们必须创建具有相对可预测性的基金。"

可预测性的想法很重要,因为它与主动型基金形成了对比,主动型基金在市场下跌时是否会有更好的表现是未知的。一般来说,大多数人不能对其做出很好的预测,尽管有些人可以。根据SPIVA的记分卡，你观察任何一个抛售期，都会发现有三分之二的基金经理表现低于基准水平。虽然有些人做得较好，但很少有人能很好地预测业绩表现。

如果我们选取2008年20只最大的主动型股票共同基金作为样本，其中有13只落后于它们的基准，根本无法利用它们的主动管理来缓冲市场的崩溃。此外，作为一个整体，这20只基金的表现平均落后市场1.4%，这与包括费用比率和交易成本的平均基金成本差不多（表7.2）。平心而论，这些股票大多是较贵的A类股，但即使你使用较便宜的机构股，也会看到大致相同的结果。

表7.2  2008年排名前20的主动型股票共同基金的表现

| 代码 | 名称 | 2007年资产（百万美元） | 2008年基金回报 | 基准 | 差异 |
| --- | --- | --- | --- | --- | --- |
| AGTHX | American Grw FD of Amer–A | 193 453 | –39.071 | –36.999 | –2.07 |
| AEPGX | American Europacific Grth–A | 124 010 | –40.527 | –42.999 | 2.47 |
| CWGIX | Capital Wrld Grth & Inc–A | 113 908 | –38.377 | –40.303 | 1.93 |
| AIVSX | The Investment Co Amer–A | 89 250 | –34.735 | –36.999 | 2.26 |
| AWSHX | American Wash Mut Inv–A | 82 424 | –33.102 | –36.999 | 3.90 |
| FCNTX | Fidelity Contrafund | 80 864 | –37.164 | –36.999 | –0.16 |
| DODGX | Dodge & Cox Stock Fund | 63 291 | –43.309 | –36.999 | –6.31 |
| ANWPX | American New Perspectiv–A | 61 218 | –37.834 | –40.303 | 2.47 |
| FDIVX | Fidelity Diversified Intl FD | 56 765 | –45.206 | –42.999 | –2.21 |
| DODFX | Dodge & Cox Intl Stock Fund | 53 479 | –46.686 | –42.999 | –3.69 |
| ANCFX | Fundamental Investors–A | 50 370 | –39.696 | –36.999 | –2.70 |
| VWNFX | Vanguard Windsor II–Inv | 49 770 | –36.700 | –36.868 | 0.17 |
| NYVTX | Davis New York Venture FD–A | 49 335 | –40.026 | –36.999 | –3.03 |
| FMAGX | Fidelity Magellan Fund | 44 822 | –49.399 | –36.999 | –12.40 |
| FDGRX | Fidelity Growth Company Fund | 37 073 | –40.897 | –38.459 | –2.44 |
| TEPLX | Templeton Growth Fund–A | 36 917 | –43.470 | –40.303 | –3.17 |

续表

| 代码 | 名称 | 2007年资产（百万美元） | 2008年基金回报 | 基准 | 差异 |
|---|---|---|---|---|---|
| FLPSX | Fidelity Low Priced Stock FD | 35 231 | −36.173 | −33.812 | −2.36 |
| VPMCX | Vanguard PrimeCap Fund–Inv | 33 395 | −32.408 | −36.999 | 4.59 |
| AMCPX | AMCAP Fund–A | 27 302 | −37.678 | −36.999 | −0.68 |
| PRGFX | T Rowe PR Growth Stock | 26 070 | −42.256 | −36.999 | −5.26 |
| | 平均 | — | −39.700 | −38.300 | −1.40 |

数据来源：彭博。

大多数主动型共同基金在2008年的表现无法超过市场的一个原因是，它们必须坚持自己的投资目标。对于通常要求将至少80%的资产投入指定策略的大型基金来说，要跑赢标普500指数是很困难的。但即使基金经理能够根据市场发出的警告将所有资产转为现金，在反弹期间也几乎不可能不受持有太多现金拖累，而且很可能导致业绩不佳。假设一位基金经理在2020年3月全部或部分套现，他就会错过美联储推出流动性计划以支撑债券市场后的大规模反弹。当然，问题的根源在于一个难以忽视的事实：没有人——不管他们有多高学位或多少经验——知道未来会发生什么。

## 整合即将到来

因此，熊市加上持续的博格效应，可能会导致基金业的大规模整合——目前基金业仍有700多家公司。这些公司将整合起来，努力实现规模效应，这将使它们能够更大力度地降低费用，也可以扩大它们的分布范围。我们看到这种情况已经发生了。聪明的公司已经意识到，它们的主动型共同基金在今天是摇钱树，但在三重打击期间和之后的情况就不会那么乐观了。

整合后的基金行业可能会像航空、媒体或银行等行业一样，数十家公司最终合并成一家。在今天的航空业，有四五家大型航空公司控制着80%的业务，而少数以提供专业服务为生的小众航空公司（如夏威夷航空）占据了其他20%。

对于资产管理行业整合的未来图景，银行业可以提供很好的例子。图7.10显示了自20世纪90年代以来发生在银行业的大规模整合。它有点类似"疯狂3月"[①]对阵表，目前只剩下行业四强。

当我们谈到银行整合的话题时，先锋集团可能也与银行业的整合有一点关系。在20世纪80年代初博格对员工的演讲中，他多次谈到银行对先锋集团的不满，因为先锋集团推出了低成本的货币市场基金，其收益率高于银行提供的利息。先锋集团基本上是在抢银行的生意。他在1980年告诉员工："有一个很大的行业——我们国家的银行业——想要把'它的'钱拿回去。"

这就是为什么许多银行在20世纪90年代开始提供共同基金，以努力拉回一部分资金。以下是博格在1993年的一次演讲中所提到的内容：

共同基金现在已经超越银行，成为美国家庭的投资选择……银行并不愚蠢，它们先是带着好奇和怀疑，后来又带着嫉妒和恐慌看着我们这个行业的发展。现在它们已经加入了这场游戏，开始销售我们许多竞争对手的共同基金（但前提是它们要从中获得销售佣金）。它们才刚刚开始发行自己的共同基金。

---

① "疯狂3月"是指美国大学体育总会一级联赛男篮锦标赛，是美国最大的全国性体育赛事之一。因为锦标赛的大部分比赛都在3月进行，因此俗称"疯狂3月"。——译者注

第七章 成本大迁移

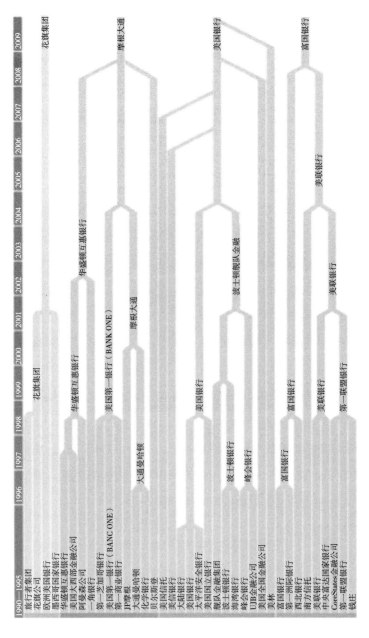

图 7.10 1990—2009 年银行业的大规模整合

数据来源：Visual Capitalist。

除了与其他基金公司合并，许多资产管理公司还寻求通过购买顾问网络或在线交易平台来收购终端客户。通过购买客户基础来投资自己的基金（我称之为 BYOA，即 Bring Your Own Assets）绝对是保持资产增长的一种方法，尽管它并不能真正解决有机需求缺乏这个长期问题。

## 榨取利润

即使这些公司进行整合，降低基金的费用，抵消高利润率基金的资金流出，也不会有太大的帮助，因为它们从低成本基金中几乎不会获得任何收入。所以，即使整合成功也可能导致失败，至少从收入的角度来看是这样。我问博格，他认为主动型基金公司应该做些什么来规避先锋给他们带来的残酷局面，他以祖父般严厉的口吻建议它们什么都不做——不要在这个时候改变，太迟了。只要榨取丰厚的利润和牛市补贴就行了。

我想知道的是："如果主动型共同基金变得更便宜，它们还能生存下去吗？"

博格回答道："答案很可能是否定的。费用可以降至 50 个基点，但没人会在乎，而且按 50 个基点计算，你将失去全部利润。那么，采取一个对你没有任何好处的措施有什么意义呢？"

"那它们该怎么办呢？"

"坐在摇钱树上。"

"但这些资产最终会离开，不是吗？"

"但这是缓慢发生的，它们会在走下坡路的过程中丢掉一大笔钱。"

## 大规模共同化？

尽管博格否认降低费用或整合会带来好处，但他明确表示，当清算到来时，主动型基金公司有一件事可以做——也许是被迫做的——这就是该行业的"大规模共同化"，许多大型基金公司为了生存将被迫转换为先锋集团的共同所有权结构。

"我要告诉全世界，在即将到来的时代，"他在我们最后一次采访中说，"行业内的公司将出现大规模的共同化。"

"你的意思是资产管理公司都将转向先锋集团的共同化结构？"

"它们将共同化。"

"真的吗？为什么？因为它们必须这么做？"

"嗯，有很多原因。首先，有一个竞争对手（先锋）在抢它们的饭碗，它们肯定知道为什么会有这样的结果。到目前为止，它们还不想再次发挥竞争力。它们将不得不削减费用，但永远无法削减到共同化所能达到的程度。它们喜欢主动管理业务，但每个人都知道，这是一种总体看有损于公司所创造的价值的业务。这就是事实。"

"它们知道自己路途坎坷，所以我认为压力会继续存在，公共政策也会参与其中。但压力也可能来自一群强势的董事，他们会说：'瞧，你们已经在低谷里徘徊了50年，时间太长了。让我们走向共同化吧。'"

考虑到经济上缺乏共同化的动机，这可以说是博格的大胆预测。他基本上是在预测，对这些公司来说情况将变得非常糟糕，以至于它们会铤而走险——尽管他补充说，许多小公司可能不需要这样做，因为"它们可能是本地的，只是和朋友一起做事情，并且能意识到成本较低的重要性"。

### 博格效应

博格最亲密的同事在两件事上与他的看法不同：一件就是大规模共同化理论，另外一件是对 ETF 的看法。最主要的原因是，大规模共同化低估了催生先锋集团的极其不寻常的情况。这种机会极其渺茫，甚至可以说是一种反常的现象。否则，公司根本就没有共同化的动机。

> 现有基金业务实现共同化的唯一途径是放弃所有收入，或者被共同基金买断。因此，这在经济学上根本说不通，如果你想成立一家共同化的基金公司，谁会为你提供资本？杰克过去喜欢到处说"整个行业都应该这样"，并说"我不明白为什么它们都没有改变"，但惠灵顿的改变只是因为出现了分歧。否则，资产管理公司为什么要这么做？
>
> ——詹姆斯·里佩

> 看到"大规模共同化"发生，我会感到惊讶。我记得 20 年前，当我还是基金研究小组的一员时，我们讨论过这个问题。我们得出的结论是，在很多方面，这种共同化结构对投资者来说都是有利的，这一点博格是对的。但我们是否应该让其成为我们平台的一部分，并将其作为最佳实践？最终，我们得出结论，这根本不现实。这项业务太有利可图了，因此资产管理公司不可能采用这种结构。如果机构实现大规模共同化我真的会很惊讶。我认为这有点一厢情愿。
>
> ——克里斯汀·本茨

尽管没有人真正认同博格的预测，但不能低估一个以低成本和指数基金的愿景领先时代 30 年的人。也许他会再次被证明是对的，只有时间才能告诉我们答案。

## 普特南案例

博格曾试图推动先锋集团的竞争对手之———普特南（Putnam）实现共同化。他几乎成功了。普特南公司在经历了几十年的良好经营之后，在 21 世纪初开始衰落。当时，该公司刚刚卷入时区交易丑闻，其中 9 名投资组合经理被发现与他们所管理的基金进行反向交易。如果有一家公司需要在"共同化"的净水中"受洗"，那一定就是普特南。博格知道这一点，并与普特南一位所谓的"独立董事"共进午餐，后来才得知，他曾担任普特南母公司威达信集团（Marsh & McLennan，现为 Marsh McLennan）的首席执行官，但注册文件中并未披露。如果普特南实现共同化，威达信集团将受损，其股份将一文不值。博格试图说服一位他认为是普特南董事会独立董事的人，但很明显，那人并不独立，那人在考虑威达信集团的底线。因此，博格最终得出结论："没戏。"

这个案例研究让我们很难想象，在何种情况下共同化会是备选路径。也许，博格只是下意识地做出了预测，来再次提醒每个人的罪恶——同时也提醒他自己是多么了不起。

"整个行业的结构都很疯狂，"他说，"然而，我们创造出了人类头脑中已知的最伟大的结构，我低调地称之为'先锋'，意思是'新趋势的领导者'，而我们已经走过了 42 个年头，还没有找到第一个追随者，这就说明了一些关于这个行业既得利益的问题。"

## 贝莱德的做法

对于基金公司来说,在这种黯淡的未来中,另一条可能的出路就是充分发挥创造性,积极地分散投资领域。贝莱德在某种程度上就是这么做的。它的长期业务是非常便宜的 ETF 和指数基金,但它也涉足科技业务、机构业务和另类投资业务,而且它正在非常积极地向海外扩张,那里"成本大迁移"还没有那么严重。简而言之,其多样化的收入来源使其能够在 ETF 和被动领域与先锋集团一较高下。基本上,如果你想长期生存和发展,就必须有一些东西来补贴你的基金业务。

> 我们在不同地区竞争,也在不同的产品上竞争。我们在核心领域要与先锋竞争。在因子投资(Factor Investing)领域,我们最大的竞争对手是德明信(Dimensional)。在固定收益领域,我们最大的竞争对手是债券市场。在可持续发展领域,我们的很多竞争对手是欧洲人。在主题投资等领域,我们通过指数基金和主动 ETF 与主动型基金经理竞争。先锋是一个强大的竞争对手。我们有许多实力相当的竞争对手,但不同之处在于,我们在细分市场和不同地域都具备多元化。
>
> ——萨利姆·拉姆吉

## 下一个:顾问

正如我在本章开头所指出的,"成本大迁移"及其带来的改革并不仅仅局限于基金领域，也发生在 25 万亿美元规模的金融顾问领域。虽然他们把客户的资金转移到了费用较低的被动型基金，以惩罚主动型基金不分享规模经济，但他们坚持收取 1% 的费用，所以可能在重复同样的错误。一些资产管理公司将此称为"保护基点"，以回应顾问们的伪善：他们公开抨击高成本并从高成本共同基金撤离，但他们收取的费用却与高成本共同基金相同，甚至更高。顾问们倾向于以如下理由来反驳收取高额费用这一事实：他们为客户做了很多规划，进行了税收和行为指导，所以他们值得拥有那 1% 的收入。这是一场正在进行的激烈辩论。

> 如果别人向你收取高额费用，那就太糟糕了，你需要阻止这种情况；但如果我向你收取高额费用，那没关系，因为那是我。
>
> ——里克·费里

## 还是美元费用

就像博格喜欢用具体美元数字来衡量共同基金的费用，这里也一样。假设你是一位每年获得 1% 费用收入的顾问，在 2015 年管理着 100 亿美元的资产，就能获得 1 亿美元。但自那以来，股市和债市翻了一番。你现在做同样的工作能赚 2 亿美元，而且没有增加任何新客户。做同样多的工作，却能得到双倍的报酬，就像我们在第五章里看到的那些主动型共同基金一样。这就是以资产的百分比来获得报酬的美妙之处。

> 这个行业已做好了颠覆的准备。人们会发出尖叫。这 1% 是有一定权利的。但你是一名财务顾问并不意味着你会变得富有。这就像是在波士顿当一名警察有权加班,因为这就是规定。
>
> ——妮可·博伊森

晨星公司前首席执行官唐·菲利普斯(Don Phillips)在 Bogleheads 播客上讲述了一个关于按资产的一定比例获得报酬的故事,这个故事一直留在我的脑海里,现在看来他似乎很有先见之明。

"从顾问的角度来看,这是令人愉快的,"菲利普斯说,"如果能按照基点获得报酬,这是多么好的赚钱方式啊!我见到的第一个基金经理是汤姆·伊布赖特(Tom Ebright),他为查克·罗伊斯(Chuck Royce)管理资金。我记得他说,'我半夜起来上厕所的时间就开始赚钱了。我每时每刻都在领工资。有个计价器正在计算资产管理费用'。"

圣迭戈(San Diego)的顾问库伦·罗奇(Cullen Roche)以收取非常低的费用而自豪,他在 ETF IQ 节目上说:"当你走进一个顾问的办公室进行每年一次的更新,如果你有 100 万美元资产,那么你就要支付 1 万美元。这对大多数人来说是一大笔钱,大多数人付给医生或会计师的报酬都没有那么高,所以我认为人们的压力会越来越大。"

这种压力来自许多地方,其中之一是像 Betterment 和 Wealthfront 这样的机器人投资顾问公司,它们会将管理投资组合、税收服务甚至规划的大部分过程数字化和自动化。机器人会做很多全方位服务顾问做的事情,而只需要支付 0.25% 的费用。机器人往往是先锋 ETF 的大用户,也是博格的追随者。Betterment 的创始人乔恩·斯坦(Jon

Stein）在博格去世后写的一篇博客文章中说，如果没有博格，他的公司就不会存在：

> 杰克对我职业生涯的影响不亚于任何人。没有他树立的榜样，就不会有 Betterment。我可不是随便说说，我是认真的：如果没有他，我们对金融业的任何影响——希望这种影响才刚刚开始——都不会发生。

也就是说，相对于庞大的资金规模，机器人投资顾问显得微不足道。但事实已经表明，人们渴望以更低的价格获得建议和规划。一些规模较大的资产管理公司也加入进来，提供低费用咨询服务。

## 先锋的下一个目标

先锋集团本就是一个资产管理公司，它在几年前也建立了自己的咨询部门。根据资产规模的不同，它对规划和建议的收费比率为0.05%—0.30%（表7.3）。先锋集团首席执行官蒂姆·巴克利在2019年接受《环球邮报》采访时说："我们很愿意在共同基金领域引入价格竞争。我们很高兴能有这么大的影响力，但真正需要降低费用的是顾问领域。"

表7.3 先锋集团私人顾问服务收费计划

| 费用比率（%） | 客户资产规模（万美元） |
| --- | --- |
| 0.3 | <500 |
| 0.2 | 500—1 000 |
| 0.1 | 1 000—2 500 |
| 0.05 | >2 500 |

数据来源：先锋集团。

先锋的私人顾问服务已经拥有2 600亿美元的资产（图7.11）——

### 博格效应

大约是 Betterment 的 10 倍——尽管大多数是先锋现有的基金客户。它还拥有 1 000 多名注册理财规划师。这才是真正的威胁,表明先锋集团的共同所有权结构并不局限于一个领域,而是可以扩展到任何领域。

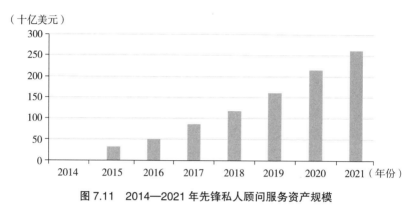

图 7.11　2014—2021 年先锋私人顾问服务资产规模

数据来源:先锋集团。

迈克尔·基茨可以说比任何人都更了解咨询业的历史和当前趋势,他认为先锋和博格效应可能会颠覆咨询业的 75%,剩下的 25% 可能会通过迎合需要大量工作的高端客户或提供专门服务来保住那 1% 的费用。有些可能还与地域有关。

> 如果一名顾问从事的是非常高端的、需要大量专业知识的工作——比如与他们需要推销的目标企业合作以及更复杂的事情——并且对这些事情了如指掌,那么他完全有可能获得 1% 的报酬。但如果他们做的和我们(Betterment)一样,那么他们可能不应该得到 1% 的报酬。
>
> ——丹·伊根

基茨认为这个数字如此之高的原因是,目前有 30 万名"顾问",

但其中三分之二实际上是经纪人,甚至剩下的三分之一也不全是真正的国际金融理财师(CFP)顾问(他们做了全面的规划,可以说不那么容易被干扰)。

"我认为先锋会取得成功,"基茨说,"我怀着对巴克利和先锋集团最大的敬意,但我认为巴克利有点言过其实了。当他说到'顾问'的时候,我想他指的实际上就是经纪人。他们不给任何建议,也没有受过训练。"

他继续说道:"先锋的私人顾问服务仍然没有颠覆其他咨询机构。不过,它所做的是迫使其他咨询机构变成利基市场、专业化、地区主导的参与者。因此,我预计先锋集团也会发生类似的事情,它可能最终会服务于底层的70%或80%的投资者,而独立的咨询机构最终会为收入更高、资产更高、需求更复杂的人形成一整套利基市场和专业领域。这就像家庭医生的兴起并没有让神经外科医生失业一样。"

假设25万亿美元的顾问资产中有75%最终支付的费用只有现在的一半,那么投资者每年将节省约1 000亿美元。虽然不是所有省下的钱都直接归功于博格和先锋,但它最终可能会使我在第一章中讨论的每年上万亿美元的节省规模继续扩大。

> 我认为先锋私人顾问服务在获得资产方面取得了成功,他们获得的资产越多,市场就越需要认真对待。这是否意味着所有咨询价格都将降至先锋私人顾问服务的水平?这似乎不太可能,因为会有一些他们无法服务的有特殊需求的客户,无论这些需求是更感性的还是更实际的。
>
> ——伊丽莎白·卡什纳

博格效应

## 廉价市场或利基市场

这将与基金业务的现状相呼应，基金业务也在走向一种模式，即少数大型公司管理着约 80% 的资产，并在收费方面展开竞争，而其他 20% 则由利基经理和当地基金公司监管。

> 我认为博格影响的下一个前沿领域是顾问费，以及以一种真正有成本效益的方式向主流投资者提供建议。我认为先锋集团内部正在发生一些变化。Betterment 等其他公司也试图按照这一思路推出产品。我认为这将是未来几十年创新的方向。
>
> ——克里斯汀·本茨

在《投资常识》一书中，博格对投资顾问的描述相对微妙，而对资产经理的描述则较为绝对。他认为有好的顾问，也有不好的顾问，他们擅长一些事情，但在其他方面可能不太擅长：

作为一个整体，我怀疑顾问们是否有能力帮助你选择能够为投资组合带来高回报的股票基金（可能有一些，但大多数没有）。专业的投资顾问最擅长提供有价值的服务，包括资产配置指导、税务方面的信息，以及关于工作时该存多少钱、退休后该花多少钱的建议。经验丰富的投资顾问可以帮助你避开投资道路上的陷阱。在最好的情况下，这些重要的服务有助于实施你的投资计划和提高你的回报。

> 顾问们并不只是坐在那里说："我们收取 1% 的费用，什么都不做，只持有 3 只 ETF 就可以。"我们会进行税收损失收割、预算

> 辅助、退休计划——本质上是确保客户的整体财务状况良好。话虽如此，我认为顾问领域也会像其他金融服务领域一样出现一些收费压缩。顾问将不得不提高他们的价值定位。但说到底，终端客户决定价值。我们与各种各样的终端客户合作，他们很清楚付给我们多少钱。我们是完全透明的。
>
> ——内特·格拉西

有一个值得注意的因素可能会使先锋集团在私人顾问服务方面的成功复杂化：在一定程度上，它让先锋集团与自己的客户展开竞争。如果一些顾问认为先锋ETF对他们的业务构成了威胁，他们可能不太愿意投资这些基金。正因为如此，同样经营ETF的道富银行则明确表示不会提供顾问服务，因为它不与自己的客户竞争。到目前为止，这似乎还没有给投资顾问带来太多困扰，但这种现象值得关注。

先锋正在努力发展的顾问服务的另一个有意思的方面是，它可能会把先锋带入许多它可能不会涉猎的其他领域，如私募股权、对冲基金、直接指数，甚至可能是加密货币。为了与高级顾问竞争，先锋集团需要为客户的另类投资需求提供解决方案。这会变得很有趣。

虽然博格在他的一本书中赞扬了私人顾问服务，但他在我们上次的采访中更进一步，预测顾问行业最终将不得不彻底放弃基于资产百分比的收费模式。"这个行业会变得越来越专业，"他说，"越来越不像一种业务。随之而来的是更专业的付费方式，按小时付费。我不知道具体会是什么，但在我看来，对于顾问来说，固定比例的费用，甚至逐渐降低的固定比例费用，都无法维持下去。"

## 计时模式

这就给我们带来了计时模式，这是咨询界一场规模不大但正在发展的微型革命。在这种模式下，客户只需要为顾问的时间付费。

> 利用自己的时间获取收益的合格顾问帮助我们在股东资本主义中向前迈出了一大步，我认为这是财务建议应该保持的呈现方式。顾问按时间收费，至少97%的人会得到更好的服务。
>
> ——谢莉尔·加瑞特

顾问们反驳说，他们给了客户选择的机会，但客户们更喜欢按百分比付费。用前面库伦·罗奇的例子，问问你自己，你是愿意每年从账户里自动扣除1%的费用，还是愿意每年开一张5 000美元的支票？有些人可能会选择1%的费用，尽管5 000美元仅是成本的一半。

> 但你是个顾问。你不是有责任提醒你的客户吗？你是受托人。你应该解释一下为什么他们不应该选择看似较小的比例。
>
> ——里克·费里

计时模式还没有看到机器人和先锋集团的私人顾问服务所产生的那种影响——事实上，Cerulli Associates 的数据显示，只有不到1%的顾问收入来自计时费用——但它正在发出自己的声音。时间会证明它是否能够创造一个临界点。不过，无论如何，未来几年这一领域都将面临压力。

> 很长一段时间以来,我一直在说按资产管理规模(AUM)的1%收费不仅太高,而且很愚蠢。你应该从你的财务顾问那里得到财务建议,为什么要根据被管理的资产付费来获得建议?你应该为服务付费。我认为这种模式注定要失败,这根本说不通。我得到的回应是:"嗯,我有417个客户,他们中没有一个人抱怨过。这似乎不会影响到任何人。"博格自己的故事就是一个反例。多年来,指数一直无足轻重,突然间,它成了一切。这就是很多时候变化发生的方式——逐渐地,然后突然地。有人在不断削减100个基点的AUM费用,直到有一天整个建筑轰然倒塌。
>
> ——杰森·茨威格

## 人才流失

这种程度的大规模成本迁移会给金融业带来什么样的结果呢?金融业的规模可能会变小,迫使美国的人才和智力资源进行大规模的重新配置——根本不会有那么多的资金来吸引社会上那些最聪明的人。博格在《文化的冲突》一书中写道:

在我们金融体系的帮助和恩惠下,这片土地上太多优秀、聪明的年轻人没有成为科学家、医生、教育工作者或政府工作人员,而是被投资行业提供的惊人的金融激励所吸引。这些巨大的回报会将重要的人力资源从其他更有成效和对社会更有用的工作中转移出来。

在《知足》一书中写道:

近年来,对冲基金经理获得的巨额收入,以及投资银行家惊人的

### 博格效应

薪水和奖金,点燃了美国许多商学院毕业生的想象力,华尔街成为他们职业生涯的首选目的地。注册会计师的数量已达到创纪录的8.2万名(截至2020年为15.6万名)。也许我应该为这样的消息感到高兴。毕竟,这是我毕生所致力的一项工作。不过,我担心太多的人涌入金融业的动机,更多是为了从社会中获得什么,而不是回报社会;可以肯定的是,他们的公司提供服务的成本将超过其创造的价值。

许多人会为这一前景喝彩,因为这些年来,他们不断听到有关金融行业的可怕新闻,比如"前25位对冲基金经理的收入超过了美国所有幼儿园教师的收入"。

> 在大多数情况下,没有任何其他地方可以让你在没有天赋的情况下赚到尽可能多的钱。看看一个好的心脏外科医生能挣多少钱,再看看一个顶级经纪人的薪水——这太可笑了。是的,他们有能力,但还有哪个行业的能力和回报如此不匹配呢?我觉得很多想要战胜市场的聪明人都应该去医学、心理学或其他领域工作,在这些领域他们可以真正运用自己的智慧,而且将使更多的人受益。
>
> ——安东尼·伊索拉

博格对这些创造性的破坏感到自豪,但他并不是完全不关心他所造成的痛苦。他说:"我一点也不高兴……没有人是一座完全与世隔绝的孤岛。"

# 第八章

# "杞人忧天"

"我们需要捍卫为个人投资者创造的最重要的金融创新,并使之继续存在,对此我感到十分震惊。"

当你鹤立鸡群——同时搅乱现状及收入格局——你就会成为靶子。正因如此,先锋集团以及它推出的指数基金和ETF,现在被指责为造成市场中各种问题的罪魁祸首——甚至是尚未发生的问题。每隔几个月就会有人发表一篇文章,标题带有挑衅性,内容是关于"一些人担心"被动型基金或ETF正在引发泡沫,扭曲市场,甚至危害世界。

这些文章中的"一些人"通常是一个主动型经理,这就类似于可口可乐公司的首席执行官担心太多的人在喝水,如果他们不停止大量喝水,不好的事情可能就会发生。然而,标题将不可避免地变成"一些人担心对水的消费正在损害人类健康"。

> 那些抱怨ETF和指数基金令人担忧的人,要么是一名主动型基金经理,要么是追随一位处于共同基金领域的主动型基金经理。

> 而责怪别人比解决问题更容易。
>
> ——托德·罗森布鲁斯

虽然这些文章中偶尔也会有一些真心话,以及一些善意的担忧,但其中大约 70% 只是部分受到威胁的群体的表演和焦虑。鉴于被动投资的增长在很大程度上只是散户投资者的行为,而且华尔街内部几乎没有人因此变得富有,媒体故意以这种方式诋毁被动投资就有些奇怪了。有时,这感觉就像是一种打压,一种为了点击量而试图吓唬散户投资者的行为。

虽然博格本人也有一些担忧,但总体而言,他认为,对于被动投资的攻击在很大程度上是毫无根据的。毕竟,这是他的孩子,他的使命。在《坚持到底》一书中,他抱怨道:

尽管取得了成功(或者正因为取得了成功),近年来指数基金在多个领域受到了攻击。是的,一项使投资者能够从股票和债券市场产生的回报中获得公平份额的创新,如今却受到了攻击,这种攻击不仅来自与主动型基金经理有联系的妒火中烧的竞争对手,也来自学术界,这似乎很荒谬。

> 这世界真是充满了恐惧、不确定、怀疑。这些担忧感觉很像人们为了证明自己的工作是正确的而产生的恐惧,而不是为了提供一些替代性的或更好的方式。如果提出这些担忧的人有合适的解决方案,而不是要求"付给我更多的钱",我会更愿意接受它。
>
> ——丹·伊根

# 第八章 "杞人忧天"

## 一如既往

对指数的担忧可以追溯到它产生的那一天。就在博格推出第一只指数基金之后，金融研究公司 Leuthold Group 就制作了一张著名的海报，分发给它在华尔街的客户，呼吁将指数基金消灭掉，因为它们是"非美国的"！

该公司的员工后来说这是一个玩笑。考虑到自那以后类似的攻击事件层出不穷，我不确定是否能相信这种说法。不管怎样，博格实际上很享受这些早期的攻击。是他们的攻击激励了他。

> 以尽可能低的成本进行指数化的想法是亵渎神灵的，而他对此非常自豪。他的办公室里挂着巨大的海报，上面写着诸如"指数投资是祸害"之类的话。他非常喜欢这些攻击。
> ——吉姆·温特

当然，害怕变化和新事物的现象早在博格或指数基金之前就存在了。

> 每当有新事物出现时，人们肯定会担心，因为他们不知道这会如何影响他们之前所知道的一切。纵观历史，当人类感觉未来充满不确定性时，他们倾向于用消极的眼光看待新的工具或创新。历史上一直如此，但市场仍然存在，并持续运行了大约 400 年。市场经历了两次世界大战，经历了若干次挫折和大流行病——有太多本来应该摧毁市场却没有摧毁的东西。很难找到能

> 真正影响市场、使其停止运转的东西。所以你不必杞人忧天。
>
> ——杰米·凯瑟伍德

## 乐观不会获得点击率

事实是，绝大多数投资者都很淡定，但问题是，如果你是媒体人，保持淡定不会获得点击量。我亲身体会到，如果你写一些消极、悲观或表达担忧的内容或推文，它的阅读量和参与度将是你写一些正向或乐观内容的 5 倍。

> 从出版的角度来看，当标题令人恐慌或告诉你要警惕某事时，它就会畅销。没有人会关注一个孩子每天都安全步行上学的新闻。
>
> ——托德·罗森布鲁斯

当你把一些受到威胁的生计和寻求点击率的媒体结合起来，就会得到一些非常令人恐慌的头条新闻。过去几年我个人比较喜欢的一些新闻是将 ETF 和被动投资比喻成下列事物：

- 大规模杀伤性武器
- 下一次地震的断层线
- 抗生素滥用
- 萨勒姆女巫审判（the Salem witch trials）
- 下一个债务抵押债券（CDO）
- 歌曲《加州旅馆》（*Hotel California*）

尽管这些攻击中的偏见和装腔作势十分明显，但重要的是不要陷入盲目狂热，对任何批评都视而不见。虽然大多数担忧似乎永远不会实现，但你不能遗漏或做错什么。

此外，解构这些普遍存在的担忧，是了解指数基金和 ETF 如何能融入更广阔市场图景的一个好方法。让我们来看看我所认为的关于被动投资的八大担忧：

- 引发股市泡沫
- 扭曲市场
- 未经检验
- 造成流动性错配
- 弱手（Weak Hands）①
- 指数产品太多
- 所有权集中
- 糟糕的客户服务

有一件事要记住：并不是所有的担忧都指向被动投资。有些针对的是 ETF，有些针对的是先锋集团。但它们在很大程度上都是对博格效应的反应。

## 引发股市泡沫

从 2008 年底到 2020 年底，美国股市上涨了 433%，平均市盈率约为历史平均水平的两倍。自然，人们认为这是一个泡沫，并想找出原因［说实话，我和我的 401（k）计划对此相当满意］。

---

① 弱手是指资金不足，难以承受价格大幅波动的投资者。——译者注

### 博格效应

虽然美联储的宽松政策、企业盈利增长、股票回购、散户交易增加以及传统的非理性繁荣可能是推动股价上涨的重要因素,但一些人还是将此归咎于被动型基金。他们将指出,在此期间有3万亿美元资金流入被动型股票基金。除非你加入一些背景,比如股市本身是如何在同一时期增长43万亿美元、达到53万亿美元的,否则很难听起来合理。

在价值53万亿美元的美国股票中,指数基金和ETF持有17%。其余83%的股份由家庭、主动型共同基金、机构、外国投资者、对冲基金和企业持有(图8.1和图8.2)。

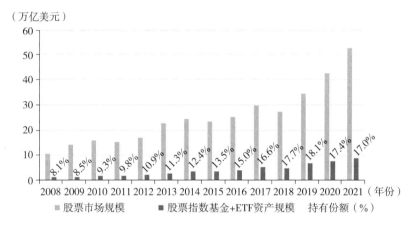

图8.1　2008—2021年美国股票市场和被动股票基金资产规模及其持有份额

数据来源:美联储。

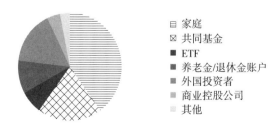

图8.2　美国股票市场投资者结构

数据来源:美联储。

这些数字让很多人感到惊讶和困惑。人们很容易把被动型基金在股票共同基金中所占的份额（高达50%）与它在股市中所占的份额（仅为17%）混为一谈。也就是说，虽然它比人们想象的要小得多，但它比30年前的1%有了较大幅度的上升。

那么，资金规模的增长呢？3万亿美元的资金流肯定对股价有一定影响吧？没错，所有这些资金都流入了基金，而基金又不得不购买股票。然而，主动型股票共同基金也有几乎等量的资金流出，导致其不得不卖出同等规模的股票。这一点可以从图8.3中看出，它跟踪了资金从主动型基金到被动型基金的流动情况。

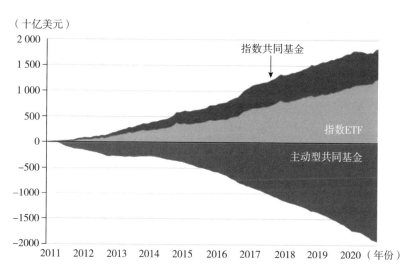

图 8.3　2011—2020 年美国国内主动型共同基金、指数 ETF 和指数共同基金资金累计流动情况

数据来源：ICI。

注：共同基金数据包含最新的净资金流动和红利再投资；ETF 发行净额包括红利再投资。

综合来看，被动型基金对股价的净影响基本上为零。现在，有人可能会说，指数基金对大盘股有一点额外的提振作用，因为它们是根

## 博格效应

据市值不加选择地买入，而主动型基金则可能更谨慎，它们是根据基本面买入。但即使是这些基金经理也倾向于购买大的、受欢迎的公司，因此很难对这一点给予过多的考虑（没有双关语的意思）。

可以这样想，人们正从一种旧的形式（主动型共同基金）转向一种新形式（指数基金、ETF），因为最终这些主动型共同基金或多或少会持有完全相同的股票。例如，主动管理的富达麦哲伦基金的前十位持仓与标准普尔 500 指数的持仓非常相似（表 8.1）。资金只是从主动管理型指数转移到被动管理型指数，从高成本转移到低成本。

表 8.1 富达麦哲伦基金持有的前 10 位股票（截至 2020 年 9 月）

| 排名 | 证券 | 代码 | 净流（%） |
| --- | --- | --- | --- |
| 1 | 苹果 | AAPL US | 6.88 |
| 2 | 微软 | MSFT US | 6.66 |
| 3 | 亚马逊 | AMZN US | 4.59 |
| 4 | Meta Platforms Inc Class A | MVRS US | 3.09 |
| 5 | Alphabet Inc Class A | GOOGL US | 2.62 |
| 6 | Alphabet Inc Class C | GOOG US | 2.55 |
| 7 | 英伟达 | NVDA US | 2.35 |
| 8 | Visa Inc Class A | V US | 1.83 |
| 9 | 联合健康集团 | UNH US | 1.79 |
| 10 | 家得宝 | HD US | 1.78 |

数据来源：彭博。

这与第五章中的例子类似，当时人们把 CD 换成了 MP3 和流媒体。人们仍然在消费同样的音乐，只是以一种不同的、可以说是更好更便宜的形式消费了。这就是为什么把股市泡沫归咎于指数基金或

ETF，就像把五分钱乐队的崛起归咎于MP3一样。

博格在2018年接受美国全国广播公司财经频道（CNBC）采访时提出了这一点，来反驳那种令人厌倦的说法：先锋集团正在变得越来越大，购买了大量大型科技股，它将导致股市崩盘。"如果你看看热门股票，"他表示，"美国主动型基金经理所持有的股票几乎与被动型指数基金经理所持有的股票完全相同，没有太大的差别。"

> 只是把椅子换了一下。这些股票终将被某个人或机构所持有。它们就在市场上。如果它们归指数基金所有，并被打包带走，这将对价格发现产生多大影响？基本上为零。而且，你不需要进行大量的交易来确定价格。每天只有一小部分股票在交易。
>
> ——里克·费里

公平地说，如果我们加上养老基金、捐赠基金、保险公司、主权财富基金和家族理财等机构投资者，被动投资持有股票的比例可能会上升到25%或30%。我们无法获知确切数据的原因是，它们往往不通过公开发行的基金，而是选择单独管理账户（SMAs）来获得指数敞口，而且数据没有披露。这些投资者更喜欢私有化和保密，一些较大的投资者甚至能以比指数共同基金或ETF更低的价格获得他们想要的指数敞口。尽管如此，它们中的大多数对公开股票的敞口有限，而更多青睐于另类投资。

除了股票市场，债券市场的被动持有比例甚至更小，仅为4.3%，预计未来几年还会增长。至于黄金，ETF持有的黄金只占全球供应的1.5%。

博格效应

## 扭曲市场

与泡沫担忧相伴的另一个担忧是，指数基金和 ETF 扭曲了市场。因为当它们拥有资金时，会盲目地完全根据规模来购买股票，而不考虑基本面因素。这种观点认为，股票没有被正确定价，因为这样那样的原因，"狗"（指数基金）在摇"尾巴"（股票）。

这种担忧可以追溯到 1975 年 12 月——先锋集团也在同一个月申请推出了它的第一只指数基金——当时 Chase Investors Management Corporation 的研究主管玛丽·奥尼·霍兰德（Mary Onie Holland）在给《华尔街日报》编辑的一封信中写道：

指数基金的投资规模不断扩大，指数基金的泛滥会导致市场效率低下。股票价格将更多地成为流入指数基金资金的函数，而不是其投资价值的反映。有效市场假说将不复存在。

这些话本可以写在今天。

虽然被动投资是"造成扭曲"较受关注的替罪羊，但它并不孤单。美联储经常被贴上"扭曲市场"的标签，期权市场如此，短线交易者也是如此。甚至早在我们出生之前，担忧者就在指责其他金融产品造成了扭曲。

> 早在 1935 年，就有人担心信托公司持有大量股票可能会产生问题，以及这些问题将如何影响股价。他们（担忧者）呼吁证券交易管理委员会立即展开调查，显然我们今天仍有同样的担忧。
>
> ——杰米·凯瑟伍德

因此，即使没有被动型基金、美联储和零售经纪商，对某些人来

## 第八章 "杞人忧天"

说，市场仍然是扭曲的。有些人期望市场做某些事情，如果市场没做，他们就认为市场被"扭曲"了。然而真相是，这种"扭曲"可以说是市场的自然状态。在被动型基金出现之前，市场从其存在开始，就经历着繁荣、泡沫和萧条。

> 这就是市场。说到底，这只是供需关系。在超长期内，基本面很重要，但在短期内，情绪驱动一切。
>
> ——韦斯利·格雷

> 大多数提出这些担忧的人，要么是主动管理的提供者，要么是使用者，如果市场中存在低效率、价格扭曲，他们就是利用这种低效率或扭曲来获利的。所以让我觉得困惑的是，恰恰是那些从中受益的人在说："看，这些东西有危险。"
>
> ——李·克兰尼弗斯

"摇尾狗效应"的另一个问题是，正如人们所预料，我们看到了一系列大幅波动，即某只股票在业绩报告或其他相关消息公布后迅速上涨或下跌。这种情况也会发生在那些存在大量资金流入的指数基金所广泛持有的股票上。

2018年的通用电气（GE）就是一个很好的例子。它的价格在10个月里因为基本面原因暴跌了50%——利润疲软加上债务增加——然而持有它的ETF和指数基金却发生了大规模资金流入（图8.4）。所以，显然"尾巴"不能摇"狗"，虽然可能会有一点影响。如果没有通过指数基金流的竞价，通用电气的股价还会进一步下跌吗？可能会。指数基金确实发挥了一定的作用，但它们对股票或市场没有大的影响——它们基本上只是跟随市场主动投资的脚步。

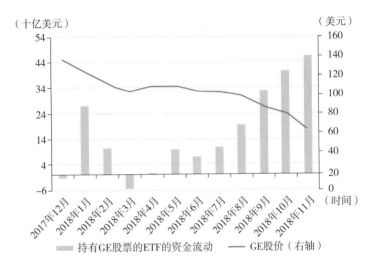

图 8.4 持有 GE 股票的 ETF 的资金流动与 GE 股价变动

数据来源：彭博。

除了通用电气，另一个主动投资左右定价的指标是，我们看到许多公司被标普 500 指数剔除——最近的例子是梅西百货（Macy's）和卡普里控股（Capri Holdings）（表 8.2）。鉴于标普 500 指数基金和 ETF 是被动资金流入的圣地，怎么会发生这种情况呢？这是因为主动投资者不喜欢他们在这些公司中所看到的东西，并将其出售，使得它们的市值下降，并导致标准普尔 500 指数剔除了它们，转而选择更大的公司。

表 8.2 被标准普尔 500 指数剔除的股票

| 公司 | 剔除日期 | 加入日期 | 在指数期间回报（%） | 指数持股情况（%） |
|---|---|---|---|---|
| 赫尔默里奇和佩恩公司 | 2020 年 5 月 22 日 | 2010 年 2 月 26 日 | −33.30 | 27 |

续表

| 公司 | 剔除日期 | 加入日期 | 在指数期间回报（%） | 指数持股情况（%） |
| --- | --- | --- | --- | --- |
| 卡普里控股 | 2020年5月12日 | 2013年11月1日 | −82.20 | 24 |
| 梅西百货 | 2020年4月6日 | 1995年11月30日 | −36.60 | 24 |
| 西莱能源 | 2020年3月3日 | 2014年6月20日 | −77.10 | 14 |

> 年复一年，我们将看到标准普尔500指数的股票中，有上涨50%的股票，也有赔钱的股票，因为个人买家在推动价格。特斯拉就是一个很好的例子。在被纳入标准普尔500指数之前，它在2020年上涨了1 000%。
>
> ——托德·罗森布鲁斯

> 指数并不是股价上涨或下跌的驱动因素，左右股价的是股票的表现和基本面。我不认为是指数主宰了世界。
>
> ——大卫·布利策

可以这样想，指数基金和ETF就像是坐在主动投资者驾驶的汽车后座的乘客。就像我们前文说的，它们是在"搭便车"。举个例子，苹果和微软目前位于标准普尔500指数的前两位，不是因为被动型基金很受欢迎，而是因为它们的市值最大。它们市值增加的原因是它们的价格上涨了，价格上涨的原因是主动交易员喜欢这些股票并买入了它们。在未来的某一时刻，如果它们不再吸引那些主动投资者，投资者就会出售这些股票，然后它们将不再是前两位的公司。正是由于主动管理，指数才是一个动态的、不断变化的有机体。

### "唐格"会继续涌现

总的来说，"市场扭曲论"是站不住脚的，尤其是考虑到市场的规模，以及所有变量相互作用和抵消的情况。也就是说，在过去的10年里，在较小的市场角落里有一些特定的案例，指数基金和ETF的某些持股相对于它们的基础资产增长得非常快——就像小池塘里的一条大鱼。当这种情况发生时，它们推动股票价格上涨的可能性明显增加。这不仅仅是ETF或指数基金的特有现象——这种情况偶尔也会发生在主动型基金和对冲基金上。

2019年的唐格奥特莱斯（Tanger Outlets）就是一个例子。这家在奥特莱斯购物中心租赁零售空间的不知名公司成为有史以来第一只由被动型基金持有多数股权的股票。该公司近60%的流通股由指数基金和ETF持有（表8.3）。这与被动型基金持有大多数股票约17%的比例存在巨大的偏差。

这是怎么发生的？简而言之，这只股票拥有许多（聪明贝塔）被动型基金想要的东西：收益率。Tanger支付了丰厚的股息，连续25年增长，使其加入了许多流行的股息指数基金和ETF。在低利率时代，股息ETF变得非常受欢迎。与此同时，主动型基金基于基本面和负面前景抛售该股。因此，从主动到被动的所有权转移是异常高的。

当Tanger的市值降至其股份最大持有人SPDR标准普尔股息

ETF（SDY）所需的阈值以下时，这种非常不寻常的情况自然得到了解决。最终，该 ETF 不得不一次性抛售 Tanger 22% 的股份。在对冲基金的强制抛售行动之前，有一些人试图抢先出手，但其他变数令该股走势对他们不利。整个情况一度有点混乱，但这并不是什么大事，生活还在继续，股票还在交易。现在被动型基金的持股比例已经低于 40%。

表 8.3　2019 年 9 月被动投资持股情况

| 代码 | 名称 | ETF 持股（%） | 被动型基金持股（%） | GICS[①] 部门 |
| --- | --- | --- | --- | --- |
| SKT | 唐格奥特莱斯中心公司 | 43.65 | 58.79 | 房地产 |
| WPG | 华盛顿 Prime 集团 | 27.18 | 43.15 | 房地产 |
| UBA | 优士达不动产 | 23.81 | 39.99 | 房地产 |
| MDP | 梅雷迪思公司 | 28.71 | 39.73 | 通信 |
| STAR | iStar 公司 | 23.69 | 29.6 | 房地产 |
| WRE | 华盛顿房地产投资 | 23.42 | 39.17 | 房地产 |
| KRG | 凯特地产信托 | 23.35 | 39.17 | 房地产 |
| HT | 赫莎酒店信托 | 23.35 | 38.89 | 房地产 |
| DRH | 钻石摇滚酒店公司 | 22.33 | 28.82 | 房地产 |
| SCWX | SecureWorks 公司 | 31.06 | 37.47 | 信息技术 |

数据来源：彭博。

未来会有更多的 Tanger，但它们将会是小池塘中的代表。这样的事情在很长一段时间内都不会发生在苹果或微软这样的股票身上，但它值得关注。

---

[①] GICS（Global Industry Classification Standard）是由标准普尔和摩根士丹利于 1999 年联合发布的全球行业分类系统。——译者注

博格效应

## 被动投资能发展到什么程度

人们现在很自然地会问一个问题——也是分析师们在金融泡沫内部喜欢思考和辩论的问题——那就是：在"太大"之前，被动投资能发展到什么程度？如果每个人都指数化了呢？你常常会看到有人引用博格在接受雅虎财经访谈时所说的话：

> 如果每个人都投资指数产品，那你能使用的就只有混乱、灾难——交易将停止，收入无法转化为资本，资本也无法转化为收入。市场将会崩溃。

不过，他们从未引用博格后面一段话，他后面说的是，这种情况发生的可能性为零，他预计指数增长至75%之后才会真正严重扭曲价格。记住，我们通过基金持股的比例是17%，通过非公募基金持股的比例可能达到25%。因此，还有很长的路要走。

> 如果市场最终有95%都是指数基金，我也不会担心。总会有人确保市场是有效的。
>
> ——伯顿·麦基尔

> 我对此没有任何顾虑。市场效率会受到影响吗？我不这么想。即使指数基金市场份额达到80%，只要还有主动型经理，他们发现了便宜的股票就会买。如果他们认为很贵，就会卖掉。所以我不认为市场效率会受到指数增长的挑战。
>
> ——格斯·索特

# 第八章 "杞人忧天"

## 被动投资多半是一个神话

另一件要记住的事情是，即使被动投资的规模越来越大，也几乎没有一个被动型基金是真正完全被动的或都在做同样的事情。指数是一个大帐篷，其中各个公司在挑选和排列股票的方式上有许多差别。被动的正式定义是市场中根据市值加权的所有股票篮子。除了整体市场基金，没有什么被动型基金能真正做到这一点，但整体市场基金只占被动资产的10%。其余的要么跟踪市场的各个部分，要么采用特定的标准和加权方案来实现一个特别的目标。

之所以会发生 Tanger 这样的情况，是因为指数基金和 ETF 根据分红选择股票并进行加权，这一点也不被动，而且基金是基于规则管理而不是由人管理的。

> 指数产品不是整齐划一的，它们并不是都在做相同的事情。
> ——大卫·布利策

当说到指数或被动投资时，很多人首先想到的是标普500指数，但它在技术上也不是被动的。除了正在进行的大盘股投资，标准普尔500指数还由一个委员会控制，委员会对该指数囊括哪些股票有最终决定权。虽然它依赖于一套规则，但它拥有——而且已经行使了——推迟将某只股票纳入指数的权力，比如2020年它故意拒绝将特斯拉股票纳入指数，尽管这只股票符合它的所有标准。

> 在我看来，标准普尔500指数并不是一个指数，而是一种实施

> 主动管理的被动方式。换句话说，你在积极押注大盘股，做空小盘股。指数化是投资于整个市场——无论是股票市场、债券市场还是全球市场。
>
> ——格斯·索特

## 未经检验

这种担忧往往针对ETF，可能是所有主要担忧中最荒谬、最容易反驳的，尽管我理解为什么会出现这种担忧。ETF最近变得非常受欢迎，对于许多新的市场参与者或报道它们的记者来说，它们似乎是一个新事物。但ETF已经存在了大约30年。即使是不喜欢ETF的博格，也不认为ETF的持久性和交易能力有问题。他担忧的是，ETF交易太频繁了。

事实是，ETF已经经受了一次又一次的考验。自1993年推出以来，ETF交易价值已达335万亿美元。据估计，ETF的平均交易规模为2万美元，这大约相当于170亿笔个人交易，而几乎没有产生任何问题（图8.5）。它们已经制定了麦当劳水平的顾客服务标准。

ETF不仅经受住了压力测试，而且往往在压力测试中茁壮成长。在历次大的市场崩溃中，ETF的交易量都有所增加，比如互联网泡沫破裂、"9·11"后的一周、2008年全球金融危机、闪电崩盘（flash crashes）、2013年美联储引发的"缩减恐慌"（Taper tantrum）、英国脱欧、2020年3月因对新冠肺炎疫情的担忧而引发的抛售，以及其

## 第八章 "杞人忧天"

他各种小型市场波动和交易所故障。在这些严峻的市场环境中,ETF 往往是流动性最强的投资工具,即使是最老练的交易员也会使用它们。我之前担心在市场压力大的情况下它们的规模会下降,但事实总是相反。

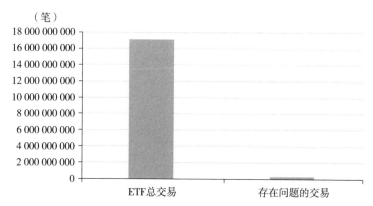

**图 8.5　1993 年以来 ETF 总交易量与存在问题的交易量**

数据来源:彭博、NYSE。

> 任何关于 ETF 引发泡沫或使市场膨胀的说法,都将成为耸人听闻的头条新闻。因此,作为顾问的我们必须提供相关知识,以应对这种说法。我只是觉得这是一种老套的说法,不知道还需要看到什么才能让人们对这种结构产生信心。
>
> ——内特·格拉西

当然,这期间也有过一些小问题,但都是较小的、孤立的,它们通常会得到纠正,以免再次发生。目前 ETF 的业绩已经说明了一切,所以我们会沿着这条路继续走下去。

博格效应

## 造成流动性错配

与对"未经检验"的担忧相关的,是一种专门针对债券 ETF 的担忧,即担忧它们因流动性错配而引发问题。这就是前面提到的"加州旅馆"的比喻——你可以随时入住(行情好、有流动性的时候),但永远不能离开(因为当市场衰退的时候,流动性会消失)。基于一个恰当的前提,这似乎是一个合理的担忧:债券型 ETF 的交易规模往往比它们持有债券的规模要大得多(这对大多数 ETF 来说是完全正确的,尤其是垃圾债券 ETF,其中许多债券并不是每日都交易)。最终,如果投资者急于退出,潜在的流动性缺乏将导致 ETF 冻结。

对冲基金尤其喜欢提出这种批评。在彭博,我们实际上有一份担心 ETF 和被动投资的知名对冲基金的名单。这个名单中的基金还在不断增加。对冲基金与 ETF 有着独特的关系,它们经常攻击 ETF,但同时它们也是 ETF 最大的客户。总体看,它们亦敌亦友。

虽然我有时会质疑那些指责 ETF 的人的真实目的,因为他们与 ETF 之间存在竞争,但他们的担心在理论上是有道理的——当基础资产都不能交易时,ETF 怎么能交易呢?但这就是重点所在。ETF 的设计就是,即使其所持的资产不能交易,ETF 也要能交易。这是我们反复看到的情况。最典型的例子可能是,尽管埃及股市在 2011 年埃及革命期间关闭,但 VanEck Vectors 埃及 ETF(EGPT)仍交易了大约一个月。

关键在于,ETF 是在交易所进行交易的,因此在市场压力大的时候,它们可以充当释放阀。这种情况在债券 ETF 中已经发生过很多次了。然而,在极端波动期间,债券 ETF 的价格似乎偏离了资产净值(NAV),即 ETF 持有的所有债券的公允价值。这种情况在垃圾债券 ETF 中最常见，比如 iShares iBoxx 高收益公司债券 ETF（HYG）（图 8.6）。这看起来很糟糕，并导致一些人怀疑这只 ETF 是否出了问题。

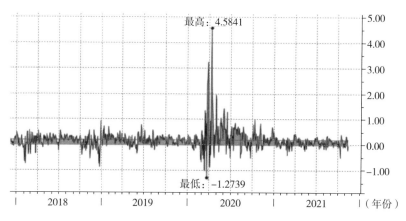

图 8.6　HYG 的溢价和折扣变动

数据来源：彭博。

价格和资产净值之间存在差距的原因是，ETF 本身是实时交易的，因此反映了最新的市场情绪，而资产净值是用一些自抛售开始以来没有交易的债券计算的，这些债券的价格还停留在危机之前。也就是说，ETF 的价格并没有完全反映资产的价值，它的价格是由市场决定的，包含了做市商赚钱的条件。我认为，在那些糟糕的抛售日，做市商的成本为 0.25%—0.50%，因为做市商往往会在困境和不确定时期扩大价差。即便是"债券 ETF 之父"李·克兰尼弗斯，也承认它们并不完美，但有助于改善局面。他说："你必须小心，不要让'最好'成为'好'的敌人。""人们认为 ETF 的流动性不可能超过标的资产，这种观点并不完全正确。我们总是关注固定收益 ETF，认为它们对投资者的流动性有很大改善。"

讽刺的是，债券共同基金存在着真正的流动性不足的恶性循环风险，而许多人认为 ETF 存在这个风险。共同基金没有在公开交易所进行交易的释放阀。因此，如果开始出现资金外流，它们将被迫以低价向冻结的市场出售债券，这将导致每天的回报率持续下降，因为它们的资产净值更准确地反映了现实，这将导致更多的资金外流，直到不得不停止赎回。这种情况在 2020 年 3 月开始显现，直到美联储介入支持市场并提供流动性才有所缓和。

## 弱手

另一个担忧是，指数基金和 ETF 投资者是"弱手"，一旦市场变得艰难，他们就会抛售。这样一来，他们会把一切都拖垮。但每次我们遭遇抛售时，情况恰恰相反。被动型基金投资者比其他任何投资者都更自律。例如，被动型基金在 2008 年流入了约 2 000 亿美元，在 2018 年流入了约 4 500 亿美元——这是市场上最近的两个下跌年份。

一方面，这样说的人低估了一个事实，即被动型基金投资者往往是自我导向的。他们选择购买了这些基金，因此，他们对基金更忠诚，更可能理解长期投资对最大化他们收益的重要性。另一方面，许多人之所以投资主动型共同基金，只是因为他们的经纪人选择这样做。因此，投资者的忠诚度较低，或许对行为重要性的意识也没那么强。

此外，主动型共同基金的投资者往往年龄更大。这些人大多是婴儿潮时期出生的人，因为他们接近退休，届时将需要钱来消费，所有他们可能会选择更快地出售。接下来的几次抛售再次表明，弱手很可能是那些主动型共同基金的投资者。也许在30年后，随着X一代和千禧一代[①]投资者临近退休，他们会从指数基金和ETF中套现，这种情况将会改变——但在可预见的未来，被动投资者将成为"强手"而非"弱手"。

## 指数产品太多

一些人担心指数基金和ETF太多。博格完全同意这种担忧，但我会尽最大努力提供另一种观点。

时不时地会有人说："天哪，现在ETF比股票还多！"首先，这并不完全准确。美国约有2 500只ETF，但股票约有3 600只。此外，其中大约1 000只ETF持有的不是美国股票，而是国际股票、债券或大宗商品。令人困惑的是，美国共有7 000多只共同基金（如果算上所有的股份类别，就有18 000只），但似乎没有人对此有意见。

还有人担心指数太多。指数行业协会2018年发布的一份报告称，目前有370万个指数，比前一年增加了约50万个。这引起了一场集体骚动，一些人大声喊着"被动巅峰"，"不会有好结果"，"看起来像债务抵押债券"。

我明白370万是一个令人震惊的数字，对那些生计受到威胁的人来说可能很可怕，但基于有限数量的证券可以创建的指数或ETF数量是无限的。用有限的因素打造出无限组合的理念无处不在。正如坎布里亚投资管理公司（Cambria Investment Management）的梅贝

---

[①] X一代指出生于20世纪60年代中期至70年代末的一批人；千禧一代是指出生于20世纪末、在21世纪初成年的一批人。——译者注

恩·法伯（Mebane Faber）在回应这些担忧时指出的那样："单词也比字母多。"这是真的——仅 26 个字母就构成了 171 146 个单词。太令人震惊了！此外，据估计有 9 700 万首歌曲是用 12 个音符创作的。

然而，在所有这些单词和歌曲中，只有约 0.1% 能引起公众的共鸣，其余的都被遗忘了。指数也是如此。只有很少一部分会转变成 ETF 之类的投资产品，吸引大量资金的产品甚至更少。因此，这些担忧就像在挂念一些已经被遗忘的东西，毫无意义。

> 其中许多都是合理的策略，比如关注股息或科技股。不管它们是否有效，最终都会真相大白。这就是投资。所以我认为，不同指数的大幅增长没有任何问题。
>
> ——大卫·布利策

## 所有权集中

现在我们要讨论一些稍微复杂一点的问题——就连博格的态度也有些复杂。首要的就是，所有权集中在少数几家大型资产管理公司。博格担心少数资产管理者会拥有太多的股票，控制太多美国公司的有投票权的股份。博格去世前六周在《华尔街日报》上发表了一篇专栏文章，阐述了这一点，这在业内引发了一场大辩论。文章开头是这样的：

毫无疑问，第一个指数共同基金的推出是现代金融史上最成功的创新——尤其是对投资者而言。我们现在需要问自己的问题是：如果它太成功了，会发生什么？

## 第八章 "杞人忧天"

让我们看看这些数字,它们实在令人担忧。如果分析美国的任何一家公司,按持股比例对公司的所有者进行排序,先锋集团和贝莱德将位列第一。先锋集团现在是标准普尔 500 指数中超过一半公司的最大所有者,并且在 78% 的公司中位于持股人的前两位。在标准普尔 500 指数 90% 的公司中,先锋和贝莱德的合计持股规模都位于前三(图 8.7)。没错,看起来他们正在掌控市场。

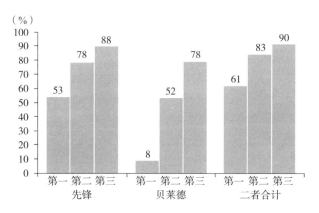

图 8.7　先锋、贝莱德在标普 500 指数的公司中位于持股人前三位的比例
数据来源:彭博。

也就是说,它们每家只持有一只已发行股票的 8% 左右。我说"只持有"是因为基于以上数字和你听到的说辞,你会认为它们持股比例更高。

> 我的意思是,8% 不是个大数字。还有 92% 的股票他们没有持有,那么我们为什么要关注 8% 呢?你需要拥有 40% 的市场份额才能真正对其产生影响。
>
> ——里克·费里

博格效应

如果把先锋、贝莱德和道富（被动三巨头）加在一起，就会得到我们之前讨论过的 17% 这个数字。然而，如果把所有主动型共同基金的所有权加总起来，也会得到相同的数字（表 8.4）。唯一不同的是，主动型共同基金的资产分布在几家公司之间，而被动型基金的资产集中在三大巨头，占指数基金和 ETF 全部资产的 80% 以上。

表 8.4　苹果股票的持有者（截至 2020 年 6 月 30 日）

| 持有者名称 | 持股比例（%） | 市值（十亿美元） |
| --- | --- | --- |
| 先锋 | 7.65 | 188 |
| 贝莱德 | 6.13 | 150 |
| 伯克希尔哈撒韦 | 5.49 | 134 |
| 道富 | 3.77 | 92 |
| 富达 | 2.12 | 52 |

数据来源：彭博。

这既说明了被动型资产的集中，也表明了被动型资产的崛起。事实上，博格希望在这个被动的世界中看到更多的竞争。要知道，早在 20 世纪 90 年代，他就说过其实很期待先锋集团的市场份额下降，因为这意味着它已经迫使整个行业的其他公司降低费用，成为更好的管家。2017 年，他在彭博电视台的 *ETF IQ* 节目上重申了这一点：

说实话，我希望有更多的竞争。道富银行正在努力，但出于某些原因，数据表明它们并没有取得很大的进展。所以指数领域曾经的垄断三巨头——先锋集团、贝莱德和道富银行，现在几乎变成了双头垄断。我说："来吧，这个领域很不错。"我希望人们能够参与竞争，但这是一个很难竞争的行业。我们需要竞争，每个人都需要竞争。竞争使你变得更敏锐，竞争会驱走自满，竞争能让你经营得更好，竞争会激发你的战斗精神。我从不为竞争困扰，即使当时富

## 第八章 "杞人忧天"

达的规模是我们的三四倍,我也会对自己说:"让最好的团队赢。"我们必须有耐心。

当然,也有资金流入富达和嘉信理财的被动型基金。此外,高盛、摩根大通和纽约梅隆银行等都推出了廉价的贝塔 ETF,它们可以把自己的客户投入这些 ETF,而不是使用先锋或贝莱德的 ETF。随着时间的推移,这可能有助于打破三巨头的垄断地位。

就在我写这本书的时候,这些资金流还没有强大到足以吞蚀先锋和贝莱德的市场份额,而这两家公司的市场份额目前看来还在持续增长。我们必须假设它们会继续增长。问题是,它们可以合理地持有多少股票?

### 10% 规则

对于一家资产管理公司可以拥有一家公司的多少股份,确实没有明确规定。目前的规则是,一个共同基金不能拥有一家公司超过 10% 的股份。目前,全球最大的共同基金是先锋整体股票市场指数基金,它只持有苹果和大多数其他公司约 3% 的股份。因此,即使是这只基金,也还没有达到 10% 上限的一半。但是,即使它真的受到了冲击,理论上,先锋也可以启动一个整体股票市场 II 号指数基金,并继续保持增长。

博格认为,这是监管共同基金的《1940 年投资公司法案》(*Investment Company Act of 1940*)的一大缺陷。在 1940 年,只有少数几只基金,一些公司也只拥有一两只基金。现在出现了拥有数百个基金的大型基金综合体。博格认为,应该制定针对综合型企业的新规定,但他没有要求对所有企业都启用 10% 的限制。

## 博格效应

在公共政策改变之前,先锋集团很可能会在未来10年将持股比例从8%翻倍到16%,甚至可能达到20%。但值得怀疑的是,它的所有权是否会超过这个数字?这意味着它所拥有的基金资产将超过50%的市场份额。但这是有可能的。

美国证券交易委员会(SEC)委员赫斯特·皮尔斯(Hester Peirce)在2020年参加了 Trillions 播客节目,我们问她是否对此感到担忧。皮尔斯说:

> 有很多人对被动投资十分担忧,我的看法是,如果被动投资增长,那么肯定会为主动管理者留出很大的利润空间。如果每个人都转向被动,那么少数非被动的人就会做得很好。因此,我不认为被动市场的崛起意味着主动市场的终结,也不认为市场会无法运转……此外,我认为区分先锋或贝莱德作为资产管理公司和它们所建议的特定基金是很重要的,因为实际上基金才是所有者。这些基金是分开管理的,每只基金都有自己的目标,它们的管理步调并不一致……所以你必须从更细的层面来看待它。也就是说,一些基金确实占有相当大的市场份额,这个现象越来越明显。

和许多人一样,她认为市场会自然地解决这一问题,因为主动资产将有更多机会比规模较大的指数表现突出,这将有助于保持平衡。此外,如果你也经营一家"太大"的公司,你可能会比先锋做得更糟。

### 共同所有权

这让我们对共同所有权产生了担忧,它指的是某一行业的所有公司都有共同的所有者。指数基金的兴起创造了共同所有权,因为指数基金跟踪整个市场,它拥有所有的银行、科技公司和航空公司的所有权。因此，一家银行会和它的竞争对手拥有共同的所有者（如先锋集团和贝莱德）。

令人担心的是，这些共同所有者希望看到同一行业的所有公司一起提价，因为这将使指数基金股东的利润最大化。但如果这种情况发生，将损害消费者的利益。因此，指数化可能对消费者不利。

在学术论文中，这种担忧听起来似乎符合逻辑，但无论是从数据还是从消费者的角度来看，都很难看到相关证据。而且，也没有任何迹象表明先锋和贝莱德串通一气，希望企业提高价格。如果你了解指数基金的发行人，你就会知道，它们的基因里没有这种想法。它们不是那样运行的。

> 这个观点有很多漏洞，有人认为，一小群人在做决定，控制航空公司的行为并试图做一些对指数基金有利的事情。我非常有信心，指数领域的三大参与者都完全理解并接受它们的受托责任。我百分之百地相信先锋，完全不担心先锋会在管理或其他方面不负责任。
>
> ——格斯·索特

在先锋董事会任职多年的伯顿·麦基尔说，他从未见过鼓励反竞争行为的投票。他举了一个很好的例子，回击了所谓"合谋"的动机。他说："同一家投资公司控制着市场上每一家大公司相当一部分的普通股，也许联合起来鼓励航空公司提高价格会使持有航空公司股票的人受益。但这意味着，投资组合中依赖航空公司为商务旅行提供便利的其他公司的成本都将增加。"

在某种程度上，拥有整个市场中的所有股票就像一种自我监督机制，因为串通会产生明显的负面影响。但根据研究这一问题的一篇关键论文的作者埃里克·波斯纳的说法，这一切都可能是间接发生的，没有直接勾结。

"争论的焦点并不是先锋的负责人会打电话给联合航空公司的负责人说，'我希望你们提高价格。别担心，我已经告诉美国航空公司也涨价'，"波斯纳解释道，"关键是，如果你对你的老板说，'你猜怎么着，我降低了价格，从美国航空那里获得了巨大的市场份额'，老板会高兴吗？答案是否定的，因为他同时持有美国航空和联合航空的股份。"

虽然博格表达了对资产集中在少数被动巨头身上的担忧，但他并不认同对共同所有权问题的担忧。

他告诉我："有一些学者建议在任何特定的行业中，都不允许基金持有超过一只股票……大约一年半前，我与两位学者共进早餐，我试图说服他们放弃这个疯狂的想法，但我失败了。"

博格担心这一想法可能会引起立法者的警觉。他说："但是你知道，如果你在《纽约时报》上看到一篇类似这样的'杞人忧天'的文章，它是会产生影响的。人们会关注它，国会议员会盯着它，试图从中发掘有助于他获得选票的观点。"

虽然担忧会给人一种关心和清醒的感觉，但它也会带来意想不到的后果，使实际上对小投资者有利的事情发生改变。总之，这就是一些关于"不必要的担忧"的担忧。

## 投票权

对所有权的担忧的核心植根于权力。拥有这么多的公司股票会赋予你实际的投票权。公司所有者可以在公司目标、兼并、薪酬方案和

## 第八章 "杞人忧天"

许多行政问题上投下重要的一票。有点矛盾的是,博格认为被动型基金在这方面要比主动型基金好得多。他在接受晨星公司记者克里斯汀·本茨采访时表示:

> 我想说,传统指数基金是公司治理最后、也是最好的希望……因为它们是唯一真正的长期投资者。公司治理应该基于影响公司的长期因素,而不是让一群希望你报告更高收益的交易员进入董事会,并且重组整个公司,一切就都会变好。这是不可能发生的。事实上,情况可能恰恰相反……华尔街的老规则是,如果你不喜欢管理层,就卖出股票。新的指数基金规则是,如果你不喜欢管理层,就重组管理层,因为你不能出售股票。

博格甚至提议,只有拥有股票超过3年的股东才有投票权,而不给予"租客"任何影响力。

不出所料,大多数主动型基金不同意博格的观点。一些人甚至表示,指数基金才是真正的问题所在,它们不应该获得投票权。其中反对声量最高的是杰纳斯·亨德森投资公司(Janus Henderson Investors)的首席执行官理查德·韦尔(Richard Weil),他在《华尔街日报》的一篇文章《被动投资者不能投票》(*Passive Investors, Don't Vote*)呼吁 SEC 限制指数基金的投票权:

> 像贝莱德这样的被动型基金管理者缺乏投票的强烈动机。指数基金保留其持有的每家公司的股票,比率由该公司以某一特定指数为基准的市值决定。因此,对它们来说,个别公司的表现是好是坏无关紧要,它们关心的是指数的整体表现。被动投资者不会对每一家公司都特别关注。它们不能帮助公司将资金专门配置到运营良好、具有竞争优势和长期增长前景的公司,它们也不投资于寻找证券、低估资产或未来创新者之间的价格脱节。被动投资者基本上是坐享其成,而不是

为成长型公司提供谨慎的指导。

韦尔实际上呼应了这一章中的许多"担忧",但如果你与以研究代理投票为生的 ESG 分析师交谈,你会发现他们往往更喜欢被动所有者,而不是主动所有者。

> 我对被动型基金更有信心,因为它们形成了规模经济。它们提出了一个深思熟虑的政策,然后可以在其持股的数千家公司中执行。它们还拥有与这些公司接触的专业知识,并试图在中间立场上满足它们。此外,如果你是一个被动的发行人,你不打算在选股方面推销自己,而是凸显你是一个多么优秀的资本管理者,那么现在人们关注的重点就是你如何管理资金,我认为这也促使他们在投票时更加深思熟虑。
>
> ——罗伯·杜·波夫

> 这是我们的受托责任。人们将资产委托给我们,我们就有必要履行受托责任,按照我们认为的长期利益投票,因为我们是最终的长期投资者。我认为指数投资的一个好处是通常会持有股票 25 年。作为股票的长期持有者,我们能够推动公司以 5 年、10 年和 20 年的跨度来思考如何创造价值,因为我们想长期管理它。
>
> ——萨利姆·拉姆吉

虽然有关所有权和投票权的争论在业内是一个热门话题,但如果与行业之外的实际投资者交谈,大多数人甚至没有什么意见或没那么关心。

第八章 "杞人忧天"

> 我不会真正开始担心贝莱德或先锋是否会以某种方式参与投票。从来没有一个客户问我它们是怎么投票的。
>
> ——肯·纳陶

> 谁在抱怨？投资者并没有抱怨。这其实并不是什么问题，却引发了很多争议。
>
> ——里克·费里

> 它们规模庞大，而且可以成为行业的主要力量，以至于个人投资者无法真正在他们感兴趣的话题上发挥作用，比如公司治理、薪酬和董事会组成、业务方向或ESG话题。这倒不是说股东的意见一致，而是有可能将某些事情转化为有效的行动。为此，这可以是一个令人难以置信的正向因素。
>
> ——伊丽莎白·卡什纳

## 目标在心

对这一话题的关注促使先锋和贝莱德为自己的投票方式发出更多声音。来自各种外部力量和媒体的压力越来越大。当你作为一些最受诋毁的公司和行业的最大所有者时，你就成了众矢之的。

例如，《金融时报》在2021年的一篇文章《先锋集团位居全球

## 博格效应

最大煤炭投资者名单前列》(*Vanguard Tops List of World's Largest Coal Investors*),指责先锋集团和贝莱德不环保且不努力解决气候变化问题。他们甚至使用了修改过的先锋号轮船的标志图像,添加了大烟囱从而使攻击更尖刻。

这显然是荒谬的,原因如下。首先,考虑到先锋是全球最大的基金公司,而且主要是指数公司,它必然在所有行业的持股者中名列前茅。其次,它必须持有这些公司。再次,它的一些投资者可能真的想拥有埃克森美孚公司,这再次提醒我们,先锋并没有真正拥有这些公司,而只是作为 3 000 万持有不同意见的投资者的中介。最后,先锋和贝莱德都推出了减持化石燃料股票的 ESG ETF,这给了投资者一个新的选择。

令人费解的是,因为投资者拥有基金,这些公司赚得很少,它们却吸引了如此多的关注,而需求方(例如,拥有私人飞机和多套住房的富裕的气候活动人士)却很少受到关注或调查。

> 人们喜欢针对眼前的大家伙。但我认为这只是一种需承担的责任,有些人就是这样——这导致了相关书籍大卖。但现实是,你只要认识到这一点,继续前进,并采取负责任的方式。我非常相信大型指数基金发行者会采取负责任的方式。
> 
> ——格斯·索特

> 如果你想成为行业领导者,就需要认识到这只是生活的一部分。
> 
> ——萨利姆·拉姆吉

## 第八章 "杞人忧天"

另外，来自媒体的压力也提供了一个巨大的营销机会，让一些人看起来像好人。彭博资讯的 ESG 分析师罗伯·杜·波夫表示："在投票以及自我定位方面，肯定有一些营销思维。这不完全是利他主义。"

最终，这些被动型大公司的投票方式被机构追踪，并可能成为一些人在选择指数基金或 ETF 时展开尽职调查的一部分。

> 我相信，公司作为你的代理人如何投票应该是你向其支付费用的根本原因。正确的方法是在公司网站的首页列出 5 个决定你如何投票的关键原则，而且你在过去两年中所投的每一票，都应符合这些原则。这些数据很容易获得。
>
> ——戴夫·纳迪格

### 让投资者投票？

先锋集团和贝莱德可以将权力交还给这 3 000 万名投资者，让投票反映投资者的意愿，而不是公司的意愿，这将一举两得——实现了 ESG 和共同所有权。贝莱德目前允许某些机构投资者自行投票，如果他们愿意的话。那为什么不让小投资者也这样做呢？

这不仅会使投票民主化，减轻人们对被动投资增长的担忧，还能很好地帮助先锋集团和贝莱德等公司抵御维权人士和媒体的抨击，以及让它们朝着某个政治方向前进的压力。毕竟，并不是所有的投资者都住在纽约，而许多维权人士和媒体却都在纽约。如果这些机构获得了支持自己的选民，它们可以简单地指出这一点，并说它们代表投资者，是在"按照投资者的意愿投票"。

> 随着这些公司越来越大，公司治理和投票将成为一个更大的问题。但我认为这是可以通过技术解决的，所以最终投资者可以参与投票，或者至少可以表明他们的总体偏好，这样他们就可以自己投票选择相应的股票。
>
> ——内特·格拉西

## 高管的薪酬

在投票民主化成为现实之前，"被动巨头"赢得好感的方法之一是解决一个每个人都关注的问题：相对于普通员工，CEO的薪酬太高了。这有点离题了，但也需要一点注意，因为这本书是关于博格的，这种现象让他有些发狂。不仅因为那些拿着极高薪水的CEO们的厚颜无耻，而且因为先锋集团本可以为此做些什么。

现在雇佣人数并不比1960年或1970年时多多少。然后你看另一边，这些"出色的"CEO们认为自己身价不菲。我不知道他们的薪水到底应该是多少，但这里有些数字，是普通员工的18 000—20 000倍。我认为现在是指数基金大行其道的时候了，因为它们是唯一长期的、永久的持有者。

这些"精彩"的抨击来自博格，他成功地打击了他们。由于近水楼台，他在认真观察CEO们的表现。他认为，与为公司创造价值的员工相比，CEO们过分夸大了自己的价值。他在《文化的冲突》一书中引用了海伦·凯勒的话："世界的前进，不仅靠英雄们发挥强大作用，也靠每个踏实工作者的合力推动。"

## 第八章 "杞人忧天"

博格对 CEO 薪酬的无情抨击似乎引起了先锋集团的共鸣。先锋集团的《2020 年管理报告》（*2020 Stewardship Report*）指出，"健全的薪酬政策和实践与更长期的业绩挂钩，是可持续的长期价值的根本驱动力。公司应该清楚地披露它们的薪酬制度，以及它们如何与业绩和公司支持的战略相联系"。

没有证据支撑的讨论略显空洞。先锋似乎正在采取行动，投票否决了某些薪酬方案。一个具体的例子是 Alphabet，先锋集团多次对其授予 CEO 股权计划的规模和结构投了"反对"票。先锋发现，其薪酬与业绩不相符，因此不支持这项提议，也不支持薪酬委员会主席。

我完全可以写另外一本书来分析机构所有权和投票问题。但我只是想说，博格在极力遏制企业内部的贪婪行为，先锋和贝莱德现在有机会做到这一点。不过，它们是否履行了成为良好管理的"最后希望"的承诺——包括将其应用到自己身上——仍有待观察。

## 糟糕的客户服务

关于被动型机构增多的另一个更合理的担忧是，这些公司是否能够提供数百万投资者所需的客户服务。如果收费过低，为投资者提供支持的资金从何而来？

> 有人问我："怎么才能搞垮先锋集团？"我能想到的唯一一件事，也是我从人们那里听到的唯一关于它们的抱怨，就是客户服务。它们的客户服务能扩大到足以在客户需要的时候帮助他们吗？
>
> ——本·卡尔森

3 000万投资者可不是个小数目,这一规模超过了美国所有成年人口的10%。先锋集团每年的收入只有50亿美元左右。这听起来似乎很多,但与大多数主动型同行相比,明显是小巫见大巫。例如,富达的年费收入接近200亿美元,而它的资产只有先锋的一半。当然,收费较低正是人们喜欢先锋的原因,但它确实提出了一个合理的问题:它如何在提供业务服务的同时跟上技术的发展步伐?

> 先锋拥有大量的老旧计算机系统。我和一些最近退休的IT人员聊过,他们说先锋正在对这些老旧系统修修补补。它不像富达、嘉信理财或罗宾汉那样拥有升级所需要的资金。或者即使有,也不会花掉它。它有很多技术问题。在繁忙的交易日,它的网站会定期宕机;我听过很多领导抱怨账目是错误的。这真的很严重。
>
> ——艾琳·阿维德隆德

> 多年来我一直在写这方面的文章。先锋的服务简直糟透了,富达就能提供更好的服务。注意,如果你想收取较低的费用,就必须有其他资金来源,但它不是来自重复使用回形针。先锋把很多服务都外包给了低收入的人。它没有赋予任何人责任。你不能把所有这些东西都塞进一个小漏斗里,否则某个地方肯定会存在问题。
>
> ——丹·维纳

接受本书采访的一些人说,他们每个人都有过糟糕的服务经历,他们大部分是先锋的粉丝。在Yelp上快速浏览一下就会发现,先锋只有1.5星(满分为5星),与费城克里斯托弗·哥伦布大道上的沃尔玛（Walmart）评分相同，有评论将其比作地狱的第七层。以下是一位投资者对先锋集团客户服务的评价：

> 我在旗舰基金接受服务超过23年，在先锋接受服务超过37年。11月25日，也就是感恩节的前一天，我打了30多分钟的电话，一直没打通。我又打了一次，结果又被晾了30多分钟。最后我在网上进行了交易，需要两个工作日。我的电汇只能由代理人完成。我们在过节前后能有更多的代理人吗？

再看另外一个评价：

> 先锋费用确实很低，但代价是要接受糟糕的客户服务。举个例子，我今天打电话询问关于转账3万美元到它们账户的问题，但20分钟都没人接，所以我挂断了电话。它们的竞争对手，也就是我存钱的地方，马上接起了电话。多样化经营是关键。

就连Bogleheads网站上也有一些人在抱怨。这可不是什么好迹象，毕竟他们都投入了很多资金。下面是我在论坛上找到的一个评论：

> 先锋的"客户服务"明显不如其他机构。它们只在周一到周五的工作时间提供客户服务（我的丈夫是一名外科医生，通常在工作时间都没空）。它们的许多文件必须通过电话申请，通过电子邮件发送，然后打印，再邮寄回来。它们一直没有处理我要求对我丈夫的账户拥有特定权限的请求，我不得不重新发电子邮件去申请。还有，资金在Backdoor Roth账户滞留三到七天是没有必要的，而且绝对令人恼火。先锋服务真是太差了！

这与博格在他的书和演讲中对先锋服务的描述形成了对比。博格在演讲中反复强调，员工们需要记住，基金的投资者是"诚实的人"。他在1991年对员工们说：

**博格效应**

　　我应该补充一点，关心客户需要提供个性化服务。我们必须不遗余力地关注他们的需求和关切。在这个 20 世纪晚期的环境中，规则和程序常常取代了判断，录制的声音代替了人类的回应，没完没了的背景音乐取代了快速的反应。可以肯定的是，我们需要一些现代的效率，但如果我们放弃人性，我们的客户很快就会效仿。这就是先锋集团的使命。

　　时至今日，尽管先锋集团说它正在增加服务部门的开支，但这仍是一个长期的问题，它和其他被动的巨头一样，将不得不解决这个问题——由于"成本大迁移"，它的客户增长比收入增长快得多。

　　　　客户服务和技术是先锋的"阿喀琉斯之踵"。
　　　　　　　　　　　　　　　　　　——艾琳·阿维德隆德

## 第九章

# 博格与先锋

*"这给我惹了很多麻烦。"*

2016年12月，我与博格的第一次见面是在他于英国《金融时报》上发表评论文章的第二天，这篇文章对ETF及其交易规模提出了一些批评。我还没来得及提出事先准备好的问题，他就开始谈论起了与专栏相关的一篇文章，内容是关于他如何"警告"ETF的。他心里很清楚，他只是想发泄一下：

你读了那篇（评论文章）了吗？这给我惹了很多麻烦……通常情况下先锋高管都是缄默不言的。而且，他们不跟我讨论这些内容，却对媒体发表意见……说我要对付ETF及其他类似的东西。我对持批评意见的人说："你能帮我个忙，读一下我的专栏文章，划出你不同意的句子吗？"他们对每一句话都没有异议，但突然之间就变成了"攻击"！就连先锋的时任CEO威廉·麦克纳布（William McNabb）也写信给我说，这是他所见过的针对ETF的最完美的攻击。我很惊讶。我说的只是事实和数据。我说过，只要你不交易，ETF就没问题，整体市场 ETF 都没问题。所有其他的无稽之谈我都不屑评论。

尽管媒体努力对那篇专栏文章煽风点火，但博格确实写了一篇非常公开的专栏文章批评 ETF，这是先锋发展最快的领域之一。也就是说，作为公司的创始人和代表，他从内部抨击了公司最成功的一个领域。谁会这么做？博格就这样做了。自 1996 年辞去 CEO 职务之日起，他就一直这样做。3 年后，1999 年，他辞去董事会职务，成立了博格金融市场研究中心。

博格与先锋的口水战以及他们之间的鸿沟值得研究，从而更好地理解他这个人，以及先锋在后博格时代的发展方向。

博格与先锋之间的大部分问题都源于他认为先锋具有追求无止境增长的野心，比如进军 ETF。"知足"的心态使他反对这一点，此外，他也看到了过度关注资产增长可能带来的问题。"回顾我的职业生涯，"他说，"我做出了一些非常愚蠢的判断，而且 100% 都是在我追求快速增长的时候。"

> 我认为他不一定对先锋集团发生的所有变化都满意。他说过，他担心先锋的规模变得太大了。
>
> ——小约翰·C. 博格

## 高层的裂痕

博格与先锋集团的持续摩擦可能是由于他被赶出董事会而被伤害了感情和自尊心。与此同时，他与他的继任者杰克·布伦南也发生了争执，后者在 1996—2009 年积极地将公司扩张到了许多新领域，促使公司资产大幅增长。大家都说,博格对布伦南的成功很不满意,也许还有点嫉妒他,对他做出进入 ETF 行业的决定愤恨不已。

先锋集团有一项规定,董事会成员的年龄不能超过 70 岁,博格在 1999 年就到了年龄上限。他认为自己应该是个例外,因为他是公司的创始人,但其他人想让他退出。有传言说他在董事会上变得越来越难缠,拿着各种各样的研究和数据,主导着会议,让其他人痛苦不已。

博格在《文化的冲突》一书中讲述了自己的故事:

1999 年伊始,董事会决定让我在年底,也就是我 70 岁生日之后离开董事会,我从未想过这一政策会适用于这家公司的创始人。我向董事们表达了我的惊讶和不满,我等待着他们的决定。当年 8 月,一位记者打电话告诉我,他听说董事会表示不允许有任何例外。

这名记者来自《华尔街日报》,该报曾报道过先锋集团"高层可能出现裂痕"的消息。这一消息不胫而走,许多尊敬博格的股东(也就是先锋的投资者)表示失望,甚至愤怒。董事会最终妥协了,同意博格保留自己的职位,但他考虑到可能带来的麻烦,还是决定离开。就在那时,他决定辞职。

> 他们把博格排挤了出去。布伦南在随后的资产增长方面功不可没。因此,博格最初培育的两个"孤儿"受到了零售投资界的喜爱,而他也不再是公司的负责人了。他喜欢一有机会就攻击他们,并且对资产增长感到不安。他的"弗兰肯斯坦"(怪物)已经从他身边逃走了。他担心这会产生官僚主义,客户不会得到很好的对待。
>
> ——艾琳·阿维德隆德

### 博格效应

最后，我们可能无法理清在博格与先锋的公开分歧中，哪些是由于他对事情发展的方式不满，哪些只是由于博格典型的倔强和不妥协，对于是非对错的直言不讳。

> 至少从资产规模的优势来看，先锋集团最大的成功出现在博格离开之后（图9.1）。而且，说实话，我认为布伦南最终成为博格所创建的先锋集团的优秀管理者，这一点一直困扰着博格。他的怨恨是非常强烈的。他气疯了，不停地咆哮着，就像奎格船长（Captain Queeg）一样。他不愿提到布伦南的名字。我的意思是，先锋是他的全部，你可以理解他为什么如此担忧。我认为，从他被迫离开到他去世，这种紧张关系从未真正消失，这在很大程度上源于他对先锋如何处理这种转变的愤怒。
>
> ——杰森·茨威格

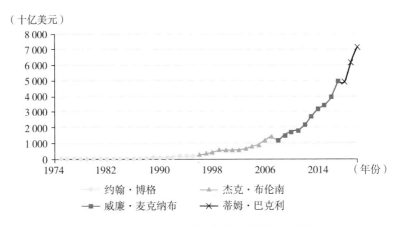

图 9.1　不同 CEO 任期内先锋集团的资产规模

数据来源：博格的《坚持到底》一书。

# 第九章 博格与先锋

## 老家伙不肯闭嘴

因此，就像在惠灵顿的"分岔期"博格与自己精心挑选的合作伙伴不和一样，在接下来的 25 年里，博格将成为先锋集团及他精心挑选的接班人的最大的批评者。在一段时间里，这家公司有点像一个不正常的家庭，创始人——他就在公司内部——在媒体上抨击公司管理层，抨击公司提供的一些产品和战略，而其中大部分还是他自己创设的，包括聪明贝塔、国际基金和 ETF，这些都是其很平常的产品，并在资产方面取得了巨大成功。我曾经说过，先锋集团在这一领域的地位非常高，以至于它的资金流入是"不受博格影响的"（Bogle-Proof），就连其创始人的不断批评也无法阻止资金流入。但博格可以自由表达自己的意见。

> 杰克·博格对每件事都有很明确的看法。
> ——格斯·索特

博格承认自己固执己见的风格和行为略显异常，但他认为问题在于先锋，而不是他自己。正如他在 2013 年晨星大会上向人们解释的那样："先锋存在一个问题——这个老家伙一直在说他的想法。人们对我说，'我知道你对先锋集团颇有微词'。绝对不是这样，是先锋集团不同意我的观点。"

> 关于他晚年的报道，最好的一点是他与公司保持了足够的距离，他既是公司最大的支持者，也是最大的批评者。他对共同基

> 金行业"产品"的增长感到不满。所以,当他不满于先锋的某件事时,他会首先给我打电话。他喜欢和别人八卦。
>
> ——艾琳·阿维德隆德

> 我知道人们喜欢杰克·博格,并且不想玷污他的遗产。但杰克被排挤后改变了对先锋的看法。这并不是说最初的一切都是虚假的,现在他是诚实的,但他被赶出先锋后有些崩溃了。他们甚至把伯顿·麦基尔留在了董事会,尽管他也已经超过了必须离开的年龄。博格生气了。既然他们跟他闹僵了,他也就针锋相对了。
>
> ——丹·维纳

博格在写他的最后一本书《坚持到底》时,有一次要求查阅在他担任董事长期间先锋共同基金的会议记录,但先锋拒绝了他的请求。也许先锋认为,如果给他机会,他只会让先锋更加头疼。这似乎表明了他们之间的距离。2018 年,博格在 *Bogleheads* 播客上最后一次接受里克·费里采访时,被问及他与先锋集团的关系,他当时是这样描述的:

坦白地说,我和先锋没有什么关系,因为我退出来了。我根本不参与管理,我认为这是合适的。我得不到任何信息,也没办法查看它的记录,但没关系,因为我已经不再管理公司了。我离开后由其他人来经营,如果需要我的建议,他们随时可以来找我。但他们认为自己知道得更多,因为他们现在每天都在这个行业里摸爬滚打。但是你看,当你离开 CEO 的位置时——即使你是创始人——总有新人想要接管，他们也应该接管公司。老家伙应该让开了。我（完全）不想让开，因为……不管怎样，我仍然是先锋集团在许多人（包括股东和媒体）眼中的形象代表。

博格对先锋集团有一些担忧，了解这些具体的问题将帮助我们更好地理解后博格时代的先锋，及其在博格去世后是如何发展的。

## 先锋的规模

博格显然对先锋集团不断膨胀的规模感到不满，这一点我在第一章中已经强调过了。当我在 2016 年与他会面时，他抱怨说，先锋的规模变得太大了。当时先锋的资产还不到现在的一半。"我的目标不是达到 3 万亿美元，"他说，"这是一个令人震惊的数字，尤其是对一位写了《知足》的人来说。我们真的需要更多吗？"

虽然博格对先锋的增长表示担忧，但他仍会批评资产管理行业没有很好地完成信托责任或费用较高。从某种程度上说，先锋的增长表明其他人也同意这种批评，并成为先锋的投资者。因此，他的批评肯定存在一定程度的矛盾。他对公司规模太大的担忧之一是，这可能会导致不人道的官僚主义，多年来他在许多公司都看到过这种情况。正如他在 1989 年的一次演讲中告诉员工的那样：

> 我对先锋集团最大的担忧是，它会变成一个巨大的、没有人情味的、僵硬的官僚机构，在那里，没有人关心其他事情或其他人。我们整个管理团队都有责任战斗到最后一刻，以抵挡文件、政策、法规和程序的大潮——这些可能压倒我们努力实现的一切。

他还在 1993 年的一次演讲中提到，他在《首席执行官》（*Chief Executive*）杂志上读过一篇文章，文中谈到，一家公司的规模越大、越成熟，它的创业精神可能就越弱。它会向上关注满足每一级管理要求，向内关注公司本身，而不是向下关注给予员工更多的责任，向外关注服务客户。

博格在《坚持到底》中谈到了布伦南的才华、两人的亲密关系。在描述布伦南担任 CEO 期间的表现时，博格显得极为礼貌，但对其激进扩张的紧张和不满显而易见：

他在这一职位上取得的一些成就包括：让营销在先锋集团中占据了更为突出的位置，以及在全公司范围内建立了数据驱动的绩效管理体系。布伦南还最终决定推出了先锋的 ETF 基金，并建立了一个支持这些基金的组织。我对在先锋集团引入国际业务有些胆怯，而他采取了更广泛的方法来进军世界市场。

## ETF 崛起

ETF 可以说是博格和先锋集团之间争论最大的焦点。我在第六章已经解释过，博格不喜欢 ETF。当他被邀请推出第一个 ETF 产品时，他断然拒绝了。先锋集团在他离开董事会几年后就推出了这些产品。博格对此不以为然。

> 他被排挤出先锋之后，先锋就推出了 ETF，他从一开始就不同意。（先锋 ETF）刚推出时，先锋集团和博格都发布了针锋相对的新闻稿。这有点滑稽。
>
> ——吉姆·温特

如今，ETF 是先锋的主要增长引擎，吸纳资金流的比例远高于它

## 第九章 博格与先锋

们在资产中所占的比例。如果不是推出了 ETF，先锋集团就不可能接触到这么多投资者，并将低成本理念普及开来。这是一个事实，就连博格也承认。也就是说，ETF 无疑是在蚕食指数共同基金。在博格去世后，先锋集团允许投资者将资金从共同基金转移到更便宜的 ETF。毫无疑问，这会让博格感到不安。

不过，有必要指出的是，先锋集团最畅销的 ETF，也就是该公司在客户投资组合中使用最多的 ETF，都采取了最普通的、博格友好的策略。

FactSet 的副总裁兼 ETF 研究与分析主管伊丽莎白·卡什纳表示："看看先锋在投资组合产品和寿险策略基金中做了什么，看看 ETF 领域最大规模的资金流向哪里，你会发现杰克·博格的影响无处不在。"

她继续说道："机器人将使用 4 只基金。"她指的是先锋集团为其数字咨询客户预先制定的投资组合。"这些投资组合中没有先锋式的基金、行业基金，没有策略基金，没有主动因子基金，也没有主动共同基金。这不是它建立下一级业务的基础，杰克·博格的遗产才是其基础。所以，从大的角度来看，博格一直都在。尽管在基金产品开发中，先锋集团确实在做一些博格认为会分散注意力的事情。"

## 披露投票记录

博格与先锋集团的另一个分歧发生在 2002 年，当时他在《纽约时报》上发表了一篇观点文章，支持一项要求共同基金公开投票记录的新规定，因为先锋是多家公司的大股东。这恰好是在安然（Enron）丑闻发生后不久，博格对新规定表示支持，因为"投资者有权知道"他们的股票是如何被共同基金代表表决的。大多数基金公司不愿披露自己的投票记录。博格把它们的缄默不言称为"基金的沉默"。

就在博格发表评论文章的两个月后，先锋集团时任 CEO 杰克·布伦南和富达集团时任 CEO 爱德华·"内德"·约翰逊三世在《华尔街日报》上共同发表了反对新规定的评论文章。布伦南和约翰逊反对新规定只针对共同基金，而不针对养老基金和保险公司等其他机构投资者。他们说，这将使共同基金成为维权组织的"主要压力点"。

因此，博格精心挑选的继任者与先锋最大的竞争对手之一——富达的首席执行官合作了。这可不是每天都能看到的。双方都有充分的理由。投票记录能够透明当然更好，但它应该成为针对所有机构投资者的规定。这项规定确实导致了共同基金被维权团体选中，他们基本上不理解指数投资的概念。

博格在此后数年里一直批评先锋基金的投票行为，他引用的研究表明，先锋基金和其他一些大型基金家族在投票中是被动的，没有对管理层提出足够的不同意见。他在《文化的冲突》一书中直接提到了先锋集团：

但令我吃惊的是——我承认，也是让我失望的是——先锋和贝莱德这两家指数基金提供商在投票政策上非常被动……先锋集团被选为对股东最不友好的机构——在 26 家公司中友好度排名第 26，这让我很不高兴。

> 真是太虚伪了，他掌管先锋集团的时候，也是一样沉默。现在他开始批评先锋集团做了他在经营时一直做的事情，这太可笑了。这让他看起来很糟糕。因为他的身份，他并没有受到太多批评。
>
> ——杰森·茨威格

当然，这是大约 20 年前的事了。很明显，时至今日先锋集团已经演变成一个不那么被动的股东。它在投票和参与方面非常透明和详细，这一点值得称赞。

## 量化投资

博格为散户投资者开创了一个领域——量化投资（又名聪明贝塔），但后来他基本上对这个领域失去了兴趣。这些基金在很大程度上是试图系统地捕捉市场中的因素，这些因素已被证明可以用来解释股票过往的优异表现，如动量、价值、规模（小公司）和质量。

当博格在 1986 年推出先锋量化投资基金时，他在这一领域遥遥领先，这是首只零售量化基金。从那以后，先锋集团扩大了其因子产品，将大量基金纳入其中。它设置了一个独立的部门，叫作量化股权部（QEG），该部门拥有 500 亿美元的资产，虽然这对先锋来说不算多。这个有 34 人的团队负责监管 41 项委托，包括投资因素和流动性选择（对冲基金风格的策略）。总而言之，有些客户喜欢用这种方式投资。

然而博格通常会对这些策略嗤之以鼻。在我们的一次采访中，我试着问他，即使不相信因子策略的有效性，他是否也会因为先锋集团带来的低成本而感到自豪。"这是一个原则问题，"他回答说，"你不能说，不管是什么垃圾产品，先锋都应该经营，因为它是最便宜的垃圾产品。我认为这不是一个有吸引力的营销主张。"

## 国际投资

国际基金是博格认为没有必要投入的一个领域，尽管先锋集团是该领域的领导者（拥有1.1万亿美元的资产），而且博格本人早在20世纪80年代初就引领了该领域的扩张。他认为没有必要投资外国股票。他经常说，他自己的投资组合中就没有外国股票。以下是他在《投资常识》一书中阐述的基本原理：

> 我认为，只针对美国股票的投资组合就能满足大多数（美国）投资者的需求，这一观点受到了（而且仍将受到）所有人的挑战。针对该观点的争论提出："在多元化投资组合中忽略非美国股票，难道不就像在标普500指数中忽略科技股一样武断吗？"我不这样认为。我们美国人用美元来赚钱，用美元来消费，用美元来储蓄，用美元来投资，所以为什么要承担货币风险呢？难道美国的机构不比其他国家的机构更强大吗？美国企业的收入和利润不是已经有一半来自美国以外吗？难道美国的GDP增速不是与其他发达国家一样快，甚至更快吗？

一方面，他在很大程度上被证明是正确的。大举投资美国基金、少量或根本不投资国际基金的投资者，会获得更好的回报；另一方面，"事后诸葛亮"常有，大多数人（机构）——包括先锋集团——认为你需要一些国际投资。在这个问题上，即使是他最热诚的支持者，也无法表示认同。

> 几十年来，我和杰克最大的分歧是在国际投资问题上。
>
> ——泰德·阿伦森

> 其他国家也有优秀的人才和优秀的公司。如果有一家伟大的公司来自巴西，我也想与其接触；如果有一家伟大的公司来自爱尔

# 第九章 博格与先锋

> 兰，我也愿意与之建立联系……我不相信国际化，因为我认为它会打败美国或其他国家；但这只是一个自欺欺人的"我不相信"。我的意思是，罗马都消亡了，你怎么知道美国永远是最好的？
>
> ——丹·伊根

## 后博格时代的先锋集团

博格去世后，先锋集团也做出了一些值得关注的改变。例如，在法律文件中修改了其共同所有权结构，去掉了"按成本计算"的措辞，并放弃了用"共同所有"（博格最喜欢的词语）来描述自己。它也不再声称自己提供的是"无利润"的服务，而不是其他同行的"营利"服务。

> 博格去世后，先锋集团立即改变了其要约文件中的措辞，它不再是一个非营利组织。
>
> ——艾琳·阿维德隆德

先锋表示，它只是试图简化信息披露，尽管它也承认，美国证监会或美国国税局并没有要求它这样做。约瑟夫·N.迪斯蒂法诺（Joseph N. DiStefano）在《费城问询报》的一篇文章中援引先锋前律师的话称："按成本计算"定价可能会违反联邦税法，而巴里·里霍尔茨则表示，这将有助于公司避免"恼人"的诉讼。

这仅仅是一家规模越来越大的公司要确保其语言更加严谨吗？还是它想摆脱博格的影响？虽然时机似乎很可疑，但很难把这看作谋求更多获利的邪恶举动。事实上，这一切发生后，先锋集团仍像往常一样降低其基金的费用，同时发起了一场宣传"如何成为所有者"的广告活动。虽然博格不喜欢广告，但这条信息表明，不管人们想怎么称呼它，"共同所有"的特征并没有逝去，而且发展得很好。此外，它已经带动了整个行业提供近乎免费的被动型基金。航船已经起锚。

## 先锋的航船标志

说到航船，先锋集团决定从改变公司的标志开始抹除博格的印记，这可以说是一个象征性的举动，也是可能会刺痛博格的一点。英国皇家海军"先锋号"是纳尔逊勋爵率领的一艘击败过拿破仑的舰艇。博格是从一本关于英国海战的书中产生了用它作为标志的想法。他在《坚持到底》一书中写道：

当我读到具有历史意义的尼罗河战役的传奇故事时，我被深深打动了。在那场战役中，纳尔逊勋爵的舰队几乎击沉了所有法国战舰，而只损失了一艘护卫舰，这是英国海军历史上最彻底的胜利。拿破仑征服世界的梦想破灭了……没有一秒钟的犹豫，也没有咨询别人，我决定用"先锋"来命名我即将创建的公司。

这艘船对博格来说意义太重大了，他甚至说先锋集团拥有"来自近200年前英国海战的遗产"。这艘船已经在公司的DNA中根深蒂固，所有的语言都是隐喻性的。几乎在博格的每一次演讲中，都会直接或间接提到这艘船。他谈到了"逆风"和"顺风"，并将工作人员称为"船员"。此外，先锋的大多数建筑都是以纳尔逊舰队的船只命名的，如"巨人"（Goliath）、"庄严"（Majestic）、"敏捷"（Swiftsure）和"胜利"（Victory）——博格的办公室就在那里。他的办公室里甚

## 第九章 博格与先锋

至还有船的挂画。

那么，为什么在博格去世一年后，先锋集团决定在其网站和文件上删除该标志？表面上，先锋集团聘请了一家品牌公司来帮助其实现品牌形象的现代化。作为现代化的一部分，它决定取消英国皇家海军"先锋号"的标志，这是自1981年以来一直没有改变过的。

> 现代化？在我看来像是他们在消除博格的印记。
>
> ——艾琳·阿维德隆德

> 船是杰克感兴趣的东西，他对此很着迷，这也推动了先锋文化的发展。先锋摆脱船的标志并淡化这些东西是想进一步远离博格的遗产。
>
> ——丹·维纳

虽然很难不把这看作一个摆脱博格的明显举动，但这只是一个表面上的改变，基本上无关紧要。让我们面对现实吧，战舰已经不再是公司更广泛文化的一部分了。

> 我倾向于不去过多地解读它。我将把我所有的判断都集中在先锋的产品和政策上，而不是它的标志是什么。我不认为这象征着"抛弃杰克·博格"。我想有人会说"这太过时了，我们需要更年轻的投资者"，但我不太在意。
>
> ——吉姆·温特

我猜博格不会支持这么干的。不过，博格的导师沃尔特·摩根并不喜欢"先锋"这个名字。他说听起来像一群杂技演员。新的终究会变成旧的。时代变了。博格甚至也承认有必要摆脱传统。以下是他在1994年对员工们的一次演讲中所说的：

传统也有消极的一面，它可能会用惯性来代替行动——传统可能使人僵化和迟钝。总之，无论传统在过去多么重要，它都会给未来蒙上一层阴影。艾略特（T.S. Eliot）说得好："光有传统是不够的，它必须永远受到批判，并与时俱进。"

## 私募股权

先锋集团和私募股权公司并没有太多共同点。一个是以极低的成本主要向散户投资者提供公开交易的证券，另一个是以昂贵的价格主要向机构投资者提供非流动性的私人投资。这就是为什么当先锋集团在博格去世一年后宣布与私募股权公司汉博巍（HarbourVest）[①]合作时，人们会感到惊讶和好奇。

> 我几乎可以想到，博格会在坟墓里为先锋私募股权基金的前景辗转不安。
>
> ——罗宾·鲍威尔

先锋集团为自己辩护说，它们合作的理由很充分。首先，上市

---

[①] 汉博巍是一家有超过40年历史的私募股权企业，至2022年3月末，其管理的资产超过980亿美元。——译者注

公司的数量减少了一半，从20世纪90年代中期的约8 000家减少到近年来的不足4 000家（图9.2）。这是因为许多公司选择不上市，或者等待更长的时间才上市，这从IPO规模的不断扩大就可以看出。这增加了人们对私募股权的兴趣——甚至包括那些希望从美国企业创造的价值中获利的散户投资者——这正是博格在公共股权基金方面所宣扬的。

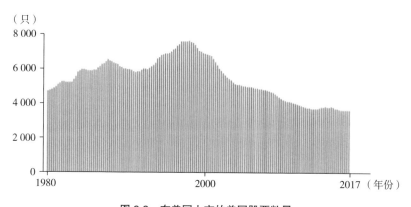

图 9.2　在美国上市的美国股票数量

数据来源：杰伊·R. 里特尔（Jay R. Ritter），佛罗里达大学沃灵顿商学院，芝加哥大学证券研究中心。

其次，先锋集团正寻求为机构建立咨询服务和外包CIO模式，因此它需要发行私募股权产品以保持竞争力。

最后，或许私募股权是一个需要"先锋"的领域。虽然我们不太可能看到真正意义上的先锋私募股权基金，但先锋可以通过一些间接的方式提供这类基金，或许还会施加一些成本压力。这个领域的费用真的很高，让20世纪80年代的主动型共同基金看起来像小儿科。

> 我和我的朋友们开玩笑说,在我死后,我想转世成为一个私募股权投资者。我不想成为一名没有任何费用和来自先锋的压力的量化经理。
>
> ——泰德·阿伦森

## 大事与核心原则

尽管博格不断与新领导层发生摩擦,并对先锋集团的某些产品线提出批评,但先锋集团及其员工似乎仍然爱他。最终,他们知道博格和他们是一伙的。此外,当涉及大事和核心原则时,先锋集团在很大程度上仍然继承了博格的低成本和指数遗产。

> 他从未失去先锋内部人员对他的尊重。他只是在做他该做的事。有些是基于现实,是的,我们希望人们少交易,买入并长期持有,但有些只是他执着于自己建立的东西。
>
> ——吉姆·温特

> 在先锋集团内部,我确实认为大家在大事上有一种统一战线的感觉,尽管在一些小问题上他们会有争执,尤其是在顾问领域如何推进可能是他们争论的一大焦点。
>
> ——克里斯汀·本茨

# 第九章 博格与先锋

## 经理人博格

尽管博格在公开场合与公司有摩擦，但他在公司内部仍然受到尊重，原因之一是在他任职期间，大家都认可他是一位优秀的经理人和首席执行官。这是他生活中被低估的一部分，因为如果没有能力雇用合适的人，组织他们，留住他们，团结他们，他的试验和使命可能很快就会停滞。他的领导能力与他的分析思维、远见卓识和沟通技巧是一种罕见的组合。当这一切汇聚在一个人身上，就能改变世界。

在博格的经历中，他还面临着一个独特的挑战，即试图平衡员工薪酬、降低成本的使命和先锋集团结构之间的紧张关系。在公司崛起之初，他能感觉到员工们的不安，他们认为低成本的原则可能会影响他们的薪水。博格在1991年对员工的一次演讲中说：

在先锋集团，我们的一些员工——大约有四分之一——有一种担忧，那就是与其他金融服务机构相比，我们的薪酬可能要低一些……在阅读你们在《员工观点》上发表的评论时，我被这样一个事实刺痛了：你们中的一些人认为，由于我们决心保持低成本，所以你们的薪酬会减少。事实并非如此，并且完全相反：我们的低成本优势是你即将获得报酬的根本原因。正是这一优势构成了我们独特的"合伙安排"的基础，也是推动我们巨额资产增长的主要力量之一。

这种合伙安排被称为"先锋合伙计划"（Vanguard Partnership Plan），它的引入就是为了解决大家在薪酬方面的担忧。博格承诺给大家的薪酬会达到"标准以上"，他似乎做到了。根据Advisor Investments的杰弗里·德马索的说法，该计划的回报率实际上已经是市场的2倍，他作为我们2019年 *ETF IQ* 节目的一位嘉宾说道：

### 博格效应

很多人不知道先锋集团在 1984 年就有这个利润分成计划，作为杰克·博格奖励所有员工的一种方式，它在很大程度上是基于其基金成本与行业平均水平的差异。我们问的是，作为先锋的合伙人和先锋的投资者相比如何？先锋合伙计划的回报比 1984 年上涨了 72 倍。相比之下，投资标准普尔 500 指数的回报上涨了约 33 倍。

> 先锋集团没有透露人们的收入。它必须吸引人才，管理世界上最大的指数基金是一项艰巨的责任，这些人必须得到高额报酬。
>
> ——贾雷德·迪里安

许多博格的同路人——也就是他的助手们——成为先锋集团的终身员工和高管（包括首席执行官），帮助公司发展成今天的样子。他们中的大多数人都认同他的观点。

> 进入先锋集团的人往往带着一种理想主义。我以为我会回到法学院做一名辩护律师，没打算在先锋集团工作。但一旦你到了那里，就会听信布道。每个人都有思考世界的方式。你在那里待的时间越长，就越难以不同的方式看待这个世界。
>
> ——吉姆·诺里斯

为了与客户和员工保持一致，博格还特意限制了资产管理公司高管普遍享有的特权，比如取消头等舱、预留停车位和高管餐厅。

# 第九章 博格与先锋

> 博格让我想起了一位军事领袖。他和博格采取了许多相同的原则,比如以身作则、军官最后吃饭。我想这就是博格成功的原因,因为很多从事金融业的人作风都与军事领导截然相反。如今,这种做法已经变得非常普遍,但在当时它是独一无二的。
>
> ——韦斯利·格雷

## 同向而行

我曾目睹过先锋集团普通员工对博格的尊重。第一次采访结束后,博格邀请我和他一起去食堂吃午饭。在我们从办公室走到自助餐厅的路上遇见了一些员工,你能感受到他们的尊重和热情:"你好,博格先生。""下午好,博格先生。""你好吗,博格先生?"他们一点也不紧张——和创始人在一起的年轻员工可能会很紧张——他们看起来非常轻松,很高兴见到博格。博格在餐厅正中间挑了一张桌子(这形成了一道风景线,因为他可能把餐厅中人的平均年龄提高到31岁),看起来像普通员工一样。

即使是布伦南,这个多年来备受博格困扰的人,似乎也真心喜欢并欣赏博格建立的公司和公司文化。2016年,他在给圣母大学(University of Notre Dame)学生演讲时这样说:

我很幸运能在一个只看重品性和道德的地方工作。这就是你被雇用的原因、你进步的方式,也是你最终成为组织领导者的标准。我必须这么做。在我这个年纪,在40年的职业生涯结束时,没有多少人能自信地说自己做到了。

**博格效应**

博格离开后，接替他掌管先锋集团的首席执行官也都得到了积极的评价。发展一家公司的同时保持其优良传统是不容易的，但先锋集团的管理层基本上都做到了这一点。

> 显然，不同的人对公司的发展会有不同的看法。我认为杰克·博格和杰克·布伦南都是先锋集团取得今天成就的关键。杰克·博格有创建先锋的远见，而杰克·布伦南推动了先锋的发展，是他促成了这一切。毫无疑问，如果没有杰克·布伦南，先锋集团就不会有今天的成就。麦克纳布（第三任首席执行官）的后续工作也做得很好，巴克利（第四任首席执行官）的工作迄今为止在我看来也做得很不错。不可否认，他们带领公司走了一条稍微不同的路径，但他们始终是在同一个方向上前行。
>
> ——格斯·索特

最后，我认为博格在经营公司期间和离开公司后对公司的看法可以用《知足》一书中的这句话来总结："我的希望不仅仅是先锋'能'继续存在下去，而是它'应该'存在下去。"

## 第十章

# 无为的艺术

*"频繁交易是投资者的敌人。这已经被证明了上千次了。"*

我记得在20世纪90年代初读过一篇关于U2乐队的文章,其中的主唱波诺(Bono)说,写一首歌就像在大街上走路一样容易,但写一首好歌、一首热门歌曲要难得多。被动投资也是如此。购买指数基金或ETF就像点击一个按钮一样简单,但持有10年就完全是另一回事了,更不用说一辈子了。这就是为什么博格把投资者行为作为他低成本和指数思想的重要补充。因为投资者虽然可以拥有极其廉价的投资组合,但如果他们不能控制自己不在错误的时间交易所谓的廉价资金,所有这些节省下来的成本都将付之东流。

这个概念有一个恰当的术语是"行为金融学",然而我更喜欢"无为的艺术"这个说法。与此同时,我还喜欢"追逐耐心"这个词,这个词我第一次是从里霍尔茨财富管理公司的迈克尔·巴特尼克(Michael Batnick)那里听到的,它是相对于许多投资者"追逐业绩"的一种说法。这两种观点都指出了这样一个事实:什么都不做是一种深思熟虑的做法，而这比做点什么要难得多。不管怎么称呼，这都是博格引领的投资者启蒙时代的下一个阶段。

## 优质投资者

正如本书前文提到的，先锋的投资者尤其擅长"什么都不做"。事实上，与普通投资者相比，他们表现出了海军海豹突击队（Navy SEAL）级别的纪律，证据就是无论在何种情况下资金都会流入。

> 先锋集团拥有一些表现优异的客户。博格一心想要把合适的人才和合适的客户吸引进来，这就是我们在业务上所做的努力。因为如果你引入了错误的客户，他们让人头疼，你就是在浪费大家的时间。
> 
> ——本·卡尔森

虽然先锋和被动型基金通常吸引的就是那些可能比大多数人更注意行为的投资者，但博格的宣传肯定也起了作用。博格在我们的一次采访中将其提炼为最本质的东西。这就是他的 $E=mc^2$ 法则：

指数的意义在于，它给你的是神奇的复合回报，而没有残酷的复合成本。从长远来看就是这样。这就是为什么对每个人来说最重要的持有期限都是一生。

> 他改变了投资者的行为。他的"不交易"原则以及他对低成本的苛求是如此有效。没有人能比他更好地谈论这个问题了。
> 
> ——泰德·阿伦森

第十章　无为的艺术

需要说明的是，当我说"什么都不做"时，并不一定意味着永远不做任何事，它的真正含义是坚持一个计划，按照自己的意愿交易，而不是基于恐惧或害怕错过机会的情绪（FOMO）进行交易。

## 值得持有的东西

然而，除了他所传达的信息，博格对行为金融学更大的影响在于，他给了投资者一种"值得持有的东西"：指数基金。仅仅是向市场提供低成本的指数基金，就有助于改善市场行为。对很多人来说，当市场下跌的时候，他们并不认为自己投错了基金，应该转换，因为很多人意识到，很难有比以三个基点的成本持有整个市场更好的选择，所以他们选择什么都不做。我们可以从资金流动数据中看到这一点，因为最自律的投资者是被动投资者，他们几乎从不退缩。

> 我认为博格确实对投资行为产生了影响。除了降低基金费用，他的影响力还在于，创造了这种无摩擦的投资产品。指数基金的美妙之处在于，我可以建议年轻的投资者购买指数基金，他们不需要做任何事情，甚至在我们的余生中再也不会见到他们，但仍然会让人感觉我给了他们一份好建议。我认为这是博格遗产中被低估和未被讨论的一个方面，即如果你购买了一个指数基金组合，并在此过程中做了一点再平衡，之后就不用再做其他改变。
>
> ——克里斯汀·本茨

然而，改变投资者的行为并不是一件容易的事，因为会有相反的力量在起作用，这就是为什么博格会说："什么都不做看似简单，但其实并不容易。"这本质上是一场与人性的斗争。有些事人们天生就会做，比如我们天生就想在东西受欢迎的时候买入，在不受欢迎的时候卖出。这只是一种本能的感觉。当经纪平台在鼓励交易，媒体通过放大抛售、煽动恐惧和在超短时间内获得市场覆盖率来获得点击量、吸引眼球时，这并不会让事情变得更容易。这是我的亲身经历，我也很无奈。

## 抛售闹剧

一个很好的例子是，每当股市有几天表现不佳时，CNBC 就会推出"市场动荡"主题特别节目。节目标题的字体和颜色使它看起来像一个恐怖电影的片头，会让人产生恐慌和抛售的本能反应。但事实证明，这是过去 10 年里最愚蠢的举动，因为市场总是迅速反弹。在这一点上，一些人甚至半开玩笑地把它当作增加购买量的指标。

媒体会使用愤怒的灰熊的照片，并附上"2007 年以来最糟糕的一周"这样的夸张之词。它们还会以点数而不是百分比来报道道琼斯指数，因为这听起来更可怕。"道指下跌 500 点"比"道指下跌 1.4%"更能引起你的注意。它们还会显示正在暴跌的短期图表，但如果把它们放到中长期图表中，就需要增加必要的背景，并可能显示出当前的下跌幅度是多么微小。

毫无疑问，博格并不喜欢这种做法。他在《文化的冲突》中是这样说的：

然而，让人难以理解的是财经新闻对股市短暂波动的关注，即股市的每一次突然上涨或下跌都被视为有新闻价值的事件，即使交易活动仅仅反映了股票所有权从一个投资者手中转移到另一个投资者手中。

而且，媒体还会试图让你后悔错过了表现良好的产品，它们会发表文章说，如果你在20年前花1万美元购买这只百里挑一的股票，它在今天的价值就会高得离谱。那你该怎么办？造一台时间机器？或者开始投资市场上的每一次首次公开募股（IPO）？这样的文章会让人觉得自己需要做些什么。而在任何一种情况下，你都会害怕错过重要的机会，它们都会促使你做出糟糕的决定。

媒体也倾向于只报道那些业绩耀眼或严重下跌的产品，而忽略那些波动较小的产品。我称之为"95/5现象"（图10.1），即95%的媒体报道的都是占大多数人投资组合5%的股票，反之亦然。尽管先锋股票市场指数基金是美国最受欢迎的核心资产，但你很难找到太多关于该基金的报道。与此同时，像模因股票、主题和加密等明星产品则会连续几天主导新闻报道。

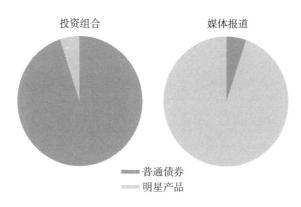

图10.1　95/5现象

数据来源：作者统计。

博格效应

# 一个没有主题的节目？

当然，我们可以批评媒体，但它们似乎也是被逼无奈。如果它们围绕长期投资和财富创造进行报道，节目很快就会变得无聊，它们会失去点击量和观众，从而失去广告收入。另外，公平地说，有些人就是喜欢交易。虽然长期看这可能不是有效的做法，但这是他们的权利。所以，虽然一部没有主题的电视剧《宋飞正传》（*Seinfeld*）[①]可能会受欢迎，但对CNBC来说可能就行不通了——尽管想想还是挺有意思的。

> 如果让我做吉姆·克莱默（Jim Cramer）在CNBC的节目，我每天晚上都会出来说："在全球范围内持有一个多元化的低成本指数基金投资组合。每年重新调整一次。明天见。"那么节目时长还剩59分48秒。
>
> ——巴里·里霍尔茨

这一话题在约书亚·布朗（Joshua Brown）和杰夫·麦基（Jeff Macke）合著的《金融专家的冲突》（*Clash of the Financial Pundits*）一书中有所探讨，其中包括对纸媒和广播媒体领域的十几位财经媒体人士的采访。他们探讨了报道市场的一些考验和困难，以及他们的内部运作。但在讨论自己的投资时，许多人承认他们只是购买并持有指数基金。亨利·布洛杰特（Henry Blodget）就是一个例子，他在20

---

[①] 《宋飞正传》是流行于20世纪90年代的美国情景喜剧，其主题为"没有主题"（A Show About Nothing）。——编者注

世纪 90 年代互联网繁荣时期作为美林证券的股票分析师而声名鹊起。在因欺诈而被禁止从业之前,他的工作是帮助共同基金经理挑选股票,使他们能够跑赢指数。他说这其实行不通,但你不能在电视上大声说出来:

对于个人来说,挑选股票是疯狂的,挑选能够跑赢市场的共同基金经理或对冲基金经理也是疯狂的。对 99% 的人来说,这对他们的财务表现是毁灭性的。他们真正应该做的是将资金投入低成本的指数基金,每隔几年再调整一次,仅此而已。但问题是,作为经纪公司,作为顾问,作为媒体权威,你不能说"每个人都应该买指数基金","不要再想着雅虎、谷歌或苹果的下一步会干什么了","只要买进指数基金,然后忘掉它,就可以了"。那么财经媒体就得卷起铺盖下班了。

博格认为"卷起铺盖"是一件好事。他在《投资常识》中更进一步,借用了约翰·列侬(John Lennon)对行为乌托邦的描述:"想象有一天,没有人卖出,股市休市,整天无所事事。"

## 免费交易!

博格关于"股市休眠"的观点与媒体和券商不一致,后两者在很大程度上有激励人们进行交易的动机。他们通过游戏化的界面和免佣金的交易实现了这一点。在第六章中,我们提到博格说 ETF "就像给纵火犯递火柴"。如果真是这样,那么让所有交易免收佣金就像给纵火犯递了一个喷火器,但这就是目前主要零售交易平台的现状,如富达、嘉信理财、盈透证券(Interactive Brokers)、E*TRADE,当然还有罗宾汉,它们现在提供的所有交易基本上都

博格效应

"免费"。

这一趋势主要是交易民主化的结果——它是如此简单和廉价。交易成本下降和散户交易量上升之间存在明显的相关性。就像先锋集团在过去45年里的平均费用比率一样,嘉信理财的交易成本也从70美元稳步下降到今天的0美元(表10.1)。

表10.1 嘉信理财股票交易成本

| 时间 | 每笔交易成本(美元) |
| --- | --- |
| 20世纪70年代 | 70 |
| 20世纪90年代 | 30 |
| 21世纪00年代 | 13 |
| 21世纪20年代 | 0 |

数据来源:彭博新闻。

目前,散户交易约占所有股票交易规模的20%,这比10年前的10%有所上升(图10.2)。现在散户交易甚至超过了对冲基金和共同基金的交易。虽然这一趋势已经存在了一段时间,但在2020年出现了显著提升,因为在新冠肺炎疫情暴发期间,许多人发现自己在家里非常无聊,电视上也没有体育节目,纾困支票("stimmy" checks)①在口袋里十分躁动,再加上美联储向市场注入了流动性,这些促成了一场引发交易的完美风暴。

这一切都发生在博格去世一年后,还好他并不知道这一切——否则他的评论会是史诗级的。

---

① 纾困支票是新冠肺炎疫情期间,美国政府发放给居民的应对疫情冲击的支票。——译者注

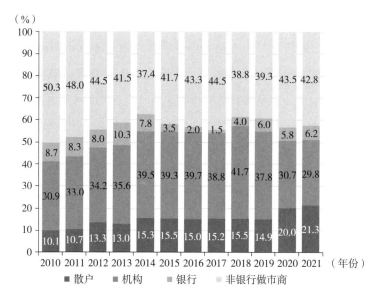

图 10.2 按投资者类型分解的美国交易规模情况

数据来源：彭博社，拉里·塔普（Larry Tabb）。

> 免费交易会使他发疯。
>
> ——泰德·阿伦森

## "投机的狂欢"

我们知道博格的观点会很丰富，因为他过去对交易的评论就是这样。他把一些最尖刻、最野蛮的词语都用来描述交易，称其为"失败者的游戏""对社会无用的活动"和"投机的狂欢"。如果他总结一个"投资十诫"，我很确定"你不应该交易"会排在前三名，甚至可能是第一名。

### 博格效应

在1999年《纽约时报》的一篇专栏文章中（当时正值互联网泡沫的高峰），博格计算出主动共同基金的回报仅为股市年回报率的75%，但DIY交易员的表现更差，去除成本后仅获得了市场回报率的65%。对比之下，买入并持有指数基金的投资者的回报达到了市场回报率的99%。换句话说，尽管他认为主动型共同基金很糟糕，但他认为试图成为自己的主动型基金经理更糟糕。

除了几乎不可能始终很好地把握市场时机，这里还涉及成本问题。每笔交易都要支付被称为"买卖价差"的少量费用（即使没有佣金），它本质上是做市商卖出股票或ETF的价格与其买入价格之间的差别。价差各不相同，但通常都很小，只有一两美分，但流动性较差的股票、异型证券（exotic securities）或衍生品的价差可能会更大。

博格说："每个买家都有一个卖家相伴，这是一场零和游戏，你却得支付赌场的费用……这是没有办法的。所以交易能让华尔街赚钱，而这对买卖双方都没有好处。这在经济学上被称为'寻租'。"

博格对他进入这个行业以来交易量的增加感到震惊。20世纪50年代，他从大学毕业后，整个股票市场的年交易规模（以美元计算的股票交易量除以所有股票的总市值）约为15%。到20世纪90年代末，这一比例上升到100%，在2011年达到了250%。而在2020年，这一比例达到了317%。这意味着有价值超过120万亿美元的股票（和ETF）发生交易，而股票市场的总市值"只有"不足38万亿美元。

博格经常指出，所有这些交易活动都是华尔街连接资本与企业这一原始功能的巨大变异。他在《文化的冲突》中引用了相关数据：

> 过去5年，每年平均的股票IPO规模为450亿美元，提供额外股本的增发规模平均约为2 050亿美元，股票发行总额在2 500亿美

元左右。在此期间，股票年交易量平均为 33 万亿美元，约为提供给企业的股本规模的 130 倍。换句话说，交易占我们金融系统活动的 99.2%，而资本形成仅占 0.8%。

一个有意思的对比是：虽然数据显示交易确实会损害一个人的整体回报，但它并不违法，有时还会很有趣，就像在美国去赌场是合法且有趣的一样。人们通常都知道自己可能会输，但还是会去体验一下。而做市商，也就是庄家，通常也并不坏，它们能很好地促进交易以公平的价格进行。它们在抛售中也至关重要，会在流动性不足时介入并提供流动性。它们是整台机器的润滑油。

## 先锋的作用

尽管博格反对交易，但具有讽刺意味的是，先锋集团在开创免费交易时代方面发挥了重要作用。2018 年 7 月，先锋集团宣布将允许 1 800 只 ETF 免佣金交易，此举震惊了世界（比大多数券商实行免佣金交易早了一年多）。这比当时其他所有主流平台都走得更远，感觉就像一个改变游戏规则的时刻。CNBC 甚至说，这"可能是零售投资史上最大胆的实验"。

几乎所有看到这则新闻的人都注意到，"先锋集团"和"免费交易"的字眼出现在了同一句话里，考虑到博格对交易危险的直言不讳，他们都有点摸不着头脑。一方面，这似乎与先锋集团的传统背道而驰；另一方面，降低成本是先锋集团的基因，这一举措似乎与它利用共同所有权结构降低基金和咨询费用的方式相契合。一些人认为这是先锋集团迫使其他平台对所有 ETF 实行免佣金的一种方式，这将使先锋集团的 ETF 处在一个更公平的竞争环境中，从而增加它们的分销。

虽然这并非一蹴而就，但最终其他平台——盈透证券、嘉信理财、E*TRADE 和富达——也纷纷效仿。许多公司通过增加不收取佣金的股票和期权来加大赌注。券商平台发布了大量新闻稿和公告，争相提供更多的免费交易。这就形成了我们今天所处的"没有佣金的乌托邦"，或者说是"反乌托邦"。

## "免费"是一剂迷药

从廉价交易到免费交易的转变可能在成本上影响很小，但在心理上影响却是巨大的，因为当涉及免费的东西时，人们往往会失去理智，做出非理性的行为。

> 在心理上，人们会过度消费免费的东西。从一两分钱变成免费，会让你对东西的看法发生巨大的变化，而且是以一种非常愚蠢的方式。为了得到免费的东西，你会排很长的队，你会花费更多的汽油钱。博格的目的就是不断降低成本，但有一个事件视界（event horizon），就像黑洞一样，你可以自由撞击。物理定律已经不再以同样的方式运作了，这给消费者带来了冷漠的附带损害。就像 Twitter、Facebook 或任何免费的平台一样，它们不会试图伤害你，但它们也不在乎是否会伤害你。罗宾汉并不关心你是否交易成功，它只希望你去交易。所以我认为低成本比免费更好。我认为博格也会这样想。
>
> ——丹·伊根

## 第十章　无为的艺术

> 在一个像股市这样复杂的市场中，考虑到它的运作方式，如果你不支付费用，那么你自身就会成为产品。这是最常见的说法，但这是真的。这是一个零和游戏，人们都是为了赚钱，所以你在某种程度上还是付出了代价。我认为你应该知道在华尔街没有什么是免费的。
> 
> ——布拉德·胜山

他们总得想办法赚钱，主要有以下两种方法：一种是将订单流（买入或卖出订单）卖给愿意为零售订单流支付费用的做市商，零售往往以更大的买卖价差交易，因此他们可以赚更多的钱。这是罗宾汉的模式。另一种是将你账户里的资金投入一只收益率低于货币市场基金的基金，并将差额收入囊中。这一差额被称为净利息收入，这是嘉信理财约一半收入的来源。嘉信理财是这个低成本交易时代的重要推动者之一。

> 它被定义为超级低成本、对终端投资者友好，还有一些乱七八糟的订单支付流程，天知道背后还发生了什么。这期间有大量的交易活动，当然，总的来说，这是愚蠢的。这种交易正在摧毁终端投资者的价值。毫无疑问，从很多方面来说，博格肯定恨透了这一切。
> 
> ——吉姆·温特

除了这些赚钱的方法，一些公司还利用免费交易来吸引你，然后试图向你推销更昂贵的服务或主动共同基金。不过，公平地说，这个概念在我们的零售经济中随处可见——就像在杂货店一样——顾客当然会理解并相应地购买其他货物。

## "罗宾汉军团"

除了标榜免费的交易，还有交易的游戏化，它会让"什么都不做"变得更加困难。如今，许多年轻的散户都是玩着电子游戏、看YouTube、制作表情包长大的，他们现在正在把所学到的一切应用到股市中。媒体将这些追求风险的年轻交易者称为"罗宾汉军团"，尽管他们也在许多其他交易平台上留下过踪迹，但就像舒洁是纸巾品牌的代表一样，罗宾汉已经成为追求风险、信奉YOLO[①]原则的年轻交易者的代名词。

这些交易者喜欢快速获利，他们更喜欢单只股票、期权和杠杆ETF，而不是更无聊、更普通的ETF或共同基金。虽然他们的虚张声势与天真相互交织，让很多老家伙对他们颇有微词，但他们有时间努力一下，而且获得了较高的娱乐回报率（ROE），还接受了有关市场的教育。

现在的问题是，人们是否正在慢慢地上瘾。事实上，为这些年轻交易者设计平台和界面的人有动机去增加诱惑，比如在用户进行交易时掉落绿色的纸屑、表情通知，不断更新与股票相关的文章，以及以彩票形式免费赠送股票。

---

① YOLO 是 "You only live once" 首字母的缩写，表示只能活一次、活在当下。——译者注

## 第十章 无为的艺术

> 想想看,关闭 Twitter 或其他社交媒体平台有多难。这些应用程序都是由同一群人开发的。它们的目标是提供多巴胺刺激。
>
> ——内特·格拉西

> 免费交易、交易应用程序、交易的游戏化——所有这些都表明会有越来越多的人活跃在市场中。这些应用程序面向的是新兴的交易群体——千禧一代。所以我想说,这是一个重要因素、一种新型的交易者——给他们机会,他们就会想要尽可能多地交易。
>
> ——布拉德·胜山

考虑到免佣金对交易的吸引力,一些人已经开始呼吁扭转免佣金的交易趋势。

> 费用并不是投资者的敌人。有交易佣金是一件好事,高佣金也是件好事。我去找提供全方位服务的经纪公司的原因之一是,我想支付每股 5 美分的佣金,这样每笔交易就需要支付数百美元的佣金,这会打消我的交易积极性。它会激励我购买并长期持有。
>
> ——贾雷德·迪里安

### 博格效应

> 如果你的时间视界是 40 年,如果你以年轻人的眼光看市场,那么想要选择正确时机是很疯狂的。
>
> ——迈克尔·刘易斯

## 历史的韵脚

尽管免费交易和游戏化可能是新事物,但在牛市中因过度交易而失去理智并不新鲜,每一代人可能都要经历一段艰难的时期才能明白这一点。举个例子,下面是 1999 年 1 月《福布斯》一篇文章的节选,这篇文章也是在描写今天:

每天都有 500 多万名在线投资者证明,在选股时,这可能是正确的。在他们的世界里,你所学到的一切关于理性定价的知识——收益、账面价值甚至收入——都是毫无意义的。不要去想长期,就做短线交易,大赚一笔。嘿,聊天群里的其他人似乎都在这么做。

这种做法甚至可以追溯到更早以前。奥肖内西资产管理公司的客户投资组合助理杰米·凯瑟伍德表示:"罗宾汉与 20 世纪 20 年代的投机商行类似,几乎是纯粹的赌博。你押注于股价的走势,但你实际上并没有投资于这些股票。这就像将纸上交易(paper trading)发展到了极致。当时几乎所有的参与者都是年轻人,以及那些没有能力支付经纪人要求的更高拍卖价的人。"

今天年轻的短线交易员可能会像他们的前辈一样,最终转变为保守的买入并持有型投资者。这就是 20 世纪 90 年代发生在我们这一代人身上的事情。随着年龄的增长,你不仅会清醒过来,而且会变得非常忙碌。有了事业，有了房子，有了家庭，长期创造财富的愿望可以很容易地超过一笔好交易带来的短暂的多巴胺刺激。就像电影《战争游戏》(War Games)中的超级计算机一样，许多年轻的投资者将意识到"唯一的胜利之道就是不玩"。

> 像罗宾汉这样的平台的崛起是有益的，因为它们带来了新的投资者，否则很难让年轻人对投资产生兴趣。这些年轻的投资者期望，他们在 2020 年看到的涨势和回报能持续到未来。一个覆盖广泛的指数基金能给他们提供足够的动力吗？我们怎么把他们吸引到那里？这是一个挑战。
>
> ——内特·格拉西

> 我们经历了散户兴趣的"繁荣—萧条"周期，这绝对是有一定道理的。我们就在其中一个泡沫中。有一部分人对市场有足够的兴趣，想了解游戏的本质到底是什么，他们会认识到博格是正确的。
>
> ——戴夫·纳迪格

## 大多头

与这些年轻的、活在当下的散户交易者相反的是新一代的行为顾问，他们有意识地学习和实践无为的艺术。他们往往是指数基金投资者，是博格以及学术研究的狂热追随者。我把他们的思维倾向称

## 博格效应

为"大多头",因为他们就像电影《大空头》(*The Big Short*)中对冲基金的人,能在系统内部看到别人看不到的东西。但在他们看来,某些东西不是迫在眉睫的末日或泡沫,而是几十年后彩虹尽头的一罐金子——即使这不像怀疑论者那样酷。

1987年的电影《华尔街》让每个人都想成为宇宙主宰、不惜一切代价致富,《大空头》则使揭露泡沫、顶部和市场的潜在问题成为时尚。人们可以通过说"事情很糟糕"而让自己的名字出现在媒体上,因为在标题中加入"泡沫"或"破裂"这类词可以保证点击量。

大声说出一切有多么糟糕也是一个无风险的举动,这样做不会有任何损失。不管出于什么原因,在市场问题上持消极态度听起来会比乐观主义者更聪明,甚至显得更关心市场。没有人会回过头去指责他们的错误。也许投资者听了那些唱反调人的话将会遭受损失,但没人计算损失回报中的机会成本。这是免费的公关,不需要付出什么努力,也没有负面影响,还能诱使投资者在不该出手交易时出手。

不过,尽管购买并持有指数基金或ETF可能不像警示泡沫、做空股票或用希腊符号谈论期权市场那样复杂,但事实证明,这是一种伟大的积累财富的策略。这些资深顾问已经学会了识别、忽视甚至嘲笑负面情绪和担忧的冲击。他们知道什么是重要的事情。比起赌徒,他们更像园丁。

> 我们经历了20世纪90年代互联网的泡沫,然后是2008年的金融危机,也就是说在10年内我们经历了两次下跌50%的熊市。

第十章 无为的艺术

> 不过，我确实认为"大多头"已经在财富管理行业站稳了脚。甚至连全面服务经纪人也开始转向长期资产配置策略，而不是仅仅试图向客户出售这些证券或主动型共同基金。
>
> ——本·卡尔森

这并不是说怀疑论者就没有道理或被证明是错误的。就连博格也称赞了那些预测 2008 年金融危机的"大空头"，认为他们应该得到补偿。他针对的是所有所谓的"守门人"角色。在《文化的冲突》一书中，他用了几十页的篇幅来描述整个体系，包括国会、证券交易委员会、美联储、评级机构、会计师、媒体、证券分析师和共同基金董事，他认为所有这些人都在各自的角色上遭遇了惨败。

## 行为差距

持续怀疑和消极带来的问题是，你可能会变得思维简单而偏执，认为事情会变坏。这根本无法管理你或别人的储蓄。无为艺术的一部分就是承认会有抛售——就像生活的一部分就是承认你会倒霉和感冒一样。在这些抛售中生存下来的秘诀是，在心理上和投资组合上做好准备。识破让大多数人分心的投机回报陷阱是获取投资回报的关键。

> 一个顾问能提供的最大的价值是在行为方面。顾问和其他人一样都是人，所以他们最大的作用就是保持稳定。这是投资中非

## 博格效应

> 常重要的事情。你可以将成本和税收降到最低,并恰当地进行分配,但如果投资者不能长期坚持一个计划,这些就都是徒劳的。咨询行业的未来完全是基于行为的。
>
> ——内特·格拉西

顾问有时会从行为差距的角度讨论投资行为指导的价值,行为差距本质上是指基金预期的回报和投资者根据资金流动实际获得的回报之间的差异。博格一直试图用行为差距来打压 ETF,因为许多 ETF 确实表现出了这些差异。曾经投资过的人可能都非常了解行为差距。

一些研究甚至更加深入,研究了券商数据和基金资产,以分析差距的来源。被引用最多的是加州大学戴维斯分校的特伦斯·奥丁(Terrance Odean)和加州大学伯克利分校的布拉德·巴伯(Brad Barber)在 2011 年发表的一篇论文,他们开创性地阐述了交易对财富的负面影响。

Betterment 公司的行为金融和投资副总裁丹·伊根说:"巴伯和奥丁关注了很多事情的本质。他们不只是关注资金流动,他们实际上得到了数以万计的个人投资者和经纪人的数据,能够清楚地区分哪一部分资金流动是源于集中的投机,哪一部分是源于佣金和交易。这篇论文催生了后续无数篇论文。"

> 当你从事这个职业时,你就是在违背市场和客户的期望。
>
> ——肯·纳陶

## 第十章　无为的艺术

> 这是一条全天候的"信息消防水带",而社交媒体进一步放大了它。因此,行为指导的工作也变得更加困难,因为客户和投资者确实看到了这一点。挑战在于,顾问们必须从消防水带中喝水,因为他们需要知道市场上发生了什么,但他们不能对自己喝的东西做出反应,并对客户添油加醋。
>
> ——内特·格拉西

在帮助投资者尽量减少交易方面走在前列的公司之一是 Betterment,它对投资者的行为进行了一项又一项研究,以找出帮助投资者不犯错的方法。它们实际上是与罗宾汉的策略背道而驰的,因为它们试图阻止你做太多事情。它们发现,使用颜色和弹出窗口来显示各种交易行为对税收的影响是一种有效的方法,可以防止投资者在每次市场行情不好时抛售股票。

> 颜色可以激励你做坏事,也可以激励你做好事。我们用颜色来表示"你是否偏离了正在努力实现的目标"。如果它是橙色的,代表你可以改变你存钱的金额、目标日期——这些是你可以控制的事情。绿色关乎未来,而不是过去。颜色只用于表示你可以控制的东西。你不能控制市场。
>
> ——丹·伊根

博格效应

## 不再有傻钱

所有这些努力都在起作用。我们可以从先锋集团的流量数据,以及 Betterment 等投资顾问在投资组合中使用的贝莱德和嘉信理财的低成本 ETF 中看到这一点。如果你把"长远"ETF 与流动性更强的 ETF(敏感的交易人群经常使用的 ETF)分开来看,这些数据就说明了很多问题。现在回想起来,买入并长期持有的散户群体看起来要聪明得多。交易员选用的 ETF 的流量与市场波动相关,但"长远"ETF 与任何东西都不相关。它们只是一直投资,风雨无阻(图 10.3)。

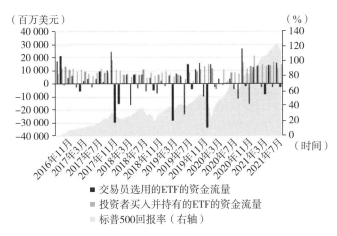

图 10.3　交易员选用的 ETF 与投资者买入并持有的 ETF 资金流量

数据来源:彭博。

回过头来看,在经济低迷时期保持冷静和按兵不动是多么明智。

与过去相比,所有这些都是巨大的变化。过去,你的经纪人会鼓励你交易,因为他要靠这种方式获得报酬。在我们的一次采访中,博格谈到了传统经纪人会对你的长期回报产生多么致命的影响。他说:"如果有人带你去找一个共同基金,他就是想让你在股市下跌时转移……这种经纪人就是一股反对长期持有的破坏性力量。"

虽然对于帮助投资者长期持有应该收取多少费用存在一些争议，但很明显，"放眼长远"的顾问们已经把博格的话牢记在心，他们的客户也因此受益。

> 博格帮助解决了投资的问题，他找出了三件最重要的事：你的成本结构，你所拥有的东西，以及你的行为方式。如果你能处理好这三件事，你就能成为一个成功的投资者。实现这一目标的方法多种多样，但只有杰克·博格提出的方法是确定无疑的。
>
> ——巴里·里霍尔茨

## 尾声

# 博格的遗产

> "历史将评判先锋集团,不是看我们管理了多大规模的资产,而是看我们如何管理。我们以正确的方式——我们的方式——在进行管理。"

历史会垂青博格。尽管他有缺点,但也做出了必要的贡献,他在很大程度上被视为一个真正的小型投资者的捍卫者,以及一个庞大行业的颠覆者。虽然其他一些传奇投资者的遗产也会延续下去,但随着时间的推移,博格的影响力很可能会上升到榜首,因为他的成功不在于自己玩好游戏,而在于让这个游戏变得更好。

有许多因素将有助于发展博格的遗产。首先是先锋集团,它正处于全盛时期,很可能将长期存在。指数基金、ETF、被动型基金,以及所有投资它们的投资者的整体增长,也将进一步将他的遗产发扬光大,因为大多数人都将这些与博格联系在了一起。Bogleheads 组织比大多数人想象的更大、更广泛,也将有助于他的遗产传承。

尾声　博格的遗产

除了那些我在前面章节中强调过的很明显的遗产，还有一些其他的东西，也许不那么明显，但也值得关注，包括博格的书、言论、奖学金基金，以及一些在行业中以自己的方式传递"博格火炬"的人。

## 博格的书

博格是一位多产的作家，也是一位优秀的作家。他将他所知道的东西和自己独特的观点写进了书里。我和他面对面接触过，也读过他的书，我可以告诉你，他的书和他这个人给人的感觉是一致的。

> 他是一位杰出的作家。我认为使他的书如此优秀的关键是书中充满了信念。每本书都有一个论题，并且以数据为基础。他熟读许多伟大的著作，而且是一位伟大的沟通者。所有这些都使他的书在金融文学的编年史上占有非常重要的位置。
>
> ——克里斯汀·本茨

> 他也总是自己写演讲稿。我记得他是个爱读书的人，喜欢填字游戏，而且很爱说话。当他的孩子问他大学里学什么专业比较好时，他没有说经济学，他总是说英语。当我们问他为什么的时候，他会说：清晰、有说服力、简洁的沟通能力可能是你余生所能拥有的最重要的技能，其他一切都源于此。当然他自己也是这样做的。
>
> ——小约翰·C. 博格

虽然博格一直在写作，但他并不一定打算成为一名作家。然而，他最终花在写书上的时间比经营先锋集团的时间还多。从1974年到1996年，他经营了先锋22年。他在1993年写了第一本书，最后一本书于2018年出版——在这25年的时间里，他写了大量的书。

如果没有一位名叫艾米·霍兰德斯的年轻女子，这一切很可能都不会发生。

## 第一本书

20世纪90年代初，霍兰德斯25岁，在一家小出版社从事策划编辑工作。她的工作是寻找金融行业中敢于打破传统并拥有大平台的思想领袖。她刚刚协助出版了一本关于嘉信理财的书，正在寻找其他可以接洽的人。博格是一个不需要动脑筋就能想到的人，但很不容易请。

在多次写信和通话之后，博格最终同意与霍兰德斯见面。

霍兰德斯回忆说："他的体格和性格都与众不同。当时我吓得直发抖。他问我为什么会有人想读这样一本书，他非常谦虚。我向他解释说，这些信息正是人们需要知道的。他们需要知道先锋基金将在长期内帮助他们。对博格来说，这本书是一个让投资者了解手续费对整体回报影响的渠道。我必须三顾茅庐。"

问题是博格还在经营先锋集团，根本没有足够的时间来写这本书。正如他在《博格论共同基金》一书开头所描述的那样：

我告诉她："谢谢你，艾米，但以后再说吧。"因为当时我正忙着经营先锋……我们刚刚开始成为行业领导者。"我很想写，我知道我能做到，"我告诉她，"但现在我可能找不到时间写。"一年后，艾米又来了，提出了同样的请求。一年之后又来了一次。

1992年春天，霍兰德斯终于取得了突破。博格的日程安排缓和了一些，但他的心脏病复发了，这让他怀疑自己还能活多久。霍兰德斯要帮他完成这个心愿。

"我准备给他找个代笔，"她说，"大多数处于他这种位置的人并不太在乎具体由谁来写，他们更关心的是内容是否能代表自己的想法。但这对博格来说还不够。他是一个非常严谨的人，措辞对他来说很重要。"

## 编辑博格的书

尽管如此，博格还是很依赖他的助手吉姆·诺里斯，诺里斯说他已经习惯了用博格的声音写作，以至于忘记了自己的声音（诺里斯最终掌管了先锋集团所有的国际业务）。

首先，霍兰德斯和诺里斯得过滤掉博格口中18世纪普林斯顿人的腔调，使这本书更平易近人。博格还想使用金边书页，以及红色的封面，据霍兰德斯说，这在出版界是不允许的。最后，这本书的封面是红色的，但镶金边的书页没有被采纳。

《博格论共同基金》在1993年问世时，获得了极大的认可并取得了商业上的成功。博格和霍兰德斯都很高兴，这段记忆永远铭刻在他们的脑海里。对博格来说，这将开启一段写作历程，他的许多书都讲述了相同的主题。

博格甚至与伯顿·麦基尔在一次讨论共同所有权问题的小型会议上拿这个问题开玩笑。麦基尔说他一本书写了12次（参考他的12个版本的《漫步华尔街》）。博格回应道："我不确定我是否也会这么做。"

博格的大部分书都包含了惠灵顿的故事，对主动型共同基金的抨击，以及对美国企业和机构所有者（如共同基金、养老金）缺乏管理的一般性攻击。每一本都有自己独特的部分和风格。他也一直写作到最后，在去世前3个月出版了最后一本书。而那本《坚持到底》无疑是他最好的著作。他的每一本书都经过了充分的研究，并且包含大量数据，读者对它们非常感兴趣。在每一本书中，博格都会发出他独特的声音。

## 博格作品排序

在写作本书之前，我只读过几本博格的作品。但在准备过程中，我阅读了他其他的著作，感觉就像在准备"博格三级考试"，但他的书比教科书有趣得多，因为他是一个优秀的作家，引用了无数的参考资料，包括许多数据和骇人听闻的真相。几乎在阅读每一个部分时，我都会赞许地点头，心想这很有道理。他的许多话在今天听起来依然是正确的，在50年后可能也是正确的。

虽然在本书中，我试着从其他书中摘录了一些内容，但我建议你直接去阅读原书。为了有所帮助，我根据他的8本书的质量和我对它们的喜爱程度进行了排名。

1.《投资常识：保证你公平分享股票市场回报的唯一方法》（*The Little Book of Common Sense Investing*，2007）——这是他最畅销的书，这是有原因的。这本书是内容最紧凑的，也是最实用的。这本书主要是关于如何投资的，在某种程度上是博格的经典之作。

2.《坚持到底：先锋的故事和指数革命》（*Stay the Course:The*

*Story of Vanguard and the Index Revolution*，2018）——这是博格写的最后一本书。这本书基本上是一本回忆录,并按时间顺序讲述了先锋基金的故事。从惠灵顿开始,从第一只指数基金,到债券基金的推出,再到ETF的"入侵"和多因子ETF,他详细讲述了这段旅程。如果说《投资常识》简单地概括了博格的哲学,那么本书就是先锋的故事,它们适合搭配阅读。

3.《知足:金钱、商业和生活的真实衡量标准》(*Enough:True Measures of Money, Business, and Life*，2008）——这本书可能是博格最深刻的一本书,也是他最个人化的一本书。在简介中,他分享了他来自哪里、是什么成就了他的见解。这本书是我在本书第四章"解构博格"中引用最多的。当你去完成一项任务时,你会发现博格为什么会做他所做的事情,以及为什么他选择了一条与他的同龄人相比不那么常规的道路。他对自己所拥有的很知足,至少在物质上是这样,他那边篱笆上的草已经更绿了。这一观念很强大,与华尔街的许多人以及更广泛的企业界格格不入。

4.《博格论共同基金:聪明投资者的新视角》(*Bogle on Mutual Funds:New Perspectives for the Intelligent Investor*，1993）——这是博格的第一本书。这本书可以说是非常实用的,但也是他投入最少的,因为当时他还在忙于先锋集团的工作,不得不在助手的帮助下完成。如果一位教授正在讲解一门关于投资和共同基金的大学课程,这本书将会是一本很好的教科书。它与读者探讨了如何思考债券收益率、通货膨胀和股息等广泛的概念,还介绍了如何选择共同基金。这在当时都是前沿话题。当然,它倾向于指数基金,但是以教科书的方式传递出来。对我来说,"智慧的十二个支柱"是其中最精彩的部分。这里面有一些非常重要的知识。

5.《文化的冲突：投资与投机》(*The Clash of the Culture:Investment vs. Speculation*，2012）——这无疑是博格令人印象深刻的著作之一。他的许多著作都停留在他熟悉的领域，但这本书的范围远远超出共同基金，而扩展到了2008年的全球金融危机，他彻底抨击了系统中所有惨败的"看门人"。他还研究了退休危机和高管薪酬。他指出许多问题都来自投机和贪婪的文化，这本书因此而得名。我特别喜欢的一点是，他不只是抨击一切，还提供了解决方案，致力于让事情变得更好。

6.《品格为先：先锋集团的创业发展历程》(*Character Counts: The Creation and Building of the Vanguard Group*，2002）——这本书主要是博格给员工的演讲和信件的汇编，以及一些其他重要的信件和他对经营先锋集团的想法。这些演讲的时间跨度从1980年一直到2001年。一方面，他的演讲往往是相互呼应的，可能会有些重复；另一方面，听到他在不同时期的话语真的很有趣。尽管在20世纪80年代和90年代，他所处的金融世界瞬息万变，但他始终如一，专注于一个单一的目标和愿景，这令人非常惊讶。

7.《为资本主义的灵魂而战：金融系统如何破坏社会理想，破坏市场信任，掠夺投资者的数万亿美元，以及如何应对》(*The Battle for the Soul of Capitalism:How the Financial System Undermined Social Ideals,Damaged Trust in the Markets,Robbed Investors of Trillions, and What to Do about It*，2005）——这本书中充满了博格愤世嫉俗的情绪。他花了很多篇幅抨击美国企业界。这是对互联网泡沫破裂和安然式公司欺诈深思熟虑后的反应，但也可能是鲁莽的。这本书几乎像是《文化的冲突》的前传，主要是对2008年金融危机的反思。在这两本书中，他让每一方——公司、媒体、共同基金——都不能对商业中一系列"令人作呕的丑闻"视而不见。

8.《别指望了！对投资幻想、资本主义、共同基金、指数、企业家精神、理想主义和英雄的反思》(*Don't Count on It! Reflections on Investment Illusions, Capitalism, "Mutual" Funds, Indexing, Entrepreneurship, Idealism, and Heros*, 2010)——这本书主要是博格在不同地方发表的文章和演讲的合集，主题是商业和投资界由于对数字的崇拜而迷失了方向。例如，商界对季度收益数据的痴迷，或者主动管理者对基于过去业绩制定战略的痴迷，甚至我们如何改变计算通胀和失业数据的方式，使它们看起来比实际情况更好。这是我在研究中读到的博格所著的最后一本书，所以对我来说，感觉它在很大程度上重复了其他书的主题。

## 博格被引用最多的 10 句话

除了书之外，博格还有一些本·富兰克林式的投资格言，可能会永久地传承下去。直到现在，我才在书中特别提到这些金句，因为我是独家引用，所以我想保持新鲜感。以下是他最著名的 10 个金句：

1. "别在草堆里找针了，干脆把草堆买下来。"
2. "股市会极大地分散投资业务的注意力。"
3. "就回报而言，时间是你的朋友；但在成本方面，时间是你的敌人。"
4. "复合收益的奇迹会被复合成本所击溃。"
5. "若不计成本，击败市场是一场零和游戏；若考虑成本，这是一个失败者的游戏。"
6. "基金业绩涨涨跌跌，成本则会永远持续下去。"

7."投资成功的制胜法则是,通过指数基金投资整个股市,然后什么都不做。只要坚持到底。"

8."什么也别做——保持无为。"

9."投资的一个极大讽刺是,我们投资者作为一个群体,往往得不到我们所支付的东西,恰恰得到了我们没有支付的东西。"

10."当一个问题有多种解决方案时,选择最简单的那个。"

## 博格学者

博格的遗产也将继续存在于他在布莱尔学院和普林斯顿大学设立的奖学金基金中。1968年,杰克在布莱尔学院设立了"博格兄弟奖学金",以纪念他的兄弟大卫(1994年去世的双胞胎兄弟)和威廉。博格三兄弟都是通过奖学金进入布莱尔学院的。该奖学金被授予"有特殊前途的男孩和女孩,以给予他们在布莱尔接受教育所需的资金"。学生必须具有经济需求、学术能力、性格和决心。自奖学金创立以来,共有161位博格学者获得资助。

2016年,在他的儿子小约翰·C.博格及其妻子林恩的慷慨捐助下,他还在普林斯顿大学设立了约翰·C.博格51位公民服务研究员项目。他生活中的一大乐趣就是看到这些年轻的学者茁壮成长。

"他喜欢回到普林斯顿大学和学生们交谈,"小约翰说,"他非常喜欢那种环境,喜欢回到学校,见到这些孩子,了解他们在做什么,或者谈论他的生活或职业。他因此而精力充沛。只要这些孩子愿意,他就会待上几个小时。"

我和两位博格学者谈过,毫不奇怪,他们对这个教育礼物非常感激。他们似乎也真心喜欢博格这个人。

## 尾声 博格的遗产

博格学者、现为财务顾问的维多利亚·贝利说："博格先生非常慷慨，作为一名曾经接受过奖学金资助的学生，他的重点是确保其他学生也能得到同样的机会。"因为受到博格的启发，她进入了金融业，但更重要的是，进入普林斯顿大学改变了她的一切。"我妈妈是一个单亲妈妈，做三份工作。博格先生是我的恩人，他资助了我去普林斯顿大学。如果不是因为他，我不可能有信心申请普林斯顿大学，也不可能负担得起普林斯顿大学的费用。他改变了我整个人生的轨迹。我永远感激他。"

另一位博格学者安东尼·达马托从事音乐行业，是一位成功的独立摇滚歌手。他发行了四张专辑，并与康纳·奥伯斯特（又名"明亮的眼睛"）等音乐人合作（奥伯斯特的《我生命的第一天》是我的婚礼歌曲，这世界真是太小了）。

"我是一名专业的音乐人，"达马托说，"这与大多数进入金融、科技或创业领域的博格学者不同。他总是问我关于音乐的问题。他对此很感兴趣，尽管这显然不是他的专长。但他会涉及抒情主题，并就写作提出具体的问题——对我来说，这表明他真的是一个永远充满好奇心的人。"

博格跟随许多这样的学者走向世界。他努力通过书信和聚会与他们保持联系。和我交谈过的每个人都把他视作一个充满好奇和自豪感的祖父，他总是想知道大家正在做什么。一个典型的例子是：当博格听说达马托发行了一张名为《海岸上的沉船》（*The Shipwreck from the Shore*）的专辑时，他向达马托要了一张。几周后，达马托从博格那里收到了一封邮件，他让我把全文打印了出来：

嗨，安东尼，

谢谢你寄来你的CD。很难想象，我这个来自布莱尔和普林斯顿的老古董，没有一点音乐天赋（但对音乐非常热爱，从交响乐到乡村摇滚都非常热爱），却喜欢每一首歌——现在已经播放了很多遍。

节奏令人兴奋，悦耳动听，歌词也很有诗意。我很好奇像你这样（相对）年轻的人如何看待关于失去爱、悲伤和死亡的主题。在我这个年纪（85岁），我会特别感动（虽然我只有一个真爱，而且我们已经结婚58年多了）。

我完全明白，来自我这个年纪的人的掌声可能并不代表你在目标观众那儿受欢迎。但非常不错！再接再厉！祝你继续取得应得的成功。

一切顺利！

杰克·B（普林斯顿大学的一些同龄人也称我为"酋长"，这是我孙子们对我的称呼）

附注：上周日，我们去听了马勒第二交响曲（安魂曲）的音乐会，由Yannick Nézet-Séguin指挥。雄伟，迷人，令人难忘，富有戏剧性。

贝利说，她和博格也经常通信。"他的反应总是那么快，"她回忆道，"他的回答总是令人惊讶。不管对谁，他总是很有风度，不管你是什么级别的人，他都会很坦诚地与你交谈，就好像你是这个世界上唯一的人一样。他真是不可思议，事实上，他为人们提供这些奖学金产生了惊人的连锁反应。我现在的目标也是为其他学生做点事，一旦我有能力，我也希望能够为学生提供全额学费，给他们我曾经拥有的机会。这就是生活的改变。"

博格还将奖学金视为保护自己遗产的一种方式。正如他在《知足》一书中所写的那样："尽管看起来微不足道，但我相信，在一家规模庞大的企业中,这些人性的触动将有助于保存我努力创造的遗产。"

博格学者们指出,博格不仅是通过先锋集团为投资者省钱的慈善家——你可以认为他是有史以来最伟大的慈善家,因为他为投资者节省了数万亿美元——而且在金钱和时间上是一个传统意义上的利他主义者。

## 手持火炬的人

在写这本书的时候,我思考的一个问题是:谁会成为下一个博格?还是说他完全是个异类?几乎我采访过的每个人都说他是一个异类——甚至包括那些承认他正在做好事的人。可能很难找到像他一样的人。

> 他是一个真正的异类,没有人能像他一样。他打破了常规。再也找不到下一个了。
> 
> ——贾雷德·迪里安

有一些人值得被关注,他们做着博格式的事情——捍卫投资者的利益,推动非中介化,打破现状。他们中的许多人也受到了博格的启发。

以下是我认为在先锋集团之外值得重点关注的十大人物。

### 安东尼和迪娜·伊索拉

安东尼和迪娜·伊索拉是里霍尔茨财富管理公司的一对夫妻搭

档，他们试图为学校教师们节省费用，使他们免于每年在高额的——可以说是掠夺性的——年金产品上损失数亿美元。他们希望用简单、低成本的 ETF 来取代那些被通胀吞噬的低回报产品，这些产品的年费为 2%—5%，ETF 的总成本为 0.08%。他们还提供成本为 0.40% 的完整财务规划。他们的目标是让教师支付五分之一的费用，同时获得更多的服务，退休后可能会将所得金额增加一倍或两倍。

"先锋集团为教师们提供了最好的基金，"安东尼·伊索拉说，"因为我可以向他们解释，外部股东不会得到回报。因为你是股东，所以你为回报支付更低的费用。拥有'我们都在一起'的主题是非常重要的。这与他们现在所得到的完全相反。从保险公司的蹩脚年金到先锋指数基金，你正在实现一个巨大的飞跃。你的生活改善不仅一点——就像你从厕所搬到了顶层公寓一样。"

## 小泰隆·V. 罗斯

虽然博格对投资者的影响不可否认，但只有一半的美国人是投资者。博格效应还没有影响到美国的另一半人口，但是需要这样做。这部分人错过了市场回报，确实加剧了这个国家的贫富差距。

表 11.1 谁持有股票（截至 2021 年）

| 家庭净资产 | 股票市场持股比例（%） |
| --- | --- |
| 顶层 1% | 54 |
| 顶层 90%—99% | 35 |
| 50%—99% | 10 |
| 底层 50% | 1 |

数据来源：美联储。

## 尾声  博格的遗产

博格深知贫富差距的存在,并为此深感担忧。在《文化的冲突》一书中,他写道:

> 最终,这样的制度极有可能给我们的社会带来不和谐,并导致公众对今天收入最高的少数阶层与底层的大量家庭之间的创纪录差距作出强烈反应。

小泰隆·V. 罗斯是 OnRamp Invest 的联合创始人兼首席执行官,这是一家帮助顾问投资加密货币(另一股去中介力量)的公司。但罗斯最主要的热情是通过他的非营利组织 Evolve 所做的努力,该组织旨在帮助人们提高金融素养,并让全国其他地区的人也能顺利地进行投资。

罗斯说:"我每天醒来的目标都是要留下一份金融教育的遗产。我认为作为一个行业,作为一个国家,我们已经忽视它太久了。我们知道全国有一半的人不投资股票,这个国家有一半的人是金融文盲。这个社会总是偏向那些以金钱为语言的人。在资本主义社会,如果你讲金钱的语言,你就会兴旺发达。如果你不会说金钱的语言,你就会吃亏。"

"所以我的目标是让人们更容易接受金融教育。无论你是什么肤色,无论你在哪个地区,你都应该有机会和能力了解这些知识……孩子们应该从 3 岁开始学习金融概念。研究表明,到 7 岁时,你对金钱的想法、感觉和认知的能力就已经确定了。但我们还在为高中高年级学生讲授愚蠢的选股课。这毫无意义。"

博格完全配合罗斯的教育工作。在《为资本主义的灵魂而战》一书中,他写道:"我们应该教授年轻学生长期投资和复利的知识,我们学校举办的选股竞赛实际上是在引导他们短期投机。"

罗斯的解决方案有两方面:首先,你必须在孩子还小的时候教育他们。他制作了一个十集的系列视频——"理解金钱",教授诸如货币、信用、债务和支票账户等金融基础知识。他正在考虑将它引入学校的课程。其次,他提议并正在游说建立一种政府基金,基金归属于所有出生在美国的孩子,该基金将持有一个持续增长的多元化投资组合(可能是非常便宜的指数基金)。个人只有在高中毕业并通过全国金融知识普及课程后才能使用该基金。这将有助于吸引另一半美国人进入这个市场,并激励他们接受金融知识教育。

博格也有同样的想法。他在《文化的冲突》一书中写道:"为那些无法进入私营体系或初始资产过低、无法进入该体系的工薪阶层创建一个公共部门固定缴款计划。"

罗斯并没有直接受到博格的启发,但他很清楚博格的影响,并很高兴继承他的遗产,尽管不是对投资者,而是对尚未投资的人。

"我喜欢博格的所作所为,"罗斯说,"如果你谈论我们的行业,谈论人们为金融行业和普通人做了什么,他是最重要的,然后才是其他人。他所做的事令人惊叹,再怎么称赞也不为过。我很喜欢他让投资变得更容易,以及让公司自食其力。一切都发生在内部——没有外界的影响。"

## 布拉德·胜山

布拉德·胜山是投资者交易所(Investors Exchange,IEX)的首席执行官和联合创始人。他创立该公司的目的是为投资者提供一种新的交易方式,保护他们免受高频交易员抢先交易和倒卖股票的影响。大型证券交易所的设立是为了兜售快速交易技术和使少数人受益,胜山将其看作决定比赛结果的裁判。而IEX试图让这个不公平的竞争环境变得公平。

胜山说:"现在,每个交易所都向经纪人支付回扣,让他们向其发送订单。去年,估计支付了37亿美元回扣。IEX是唯一不支付回扣的交易所。回扣用于补贴执行质量差的经纪人。交易所出售的速度有优势,但执行质量很差。所以它们是相互联系的。我们希望给人们提供最好的执行力,保护他们不受潜在套利和这些掠夺性活动的影响。"

他的故事在迈克尔·刘易斯的《闪光男孩》一书中讲述得很出彩,在很多方面与博格的故事相呼应。首先,如果没有环境的影响激励他走一条不同的路,他可能仍会是一家知名大公司的高管。其次,他有一种帮助客户克服自我弱点的本能。最后,他选择在回扣制度之外运作,这意味着他的旅程不会是短暂的,而是需要耐心、不懈的奉献、持续的教育努力,并且不会是一路坦途。

胜山说:"让我每天从床上爬起来的是,我们了解这个市场是如何运作的,我们了解投资者是如何亏损的,我们也知道如何解决这个问题。有一种说法认为这很疯狂,说一切都很好,对每个人都很好,顾客从来没有过这么好的体验。我认为这是无稽之谈。人生中总有这样的时刻,你会扪心自问:我活在这个星球上是为了向前迈出一步吗?我想,对我来说,就是这样的。"

## 谢莉尔·加瑞特

谢莉尔·加瑞特是加瑞特投资服务公司的联合创始人,也是加瑞特规划网络(Garrett Planning Network)的创始人。加瑞特规划网络是一个全国性的顾问网络，提供财务建议，但像律师或会计师一样按小时收费。虽然这看起来可能更贵，但通常比按资产比例支付薪酬的顾问便宜得多，而且为不那么富裕的客户打开了大门，按资产比例收费的顾问自然不愿意这么干。此外，这项服务确保顾问只根据他们的时间和工作获得报酬。这听起来合乎逻辑，但对于我在第七章中讨论的咨询业来说，这多少有些革命性。

考虑到较低的费用和民粹主义情绪，博格应该完全支持加瑞特的努力。事实上，在他去世前 6 个月的最后一次采访中，我问过他关于咨询业务的问题，他基本上认可了加瑞特正在做的事情。这对加瑞特来说就是肯定，因为她深受博格的启发，她称博格为她的"北极星"。

"你知道孩子们是如何和他们最喜欢的运动明星一起成长的吗？"加勒特说，"当我还是个年轻人的时候，杰克·博格是我的英雄，我心目中的超级英雄。他去世的时候我非常悲伤……在我所有的行动计划，杰克·博格一直是一个中心线索。他就像我的北极星。如果我做了一件杰克会赞许的事，我会很高兴。如果我做了一件杰克不赞成的事，我的道德指南针就失灵了。我对其他任何人都不会这么说。"

## 里克·费里

里克·费里是投资播客 *Bogleheads* 的主持人，也是约翰·C.博格金融知识中心的主席，他的话在这本书中被引用了很多次。除此之外，他还创立并经营了自己的公司——费里投资解决方案。费里曾表示，他希望成为"咨询业的杰克·博格"，挑战 1% 的佣金，就像博格在共同基金中挑战它们一样。他开始为DIY投资者提供按时咨询服务,对于构建投资组合按小时收费。

"顾问在客户账户上花费的服务数量和时间与他们向客户收取的费用并不一致,"费里说,"这是一种错位。不是所有,但很多顾问对客户收费过高。"

费里在让顾问按付出的时间和精力收费这一点上很像加瑞特。加瑞特甚至说他们是"彼此的头号粉丝"。

费里还因在社交媒体上向顾问发起这场费用争夺战而闻名。就像博格会在一群主动型基金经理面前说一些让人不舒服的话一样,费里也会在Twitter上这么做。众所周知,他在推特上发表了"咨询费是零售投资行业最后的贪婪堡垒"这样的爆炸言论,以持续不断地激怒咨询界及善辩而闻名。

**杰瑞·施利彻**

杰瑞·施利彻向《财富》500强公司发起挑战,并取得了胜利。很少有人能这么做。他能够证明,美国许多大公司向员工收取的费用远远超出了401(k)计划的应有水平。他的诉讼导致公司重新制订了相关计划,为参与者提供低成本的投资选择。尽管他的诉讼会帮助员工,但相关公司不会坐视不管。

施利彻说:"我知道这涉及什么。我曾与化工公司合作过。他们试图让你陷入工作和成本之中。我知道它们会来找我们。这意味着作为圣路易斯的一家小型律师事务所,我们需要巨额的信贷来资助这项工作,并坚持完成这注定极其漫长的战斗,一场核战争。我和我的两个合伙人当时把我们的房子、我们所有的一切都抵押出去了,以获得信贷额度。然后在2006年，我们在全国各地对一些美国最大的公司——波音公司、卡特彼勒公司、洛克希德·马丁国际公司——提起诉讼。这震动了整个行业。"

施利彻最终获得了价值15亿美元的和解金，同时也获得了许多转向更清洁的股份类别和成本更低的指数基金选择的计划。他还做了一件博格做不到的事——他赢得了美国最高法院的支持，后者以罕见的90∶0的结果同意了施利彻的观点，即根据《雇员退休收入保障法》（ERISA），使用403（b）的公司（或大学等）确实有义务监督投资，并剔除不谨慎的投资。

施利彻说："当我开始这段旅程时，我打电话给杰克·博格和他交流，因为我看到了他的目标和我决定做的事情之间的联系。博格告诉我们，我们走的是正轨，做的是正确的事。我们在诉讼中将先锋集团作为黄金参照标准。为了赢得这些官司，我们必须证明有一些可行的选择，这些选择是审慎的，而且成本要低得多。如果不是杰克·博格做了他所做的，我们将更难向退休人员展示市场上有什么可供选择的东西。"

## 罗宾·鲍威尔

罗宾·鲍威尔是欧洲低成本被动投资的独立倡导者。他的博客"循证投资者"致力于成为散户和机构投资者的独立教育者，教授他们许多博格倡导的原则。正如我们在第一章中讨论的那样，他之所以这样做，是因为美国以外的大多数金融专业人士和其他中介机构都有动机隐瞒这些信息。

为了帮助他们，鲍威尔写作、演讲，甚至制作纪录片。他的纪录片《指数基金：主动投资者的 12 步恢复计划》(*Index Funds: The 12-Step Recovery Program for Active Investors*) 讨论的是关于低成本指数的好处和高成本主动共同基金的问题。这正合博格的胃口。

鲍威尔和博格一样，也经历过当一个人威胁到整个行业的收入现状时，就会发生的反击。实际上，他被赶出了一个会议，因为他的演讲太偏向指数基金了。

鲍威尔说："如果你不小心的话，你真的会把鼻子弄歪。大约五六年前，我去（英国）利兹的一家基金管理行业营销公司做了一次演讲。我不认为他们真的对我做了研究，但他们让我在大会上做了开幕演讲，结果就像引爆了一颗炸弹。有时候你能分辨出什么时候会爆炸。一切都安静下来了，之后是礼貌的掌声。然后组织者把我拉到一边，对我说：'罗宾，我非常抱歉，但我们不得不请你离开。我们真的没想到你会这么说。'"

## 丹·普莱斯

丹·普莱斯是 Gravity 支付（Gravity Payments）的首席执行官，这是一家低成本信用卡处理公司。博格会喜欢这家伙的。他在各方面都与博格在书中抨击的那些拿着高得离谱的薪水、像强盗一样赚钱的首席执行官截然相反。而且，普莱斯在他的公司规定了 7 万美元的最低工资，并特地将他 110 万美元的工资削减到 7 万美元。普莱斯在推特上说：

在我的公司，收入最高的人的收入是中位数的 3 倍，低于 2015 年的 36 倍。自从员工涨了工资并削减了 CEO 的薪水后，我们的生意翻了 3 倍。

普莱斯的公司与一般公司 CEO 与员工的平均薪酬差异形成了鲜明对比。经济政策研究所（Economic Policy Institute）的数据显示，2020 年一般公司 CEO 与员工的平均薪酬比是 351：1，甚至比博格在他的许多书中写到的还要高。在新冠病毒流行期间，尽管公司收入受到了重大打击，但普莱斯仍能留住所有员工。这一切都对员工的生活产生了切实的影响，并引发了善意的连锁反应。

## 丹·伊根

丹·伊根是 Betterment 的行为金融和投资副总裁，Betterment 是一家拥有约 290 亿美元资产的机器人顾问公司。它不仅收取类似于先锋 0.25%—0.40% 的费用来提供建议和计划，还带头开发界面，防止投资者冲动或恐惧交易——或总体上过度交易。和博格一样，伊根担心投资者会在错误的时间进行交易，从而破坏复合效应。伊根的全部工作就是抵制这种诱惑，防止投资者成为自己最大的敌人。他和罗宾汉这样的平台完全不同，罗宾汉是为了鼓励交易而设计的。伊根是阴，罗宾汉就是阳。

伊根表示："我们还在策略上让投资者意识到他们在做出决定之前应该了解一些信息。如果市场下跌，许多客户就会试图交易，他们会根据市场可能的走势提高或降低风险。因此，我们会计算他们即将采取的行动对税收的影响。突然之间，这个决定有一个非常具体的成本与之相关……当我们向人们展示税收影响时，80%—90% 的情况下他们不会继续做出改变。"

伊根和 Betterment 通过这些界面为投资者节省了无数资产，尽管伊根并没有得到很多赞美。他就像一个影子忍者，在不被发现的情况下保护投资者免受伤害。他通过对自己工作的良好感觉弥补了公众对他赞赏的不足,而这并不总是那么容易。

伊根说:"这是一种你和你试图帮助的人之间结盟的感觉。我曾经在别处工作过,我认识一些朋友也在其他地方工作过,那里的激励机制不一定是相容的。它们更像是销售产品,完成任务,获得佣金,等等。这会对你造成伤害。你的朋友和家人可能会问,他们是否应该选择你的投资产品,你会说,'嗯,不太应该。'能够自豪地把钱投进去,并向别人推荐它,会让你受益匪浅……我们正在让人们付出更低的成本,就像博格利用指数基金所做的那样,但我们有明确的规划。"

### 奈丽娜·维瑟

驻南非的独立 ETF 策略师奈丽娜·维瑟的职业生涯开端于一家投资银行,为机构客户提供服务。那是一份不错的工作,让她有了一条稳定的职业道路。但后来,当她听到周游世界的 ETF 专家德博拉·富尔在 2007 年 CFA 会议上的演讲时,她的生活发生了改变。

维瑟表示:"那时,我们在南非投资 ETF 已经有 7 年了,所以我知道它们是什么,是如何运作的,但我不理解他所说的东西。我经常把富尔的演讲称为我在 ETF 行业的顿悟时刻,因为这是我第一次真正了解它,并了解到这种工具可以做什么。"

维瑟当时决定,她将毕生致力于帮助小型散户投资者构建低成本的 ETF 投资组合。虽然这类事情现在在美国很常见,但在其他国家却不常见,尤其是南非。在南非,绝大多数投资者都依靠由共同基金公司支付佣金的经纪人。一只基金的平均费用比率通常在 1.5%—2%,远远超过了美国的费用比率——即使是在 20 世纪 80 年代和 90 年代。

维瑟说:"我认为,随着年龄的增长,你会意识到,生活中需要的不仅仅是钱。你做的事情一定是有目的的。对我来说,主要的动机就是提供进入投资市场和获得投资机会的途径。在很长一段时间里,普通投资者完全被市场排除在外。所以,对我来说,主要是降低成本和提供途径,特别是在南非这样的国家,那里存在巨大的贫富差距。"

就像 20 世纪 90 年代美国的里克·费里一样,顿悟的奈丽娜·维瑟将致力于确保博格效应传播到世界其他地方。

## 评判博格

如果你看到这里,就意味着你已经读完了这本书。恭喜你!也非常感谢你。希望我向你展示了博格的故事和效应是多么令人兴奋。很难想象还有谁——在任何一个行业——能使行业比刚起步时的状况要好得多。这才刚刚开始。我们甚至还不知道他的影响力有多大。

> 毫无疑问,博格效应在今天非常重要,好消息是它将继续下去。这是一个运动中的钟摆,惯性会让它一直运动。因此,他的遗产将世世代代流传下去。
>
> ——格斯·索特

博格是如何看待自己的遗产的?他在《文化的冲突》一书中写道:

当然,我的遗产还没有定论。但我承认,我不担心别人会如何评价它。是的,我曾经失败过,我失败的次数多得我都不想数了。但是,如果到最后,我被认为是失败的:至少我是怀着巨大的热情;至

## 尾声 博格的遗产

少我最重要的想法——共同基金结构、专注于最低成本、指数共同基金、放弃销售费用以及创建债券基金新结构——取得了巨大的成就,事实证明这是毋庸置疑的;至少我在60多年前在普林斯顿大学的论文中表示支持"经济、高效和诚实"地服务我们国家公民投资者的崇高事业。很快,历史就会做出裁决。

我愿意把这本书看作评判博格的第一次尝试。

# 致　谢

写一本书并不是一个人的努力,我想感谢那些让这一切成为可能的人。首先也是最重要的,是我的妻子特朗(Trang)督促我这样做,尽管她知道这样会让她在家庭中和孩子们身上承担更多的责任。她还是所有事情的最佳顾问,包括出书的过程。没有她,就没有这本书。

我还要感谢彭博资讯的首席股权策略师,也是我的领导吉娜·马丁·亚当斯(Gina Martin Adams),他与全球研究主管戴维·德怀尔(David Dwyer)和德鲁·琼斯(Drew Jones)一起鼓励我去做这件事。考虑到这是一项极为耗时的工作,在家庭和工作中获得支持和鼓励是至关重要的。

我还要感谢乔·韦伯(Joel Weber),他是《彭博商业周刊》的编辑,也是我在 Trillions 播客节目中的搭档主持人。当这本书还只是我脑子里的一个雏形时,我就好几次向他提出这个想法。他非常赞同,早期的鼓励很重要。我还要感谢我的文学经纪人法利·蔡斯(Farley Chase),他给我提出了宝贵的建议,也帮助我选择出版商。

就这本书本身而言,最值得感谢的是阿萨纳西奥斯·萨洛法吉斯(Athanasios Psarofagis)、詹姆斯·赛法特(James Seyffart)、格拉姆·辛克莱尔(Graham Sinclair)和我妈妈。他们读了这本书的第一版,篇幅是现在的两倍。他们在早期的反馈非常有用。在那之后,

BenBella Books 的维·特然（Vy Tran）在文本的开发、编排和编辑方面发挥了重要作用，她使我的手稿看起来、读起来像一本真正的书。

我还要感谢先锋集团的弗雷迪·马蒂诺（Freddy Martino），他和迈克·诺兰（Mike Nolan）一起，帮助我们收集了一些难以获取的数据，并进行了一些事实核验。我知道我所有的要求可能让弗雷迪很生气，但他从不表现出来。最后，特别向劳伦·戴维斯（Lauren Davis）致谢，没有她，就不会有这本书。她邀请我在 2019 年 10 月的博格追思会上发言。我为那次活动做的演示文稿为我提供了这本书的大纲和想法，而且在博格的许多同事和同行面前演讲和讨论也让我相信，也许我可以写一本关于他的书。这就是我在那之后两年所做的事情。

# 索 引
(以下页码为原版书页码)

## A
academic investors, 31–32
active funds, 119–154
 assets in, 128–130
 bond funds, 152–154
 Bull Market Subsidy for, 124–127
 cumulative flows, 2011 to 2020, 219
 fees of, 25, 120–123, 127–128, 133
 index funds vs., 71–76
 index tendencies of, 174
 during market declines, 189–191, 194–196
 new forms of, 135
 share of total fund assets in, 125–126
 smart-beta, 135–139
 success rates for, 134
 of Vanguard, 128–133, 135–141, 148
 and voting power, 241
advisors
 behavioral-minded, 286–289
 Great Cost Migration for, 202–209
 as new active managers, 148
 at Vanguard, 204–206, 208
 as Vanguard investors, 27, 28, 34–38
Alphabet, 246
American Express, 79
American Funds, 50
Apple, 224–225, 236, 237
ARK ETFs, 139
Armstrong, Philander Banister, 101–102
Aronson, Theodore "Ted," 10, 46, 51, 62, 66, 92, 99, 109, 111, 112, 262, 266, 272, 279
Arvedlund, Erin, 10, 28–29, 58, 108, 112, 247, 249, 253, 255, 262, 264
Asness, Cliff, 7, 10, 90
Astoria Advisors, 148, 149

## B
Bailey, Victoria, 10, 301, 302
banks, 196–198, 237
Barber, Brad, 288
Batnick, Michael, 271
Batterymarch Financial Management, 79
*The Battle for the Soul of Capitalism* (Bogle), 299, 305
bear markets, 188–196
behavioral finance, 271–277, 286–289
Benz, Christine, 2, 10, 62, 96, 100–101, 121–122, 127, 174, 191, 200, 207, 267, 273, 294
Berlin, Isaiah, 75–76
Betterment, 203–204, 289, 311
BlackRock, 14, 48, 146, 173, 181–182, 201, 235–239, 243–246, 260
Blitzer, David, 10, 83, 96–97, 184, 224, 228, 234
Blodget, Henry, 277
Bloomberg, Michael, 8, 59
Bogle, Eve, 101, 110
Bogle, John C., Jr., 10, 67, 93, 100, 101, 115–116, 129, 252, 294, 300–301
Bogle, John Clifton "Jack," 2–10, 12, 99–118
 on active management, 128–130
 on advisors, 207

344

索　引

Bogle, John Clifton "Jack" (continued)
　　on the art of doing nothing, 272, 273, 277
　　books by, 294–299 (see also individual book titles)
　　on brokers, 290
　　company and employees' respect for, 266–270
　　on competition in passive world, 236–237
　　on cost migration, 176, 179–181, 183–185, 188, 197–203, 206–208, 210, 211
　　on costs of active funds, 120, 122
　　early career of, 104–108
　　early life of, 100–104
　　ego of, 115–116
　　on ESG funds, 147
　　on ETFs, 148, 155–174, 228–229
　　on executive pay, 245–246
　　on financial journalism, 274
　　frugality of, 66–67
　　heart problems of, 110–112
　　and index investing, 69–97
　　legacy of (see legacy of Bogle)
　　as a manager, 267–269
　　on money saved by investors, 26
　　on mutual funds, 18, 58–59, 103
　　net worth of, 64
　　on new styles of active funds, 136–140
　　on ownership concentration, 240–241
　　and ownership structures, 45–67
　　passive indexing concerns of, 214, 215
　　quotes by, 299–300
　　spiritual life of, 113–115
　　on stocks in passive and active funds, 220
　　on success of index funds, 235
　　on tax efficiency, 164–165
　　on theme funds, 145
　　on trading, 227, 279–281
　　on tradition, 265
　　values of, 107–109
　　on Vanguard, 13, 18–20, 23, 104–105, 193–194 (see also friction between Bogle and Vanguard)
　　on Vanguard's active funds, 130–133
　　on Vanguard's customer service, 249
　　on Vanguard's investors, 27–33
　　on Wellington Fund, 131
　　at Wellington Management, 49–59, 106–107
Bogleheads, 32–34, 248–249, 293
*Bogle on Mutual Funds* (Bogle), 36, 295, 296, 298
bond ETFs, 230–233
bond funds, 152–154
books by Bogle, 294–299. see also individual book titles
Boyson, Nicole, 10, 86, 107, 203
Brennan, Jack, 252–253, 257–259, 270
Brown, Joshua, 276–277
Buckley, Mortimer "Tim," 43, 204, 206
Buffett, Warren, 1, 10, 12, 30–31, 67, 93–94

C
Cabot, Walter, 51, 52, 53
Capital Group, 48
Carlson, Ben, 10, 25, 38, 60, 136, 247, 272, 287
Catherwood, Jamie, 10, 215, 222, 285
*Character Counts* (Bogle), 23, 27, 29–30, 106, 111, 116, 128, 130, 298–299
*The Clash of the Cultures* (Bogle), 43, 72, 95, 113, 120, 122, 140, 210, 246, 253, 260, 274, 280, 287, 298, 304–306, 313
*Clash of the Financial Pundits* (Brown and Macke), 276–277
Clinton, Hillary, 31
Collective Investment Trusts (CITs), 181
commission-free trading, 277–279, 281–284
commodities, 77–78
common ownership, 238–240
Cost Matters Hypothesis (CMH), 90–91
costs of trading. see also The Great Cost Migration
　　Bogle on, 280
　　for equity mutual fund investors, 120
　　with ETFs, 158, 161
　　saved by Vanguard investors, 21–26
　　sources of, 282, 283
customer service, 247–249

D
D'Amato, Anthony, 10, 301–302
DeMaso, Jeffrey, 268
Dillian, Jared, 5, 10, 76, 168, 268, 284, 303
direct indexing (DI), 149–151
DiStefano, Joseph N., 263
distorting the market, 221–228
diversification, 201

345

dollar fees, 120–123, 202–204
*Don't Count on It!* (Bogle), 48, 113, 299
Doran, Robert, 53
Du Boff, Rob, 10, 242, 244

# E

Ebright, Tom, 203
Efficient Market Hypothesis (EMH), 90–91
Egan, Dan, 11, 47, 78, 205, 214, 262, 282, 288, 289, 311
*Enough* (Bogle), 65–66, 74, 82, 106–107, 109, 114, 169–170, 210–211, 270, 297–298, 302–303
Environmental, Social, Governance (ESG) funds, 146–147
"ETF Terrordome," 186–187
Ethier, Donnie, 11, 38
E*Trade, 281
exchange-traded funds (ETFs), 2, 155–174
  active, fixed-income, 152
  assets in, 155–158, 163
  Bogle's contribution to success of, 157–158
  Bogle's friction with Vanguard about, 159, 258–259
  Bogle's opinion of, 96–97, 158–160, 173–174
  bond, 230–233
  commission-free, 281
  concerns about (*see* worries about passive investing)
  converting mutual funds into, 143
  criterion for selecting, 178
  ESG, 146–147
  ETF picking, 148–149
  fees of, 25
  flow data for, 289–290
  gold in, 221
  and Great Cost Migration, 185–188
  high conviction, 139–143
  issuers of, 159
  launches and closures of, 186–187
  during market declines, 190
  marketing problem with, 169–172
  number of, 233–234
  smart-beta, 135, 138–139
  tax efficiency of, 163–165
  testing of, 228–230
  theme, 143–146, 149
  of Vanguard, 159–163, 165, 171, 173, 181–182, 187, 258–259
  World's Cheapest ETF Portfolio, 185–186
executive pay, 245–246, 310

# F

Faber, Mebane, 234
fees, 133
  of active funds, 21–23, 25
  for advisors, 204–210
  dollar fees, 120–123, 202–204
  falling, 176–177, 181 (*see also* The Great Cost Migration)
  incentives to lower, 91–93
  of Vanguard, 17, 21–23, 46–47, 130
  for Vanguard advisory service, 204
"fee shaming," 179
Ferri, Rick, 11, 32, 36, 37, 162, 169, 202, 209, 220–221, 236, 243, 308
Fidelity, 16–17, 48, 168, 183–184, 220, 237, 247, 248, 259, 281
401(k) plans, 179–181
Franklin, Benjamin, 109
Franklin Custodian Funds, 50
free trading, 277–279, 281–284
friction between Bogle and Vanguard, 251–270
  about being pushed from board, 252–254
  and company/employee respect for Bogle, 266–270
  about ETFs, 159, 258–259
  about international investing, 261–252
  and private equity, 265–266
  about quantitative investing, 260–261
  and recent changes by Vanguard, 262–263
  and retirement of ship logo, 263–265
  about size of Vanguard, 257–258
  about voting record disclosure, 259–260
Fuhr, Deborah, 11, 41, 42, 151, 312

# G

gamification of trading, 283–284
Garrett, Sheryl, 11, 130, 209, 307
Gates, Bill, 188
Geffen, David, 123
General Electric, 223
Geraci, Nate, 11, 37, 150, 169, 208, 230, 245, 284–286, 288, 289

Gravity Payments, 310
Gray, Wesley, 11, 222, 269
The Great Cost Migration, 175–211
　for advisors, 202–209
　and ETFs, 185–188
　Fidelity's zero-fee funds, 183–184
　financial industry effects of, 188–189
　with 401(k) plans, 179–181
　and future industry consolidation, 196–198
　and industry brain drain, 210–211
　and mass mutualization, 198–201
Gross, William, 64
growth funds, 136–137
"Growth of $10,000," 72–74

## H

Haghani, Victor, 11, 79
HarbourVest, 265
Harvard University, 39
*The Hedgehog and the Fox* (Berlin), 75–76
Heller, Joseph, 66
high conviction ETFs, 139–143
Holland, Mary Onie, 221–222
Hollands, Amy, 11, 295–296
Hougan, Matt, 185

## I

IEX Group, 306
impact investing, 146
index funds, 69–97
　active funds vs., 71–76
　assets by issuers, 184
　Bogle's case for, 168–169
　Bogle's effect on, 91–93
　Buffett on, 93–94
　and Efficient Market Hypothesis, 90–91
　and the internet, 87–89
　during market declines, 190
　number of, 233–234
　origins of, 79–80
　and sources of returns, 76–77
　of Vanguard, 69–72, 76, 79–92, 95–97
　worries about (*see* worries about passive investing)
institutional investors, 38–39, 221
Interactive Brokers, 281
international investing, 39–42, 261–252
internet, 87–89
Investors Diversified Services (IDS), 16

Isola, Anthony, 5, 11, 25, 44, 211, 303–304
Isola, Dina, 303–304
Ivest Fund, 50–52

## J

Jobs, Steve, 59, 123, 188
Johnson, Abigail, 64
Johnson, Edward, III "Ned," 259

## K

Kashner, Elisabeth, 11, 39, 47, 165, 206, 243, 259
Katsuyama, Brad, 11, 282, 284, 306–307
Keller, Helen, 246
Kitces, Michael, 11, 35, 65, 88, 148, 151, 205–206
Kranefuss, Lee, 6, 11, 112, 162, 167, 222–223, 232

## L

Larimore, Taylor, 11, 33, 66, 100
legacy of Bogle, 259, 293–313
　Bogle on, 313
　books, 294–299
　people carrying on the, 303–312
　scholarship funds, 300–303
　top quotes, 299–300
Leuthold Group, 215
Lewis, Michael, 11, 30, 37, 64, 78, 85, 284, 306
*A License to Steal* (Armstrong), 102
life-cycle funds, 180
Lindauer, Mel, 33
liquidity mismatch, 230–233
*The Little Book of Common Sense Investing* (Bogle), 69–70, 73, 77, 109, 165, 181, 207, 261, 277, 297
logo of Vanguard, 263–265
Lovelace, Jonathan, 62

## M

Macke, Jeff, 276–277
Malkiel, Burton "Burt," 11, 48, 67, 90–91, 227, 239, 296
mass mutualization, 198–201
McQuown, John "Mac," 79
media, 216–217, 274–277
Microsoft, 224–225
Miller, Matt, 26
Morgan, Walter, 50, 54, 55, 83, 265
Most, Nate, 157, 158
Mulvey, John, 11, 64, 66

347

mutual ownership structure, 45–47, 262, 281. *see also* ownership structure(s)

## N

Nadig, Dave, 3, 11, 63, 95, 142, 144, 184, 244, 286
net asset value (NAV), 9
Nolan, Hamilton, 42–43
Norris, Jim, 11, 16, 42, 60, 61, 74, 75, 110, 115–118, 125, 269, 296
Nuttall, Ken, 11, 169, 242, 289

## O

Obama, Barack, 31
Odean, Terrance, 288
O'Reilly, Gerald, 161
ownership concentration concerns, 235–245
    common ownership, 238–240
    10 percent rule, 237–238
    Vanguard and BlackRock as targets, 243–244
    voting power, 240–245
ownership structure(s), 45–67
    and mass mutualization, 198–199
    of other fund companies, 48–49
    of Vanguard, 45–47, 59–64
    of Wellington Management, 49–59

## P

passive investing, 271–291. *see also* exchange-traded funds (ETFs); index funds; Vanguard
    and behavioral finance, 271–277
    and behavioral-minded advisors, 286–289
    Big Three of, 236
    discipline required for, 272–273
    financial industry concern about (*see* worries about passive investing)
    in 401(k) plans, 179–181
    and history of trading, 285–286
    investor loyalty to, 233
    and market declines, 190–196
    myth of, 227–228
    results of, 289–291
    share of total fund assets in, 125–126
    size of, 226–227
    stocks with most passive ownership, 226
    trend toward, 175
performance, fees and, 127–128
Phillips, Don, 203
Pierce, Hester, 238
Posner, Eric, 11, 240
Powell, Robin, 11, 40, 102, 265, 309–310
Price, Dan, 310
private equity, 265–266
Psarofagis, Athanasios, 11, 40
Putnam, 200–201

## Q

Quaker values, 108
quantitative investing, 135, 138, 260–261

## R

Ramji, Salim, 11, 24, 150, 151, 173, 182, 201, 242, 244
Ramone, Johnny, 94–95
Regan, Michael, 8
retail investors, 28–34, 42–43, 278–279
Riepe, James, 11, 54, 57, 63, 84, 114–115, 179, 199–200
Ritholtz, Barry, 12, 70, 87, 123, 263, 276, 291
Robinhood, 282, 285, 311
Robinhood Army, 283–284
robo-advisors, 203–204, 259, 289, 311
Roche, Cullen, 203
Rosenbluth, Todd, 12, 15, 152–153, 170, 172, 178, 189, 214, 216, 224
Ross, Tyrone V., Jr., 12, 304–306

## S

Samuelson, Paul, 31–32, 80–82
Sauter, Gus, 12, 19, 24, 29, 46, 57, 91, 107, 160–162, 170, 173, 192, 227, 228, 239, 244, 255, 270, 313
Schlichter, Jerry, 12, 308–309
scholarship funds, 300–303
Schwab, 237, 278, 281, 282
Segal, Julie, 97
separately managed accounts (SMAs), 150, 221
Simmons, Shannon Lee, 179
size of Vanguard, 43, 257–258
smart-beta, 135–139. *see also* quantitative investing
Socially Responsible Investing (SRI), 146
speculative return, 77
State Street, 48, 208, 236
*Stay the Course* (Bogle), 4, 18, 50, 55, 59, 62, 80–81, 85, 106, 110, 130, 132–133, 138–139, 145, 256–258, 263, 296, 297
Stein, Herbert, 140
Stein, Jon, 203–204

索 引

stock market bubbles, 217–221
stock market returns, 76–77
Stone, Oliver, 104

**T**

Tanger Outlets, 225–226, 228
target date funds, 180–181
tax efficiency, of ETFs, 163–165
10 percent rule, 237–238
theme ETFs, 143–146, 149
Thorndike, Doran, Paine & Lewis, Inc., 50, 53–55
Twardowski, Jan, 12, 53, 55, 57, 81–83

**V**

value funds, 136–137
Vanguard, 1–7, 10, 13–44
    active funds of, 128–133, 135–141, 148
    advisory business of, 27, 204–206, 208
    and art of doing nothing, 272, 273
    assets managed by, 13–17, 19–20, 41, 84, 254
    in bear markets, 192–194
    Bogle's evangelism regarding, 114
    Bogle's friction with (*see* friction between Bogle and Vanguard)
    changes at, after Bogle's death, 262–263
    choosing clients of, 18–21
    customer service of, 247–249
    defined contribution plans of, 180
    early years of, 60–64
    ETFs of, 159–163, 165, 171, 173, 181–182, 187, 258–259
    and executive pay, 246
    fee war between BlackRock and, 181–182
    and Fidelity's zero-fee fund, 183–184
    and free trading, 281
    and index investing, 69–72, 76, 79–92, 95–97
    as legacy of Bogle, 293
    logo of, 263–265
    net flows, 1974–1980, 61
    niche fund launches of, 171
    origin of, 57
    and ownership concentration, 235–240, 243–245
    ownership structure of, 45–47, 59–64, 199
    psychic income at, 107
    quantitative investing funds of, 260–261
    savings for investors in, 21–26
    size of, 43, 257–258
    as smart-beta fund, 138–139
    S&P 500 companies held by, 235–236
    staying power of, 17–18
    top funds of, 15–16
    types of investors in, 27–43
    Valley Forge headquarters/address of, 105–107
Visser, Nerina, 12, 312
Vonnegut, Kurt, 66
voting power, 240–245
voting record disclosure, 259–260

**W**

Washington, George, 105–106
Weil, Richard, 241
Wellington Fund, 49–53, 131
Wellington Management Company, 49–59, 106–107
Wells Fargo, 79, 92
Wiandt, Jim, 3, 12, 40, 96, 105, 107, 166, 167, 171, 215, 258, 264, 267, 283
Wiener, Dan, 12, 80, 93, 116, 248, 256, 264
Witt, Stephen, 123
Wood, Catherine "Cathie," 12, 139, 141, 143
worries about passive investing, 213–249
    bad customer service, 247–249
    distorting the market, 221–228
    liquidity mismatch, 230–233
    "never been tested," 228–230
    ownership concentration, 235–245
    stock market bubble, 217–221
    too many indexes and ETFs, 233–234
    "weak hands," 233

**Y**

yield doping, 153–154

**Z**

Zweig, Jason, 12, 24, 32, 34, 58, 63, 70, 72, 86–87, 94, 111, 121, 210, 254, 260, 279